入院・介護・認知症…

親が倒れたら、まず読む本

宅介護のエキスパート
渋澤和世
Kazuyo Shibusawa

プレジデント社

はじめに

本書を手に取っていただき、ありがとうございます。

私は、現在55歳の会社員です。

夫、長女、長男という家族構成ですが、ここ10年以上、家事・子育てと並行しながら遠距離介護、実母の在宅介護を続けています。

介護をきっかけに社会福祉士、宅地建物取引士、ファイナンシャルプランナーなど福祉に直接的・間接的に関係する資格を取得し、その経験や知識を多くの方に役立てていただけるよう、調整することができる時間を利用して介護される人やその家族などのサポートを行っています。

介護する者、支援する者、専門家として3つの顔を持つ、あまりいないタイプではないかと思っています。


このように介護を続けてきた私から、この本の冒頭で皆様にお伝えしておきたい「介護を行う上での大切な要素」があります。

①「気持ち・時間・お金」の現実と向き合う
②「〜でなければならない」にこだわらない
③「幸せの基準は人それぞれ」他人と比べない

介護は、ときに「やるせなさを感じ、投げ出したくなる」こともあります。

「ムリ・ムダ・ムラ」で例えるならば、ムリだけが禁物です。ムダやムラはあっても構いません。自然体で居続けることが、介護には一番大切な心構えなのかもしれません。

私は、介護をする家族を応援したいという思いからこの本を書きました。

介護する人が幸せでなければ、介護される人も幸せにはなれないと思うからです。

私の介護の始まりは2007年頃、私が40代前半の頃でした。

私の両親は静岡で夫婦ふたり暮らしでしたが、ある頃から生活に不都合な出来事が起こるようになりました。介護保険を申請したところ父は要支援1、母は初期の認知症の診断が影響してか要介護1の認定結果でした。

実は、その前に一度、私の家の近くに住んでもらい定期的に見守ろうと、住まいの近く（神奈川県川崎市）に呼び寄せたのですが、マンション暮らしに馴染まず半年で実家に戻っていたのです。

両親にはまだ、住み慣れた土地で暮らしたいという希望があったので、介護保険サービスを利用し他人の力を借りることを選択しました。日常生活は事件が全くなかったわけではありませんが、それなりに過ぎていきました。

ですが、病気やケガは予測できません。

母の骨折、比較的元気だった父の方が前立腺肥大、脳血管疾患の疑いと立て続けに病魔に襲われ入院・通院・入院を余儀なくされたのです。

父は一刻一秒を争うような緊急性がなかったため私が援助しやすいよう、私の住まいの近くの病院に入院、そして退院後は静岡の病院で通院という生活でした。

私は4年間、毎月、通院と援助のために遠距離介護を続けていました。

そして、2011年夏、父の高熱の知らせに車を走らせ、夜間、慌てて両親を川崎に連れてきました。父は肺炎で入院、そして1か月たたずに息を引き取りました。

それから、母の在宅介護が始まったのです。今でこそ、子育てと介護の同時進行の負担が社会問題として取り上げられていま

	07	08	09	10	11	12	13	14	15	16	17	18	19
長女				受験			受験						
長男						受験			受験				
仕事	フルタイム勤務												
父	要支援1 前立腺肥大		脳血管疾患	要支援2	肺炎→天国へ								
母	要介護1 アルツハイマー型認知症 大腿骨骨折（左） 手首骨折				要介護3 大腿骨骨折（右）		要介護5		圧迫骨折			肺炎	

すが、10年以上も前から私はこの問題の当事者でした。

このような状況なので、「大変でしょう?」と、よく言われます。

「**大変だけど、今となってはそうでもない**」というのが、10年以上、遠距離、在宅と親の介護を続けてきた現在の私の感覚です。

むろん、最初からそう思えたわけではありません。途中、苦しいから考え方を変えて、工夫をして、やっと、たどり着けたのです。

この本を手に取っていただいた皆様は、現在、もしくは近い将来、配偶者や親など親族の介護に対して、何らかのご心配がある、と推測します。

子どもがいる、いないは、ある程度、自分に決定権がありますが、親は、特別な事情を除いて平等に、誰にでもいます。介護を担う当事者となる確率は明らかに高いことになります。

突然ですが、ひとつ質問をさせてください。

あなたにとって、介護とはどのようなイメージのものですか?

●子の任務、妻の任務、育ててもらった恩……

●自分の生活に影響が出るのではないか、という不安……

やりたいけど、やりたくない、そんな**気持ち**の矛盾を思い浮かべたかもしれません。

●親との時間、なるべく一緒に過ごしたい……

●仕事と介護のやりくりができるのか、という不安……

とりたいけど、とれない、そんな**時間**の限界を思い浮かべたかもしれません。

●介護が始まっても、それなりの生活をさせたいけど親の資産は……

●わが子の学費、上がる税金、上がらない給料、など、わが身の環境……

出したいけど、出せない、そんな**お金**の現実を思い浮かべたかもしれません。

もしくは、介護保険法、介護保険サービスなどの**法律、制度**や排せつ・入浴・食事介助などの**介護そのものの行為**を思い浮かべたかもしれません。

それでは、もうひとつ別の質問をさせてください。

仮に、介護を〝色〟で例えると何色ですか？

感じ方は十人十色だと思いますが、98％以上の人は、赤やオレンジ、黄などの明るい色よりも、黒やグレー、茶などの暗い色のイメージを持っているのではないでしょうか。

「介護に対してわくわくする」という話は、あまりイメージしにくいかと思います。

介護の始まりは身体の衰弱、介護の終わりは死という、避けたいけれど、避けられない現実を、私たちはわかっているからです。


では、赤やオレンジまではいかなくても、せめて青や紫まで、その想いを変えることはできないでしょうか?


私は、できると思っています。

ある考え方のコツを知るだけです。


〝頑張らない介護〟というと、ひとりで頑張らず、人に任せることも大切、というのは散々述べられてきています。介護保険サービスや施設に関しての情報も山のように出ています。むろん、これらは大切な情報ですが、知識だけでは不十分です。

実際に介護を担う当事者となった自分自身が使いこなせないと意味がありません。しかも、自分も納得した上で有利に進められれば最高です。ほんの少し建設的に、その方法をお伝えしたいと思います。

そのポイントは3つです。

ポイント1　気持ち、時間、お金に優先度をつける（方針を決める）
ポイント2　介護の情報にアンテナをはる（手段を集め選択する）
ポイント3　ゴールを決めやり方を工夫する（方法の工夫をする）

ポイント1は**方針**を決めることです。
親と介護者であるあなたの**気持ち、時間、お金**を天びんにかけてみてください。

在宅と施設、どちらで介護をすると良いのかという例から、簡単に説明しましょう。

仕事が忙しくて親の介護ができない（時間を優先する）ならば、施設のプロにお願いする（お金を使う）。

親の介護は自宅で自らやりたい（気持ちを優先する）ならば、自分の自由は少なくなる（時間を使う）。

気持ち、時間、お金、全て完璧にしようとするのは容易ではありません。何かを優先するのなら、他を少し譲る、諦めるということを意識してみてください。優先すべき項目は、個人の考え・体調や周りの環境によってその都度、変わるものであり、ましてや正解があるものでもありません。

続いて、お伝えしたいことがあります。

それは、お金をかけずに、ただ人生の多くの時間を犠牲にしながら、家族としての義務から真面目に介護する人は、自滅してしまうのです。あなたには、そうはなってほしくありませんですので、次の視点も意識してみてください。

①必要なサービスやモノにはお金を使って（良い意味で）手抜きする、介護はお金で買う

②時間をかけるもかけないも結果的に得するかで判断する

③介護に完璧はない！　良いことを考えながら気持ちを切り替える

私は、在宅介護を介護の内製化（身内で完結）、介護サービスの利用を外注化（他人の介入）と考えています。

身近な例として、町内会のお祭りや、学校や学園祭などの行事をイメージしてみてください。

仮に、おにぎりを販売するとします。町内会役員や保護者が米を炊き、具を購入し自分たちで握る場合と、業者からパックに入った完成品を購入し販売する場合が考えられます。町内会役員や保護者が自ら材料調達から調理まで行うことを内製化、業者に任せることを外注化と考えます。

多くの場合、内製化の方が手間はかかりますが費用の節約ができる。そして融通が利きやすいかもしれません。業者に依頼すると費用は少し割高になっても、自分たちはその時間で他の準備をすることができます。

では会社を想像してください。あるプロジェクトがあります。時間に余裕があるのなら、社員が対応し、外注費を抑えることも可能です。時間がとれないのなら、その業務に長けている会社に費用がかかるけれど一部外注をする、条件によっては全て外注ということも考えられます。

介護も会社のプロジェクトと同じです。できるところは自分でやり、できないところは他人に任せる。そのためには費用をどのくらいかけられるのか、使える予算を把握することも大切になってきます。

親を施設にお願いするのか否かというのは、とても悩むところです。

これは、短時間で方針が決まるものではありません。よくある話なのですが、父親が介護サービスを利用することを拒むとします。母親は妻の任務だから私が世話をするのが当然と頑張りすぎる。典型的な老老介護ですが、母親だって若くはありません。介護をすることで精神的にも肉体的にも当然、疲弊します。介護したいという気持ちを諦めることは、実は一番難しいのです。

気持ちには本音と建前があります。

先ほどの例で、母親は、妻として私がお世話する、は建前で、本音は、デイサービスに行ってもらい、自分も自由な時間がほしいと思っているかもしれません。そこが大切です。介護はキレイごとでは片付きません。本当はどうすれば一番、その家族にとって良いことなのかを本音の部分でよく話し合ってください。反面、日々の介護の行為そのものは、すぐに判断をしなければならないものも多くあります。これらは、どちらかというと時間が大きく影響することが多いかもしれません。お金、時間、気持ちに優先度をつけるといってもピンとこないかもしれません。

私の体験からですが、優先させた出来事と、それを優先させたが故に、他を少しあきらめなければならないことが起こった場合でも、考え方を変えることで、前向きになれるという事例を紹介します。

気持ちの優先

私は、実母の在宅介護を続けていますが、最初から親は自分で介護する、と決めていたわけではありません。

当初、母のお世話は父の役割でした。母は緩やかながらも認知症が進行していきましたが体力はあるタイプでした。父は認知症の発症はなかったものの、泌尿器や脳疾患で入退院や通院を繰り返しました。そして、時がたつにつれ億劫なのか外出の機会も減り、日中は昼寝をして過ごすことが多く足腰の筋力が衰え、杖歩行も困難になっていました。

２０１１年夏、母の風邪が父に感染してしまい体力のない父の方が肺炎をこじらせてしまったのです。在宅介護は8年前に亡くなった父との約束が、大きなきっかけとなったのです。父が息を引き取るその瞬間、「おばあちゃん（母）のことは心配しないで、任せて」と言った私の手をものすごく強い力で握り返してきたのです。「ああこれは、よろしく頼むということだ」と、私は勝手に解釈をしました。父は認知症の母を残すことをずっと心配していたからです。

当時読んだ本に、アルツハイマー型認知症の余命は3～5年と書かれていました。それならば最期は一緒に住もうと考えたのですが、私の母は、認知症を患ってからもう10年以上生きています。介護施設でも大正生まれの認知症の人が驚くほど多く生活をされています。現在は医学の情報もだいぶ変わってきていることを感じています。

母は認知症ですから、壮絶な問題行動も沢山あります。親子だから遠慮がなく、罵声や手を挙げてしまったこともあります。ではなぜ、在宅介護を続けているのか？　それも、やはり親子だからです。頭にくることもありますが、できる限り自分で看たいとも思うのです。

私にとって、母も家族ですが、夫や子どもも大切な家族です。突然、今までいなかった人が入ってくるのですから夫や子どもにストレスがかかったら大変です。実は、この同居ができた一番の理由は母が認知症だったということにあります。困るはずの認知症が、良かったともいえるのです。

認知症の症状として記憶障害があります。脳の一部の細胞が働きを失い、覚えられない・すぐ忘れるなどの障害が起こるのです。母は一時的に感情を表に出せたのでお互いに本音でぶつかっても覚えていないし、家族も認知症だから仕方がないという先入観があり、良い意味で後腐れがないのです。悪いことや悲しいことの中にも良いことを見つけ、無理やりにでもこじつけながら正当化し、気持ちを落ち着かせることも大切です。

時間の優先

介護が始まると、自由な時間が少なくなることは覚悟していました。子どもが小さい頃も仕事帰りに寄り道もせず、まっすぐ保育園に迎えに行っていたことを思い出します。

多くの場合、女性は家族優先で自分の時間が少なくなることを男性より受け入れやすいのかもしれません。私も今、まさに大きな子どものお世話のために、まっすぐ家に帰るのです。私はもともと、毎日、予定がないと不安を感じるようなタイプではなく、家でゆっくりと過ごすのが好きでした。ですが、今やりたい、今でなければ今後二度と経験できないようなイベントは、母よりも今を優先させています。

数年前、寝台列車の北斗星が引退しました。鉄道マニアではありませんが、もう経験できないとなると、どうしてもやりたい性分なのです。娘とふたりでツアーに申し込み、母はその間、施設に泊まりをお願いしました。もちろん、お金もかかりますし、その間に何かあったらどうしようという心配もありましたが、どうしても乗りたかったのです。

もっと身近なことでは、出勤時間があります。会社員ですから始業に合わせて自宅を出る時間を決めていません。ですが介護が思うように進まず、朝食介助ができていなかったとします。その場合は、当然に母の食事をストップします。水分がとれていれば一食くらい抜いてもさほど影響はありません。お迎えの施設職員の方に状況を伝えることができれば、後の介護はお任せすれば問題はない範囲です。素直に自分のやりたいこと、生活のけじめを優先した方が、全体的に良い介護、関わりができるように思います。

お金の優先

子どもにも触れましたが、母が私の家で同居しはじめた頃、ふたりの子どもたちは受験まっただ中、塾や学費もかかるし家のローンもある。すごくお金のかかる時期でした。

親と同居するメリットは、生活費を一緒にできることです。親にも食費、水道光熱費、医療費、介護用品費、雑費交際費は負担してもらうべきですし、同居することで結果として節約できるものもあります。

在宅介護は一般的に施設よりお金がかかりません。同居でも世帯を別にすれば、介護費用が驚くほど安価で利用ができる場合もあります。親と子の資産は別物ですが、亡くなったら相続されるので○○家の資産と考えると全く切り離せるものでもありません。中級家庭の私たちが、マイホームローンを完済し、中学から大学まで子どもの教育費を用意できたのは、同居のおかげともいえます。

年金の範囲でやりくりできるので、母の資産には手を付けていません。いつか施設にお願いするという可能性もゼロではありませんし、大病を患うかもしれないなどリスクに対しての確保です。在宅介護の場合は、外に出ていくお金を節約できる反面、介護の負担が大きくなります。そんなときは、わが家が施設なら、私は介護職員と思いましょう。人間には内面と外面があります。家庭では暴君なご主人が、外では良い旦那様と思われているなんてこともよくあります。そう、家族だから本音が出て、つい、きつく当たってしまうのです。ここは、俳優になって介護職員役になりきると思いのほか、心が落ち着くこともあります。つらいときは他人になりきって関わってみましょう。それでも、イライラが収まらないときは、その場から離れてお茶でも飲んでみてください。

さて、ここまでのポイント1の方針に関しては、他人が口をはさむ問題ではありません。あなたの周囲の知人や専門家、もちろん私も相談にはのれますが、決定権は当事者です。そして、一度決めたら変えられないのではなく、状況の変化に応じて、優先項目をどんどん変更すれば良いのです。

ポイント2は**手段**です。いくつかの選択肢の中から、目的や状況に合った介護の手段を決めます。そのために、有益な情報を集める必要があります。

日本は２０００年に介護保険法が施行されました。介護が必要な高齢者を社会全体で支える介護保険制度も整いました。

この内容を知っているのと知らないのとでは雲泥の差が出ます。ところが、多くの方がそれぞれの制度の詳しいところまで把握をしていないというのが、現実だと思います。

また、生身の人間が対象なので介護そのものの行為にも注意が必要です。急な下り坂で車いすを押している場面を想像してください。介護者、すなわち車いすを押している人は普通と違う行動をしなければなりません。そうです、後ろ向きになるのです。そうしないと、車いすに座っている人は前のめりになり、転倒して流血、骨折など事故につながる危険があるのです。

高齢者の身体の特徴を理解し、介護そのものの行為についても最低限は知っておく必要があります。認知症の症状も理解した上でどう接するのか、問題行動に対して打ち手はあるのか、などの手段を知らないと、大事故につながることもあるのです。

ポイント3は**工夫**です。ゴールを決め、同レベルの結果が出ているのなら、たどり着くまでのプロセスはさほど気にしないのが私の介護の鉄則です。ある程度の結果が出せれば完璧でなくても良いということです。７割できれば上等です。

薬の例で説明します。高齢者にとって薬はとても大切です。飲まないと身体に影響が出ますので飲んでもらわないと困るのですが、苦かったり量が多かったりで、すんなりと服薬してくれない場合が多々あります。ですが、ゴールは、今、薬を飲ませることです。私の母は、甘いものが大好きなので、ケーキやプリンに混ぜて食べさせてしまいます。それでも、吐き出すことがあるので、即座に飲み物で流し込んでしまうことで服薬をすませる日がほとんどです。ケーキといっても毎日のことですから高級なものではなく、スーパーやコンビニエンスストアなどで手に入るものです。

薬を食事に混ぜることは、プロである介護職員の間でも賛否両論あるようですが、在宅介護の場合は、家族が決めれば良いのです。私は、家族のこだわりが原因で飲めないよりは、飲んだ方がずっと良いと思っています。

ポイント2の介護の情報にアンテナをは

方針の決定　時間の優先

薬を飲ませたいが、飲んでくれない

↓

手段の決定

朝食の中に混ぜ込んで一緒に食べさせてしまおう

↓

方法の工夫

朝食の時間もゆっくりとれないから、好きなケーキに混ぜてしまおう。
まるごとバナナ（山崎製パン）なら、栄養素もとれるし一石二鳥だる、ポイント3のゴールを決めやり方を工夫するについては、この後の本篇の中で紹介していきます。介護保険に関する法律や制度、介護そのものの行為に関して、知っておいたら良いかな、という情報や私が介護をしている中で工夫をしたポイント、使って良かった商品、気持ちの切り替え方などをまとめました。

紹介する中には、「ちょっと違うのではないか」と感じられることがあるかもしれません。真似できるものは取り入れて、できないものはそういう考え方もあると感じていただければ何よりです。あなただったらどうするのか、を考えるきっかけとなることが大切です。

辞書のように知りたい箇所から読んでいただいても良いですし、最初から一通り目を通していただけると、介護全般で必要なことが大まかにわかるようになると思います。

そして、巻末の「おわりに」では、私の介護日記を紹介します。本章の中でお伝えできなかったことを、日々、悪戦苦闘している状況から、何か感じ取っていただけたなら嬉しいです。

親の介護は、いつ、そのときがくるのかとちょっと怖いかもしれません。予備知識を得ておくと安心です。そして、この程度でも良いのだな、と思っていただき、介護に対するイメージが少しでも明るい色になることを願っています。

渋澤和世

入院・介護・認知症…　親が倒れたら、まず読む本　◎目次

第2章

介護保険・介護サービス　こんなときどうすれば？

第3章

親と自分の生活　こんなときどうすれば？

第1章

入院・退院

こんなときどうすれば?

入退院は、
介護の始まり。
病院の理解を
深めよう

01

急な入院に備えて事前準備をしておこう

- ☑保証人
- ☑入院時預かり金（保証金）
- ☑持参品
- ☑親の既往症・手術歴・服薬
- ☑連絡先

高齢者になると高まる入院リスク

あまり想像したくないことかもしれませんが、“自宅や外出先で親が突然倒れて救急搬送”というケースだけでなく、高齢になると軽い気持ちで診察にきただけなのに急に入院となることがあります。尻もちをついたら圧迫骨折していた、車いすからずり落ちたら大腿骨骨折していた、咳が出る風邪と思い受診したら誤嚥《ごえん》性肺炎の初期だったなど、高齢になると若い頃には想定できないような理由で骨折していたり病状が悪化していたりするのです。

インフルエンザをこじらせて入院、そして死に至ることもあります。高齢になると抵抗力がなく、弱ってきます。親世代は身体に関するリスクが多くなることを理解し、急な入院にも慌てない準備をしておきましょう。具体的には「近所の病院の確認」「入院時に必要な書類について知っておく」「入院生活に必要な物を知っておく」という3つが、準備としてあげられます。

家から一番近い入院設備のある病院をチェックする

親や自分の家から一番近くて、高齢者が入院する可能性が高い診療科でもある内科・整形外科・外科を備えた200床未満の入院設備のある病院をチェックしてみましょう。一般病床を200床以上持つ病院に紹介状を持参せず直接受診すると、数千円単位の特別料金を請求されることがあります。近所の診療所をかかりつけ医として、必要に応じて紹介状をもらい大きな病院を受診するという

想定される入院までの流れ

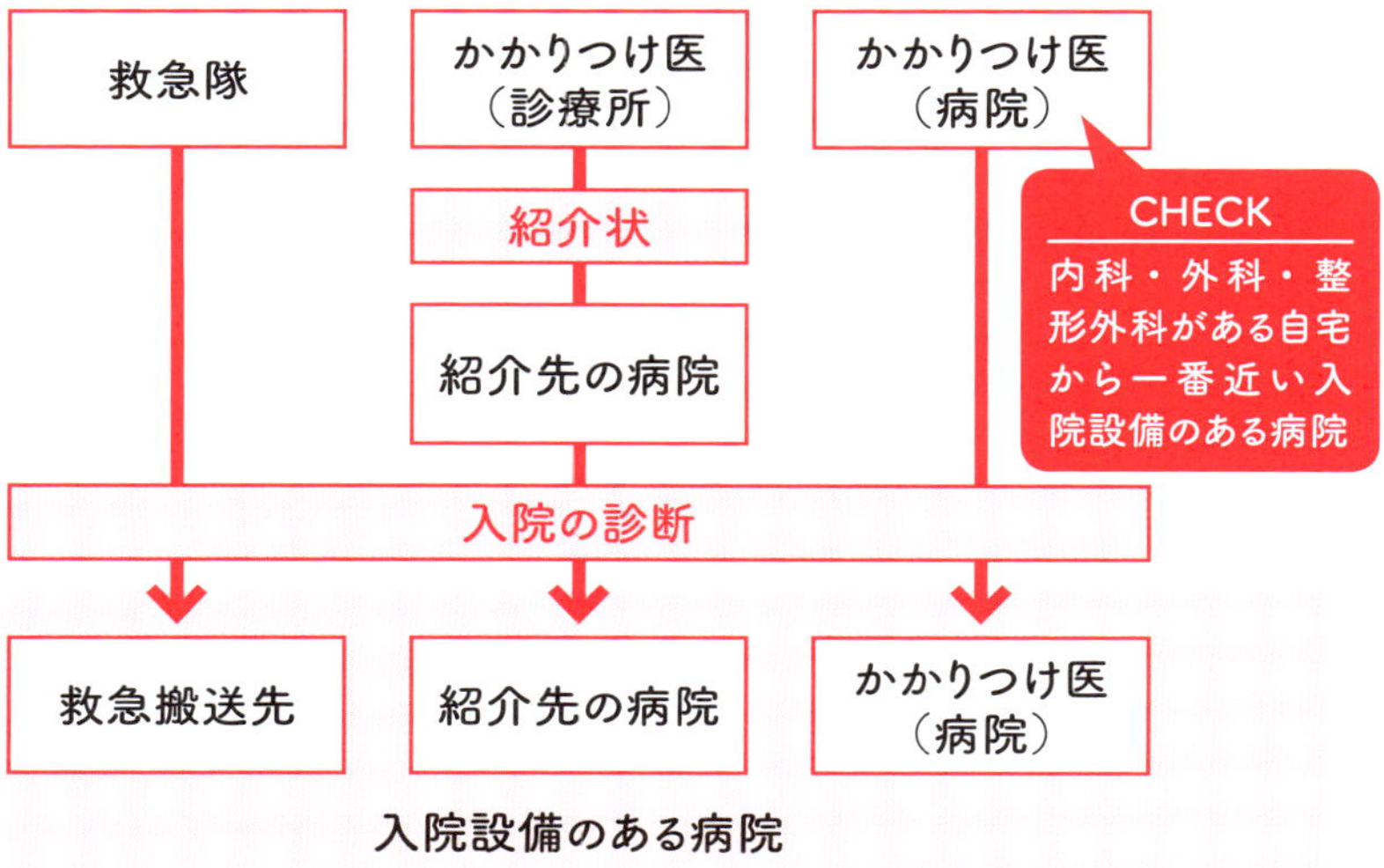

選択もあります。ですが、予めこの200床未満の入院設備のある病院をかかりつけ医にしておくと、急な入院でも今までの診療データがあり安心です。

転院となってもこの規模の病院であれば更に大きな病院との連携もあり、対応がスムーズです。また認知症と骨折の受診など複数の診療科を一日で受けることができるので、普段の診察も安心かつ効率的です。救急搬送は病院を選べませんが、身近でかつ信頼できる病院を決めておくと、急な出来事にも慌てることがありません。

入院時に必要な書類

入院の診断が出ると、入院手続きに移ります。病院によって多少の差はあるものの、入院申込書、入院誓約書、緊急連絡先と保証人などの書類を提出します。このとき、親の生年月日や既往歴、持病、処方薬などの記載を求められることがあります。また、保証人をふたり求められることもあります。入院で慌てているときにこれらを確認することは大変です。事前に親の情報を整理し、保証人も決めておくと良いでしょう。保証人は親子、兄弟姉妹などの親族がなることがほとんどですが、事情があって親族が保証人になりにくい場合はどうすれば良いのでしょうか。

多くの病院では地域包括支援センター（第2章参照）に相談をし、成年後見制度を利用するなどの対策をとります。身寄りがなく孤独な場合でも、本人の意思とお金があれば、保証人を請け負う会社や「えにしの会」のような団体を利用することも考えられます。また、高齢者は大腿骨骨折で手術、更にリハビリテーションで別の専門病院に転院する例や肺炎を繰り返すことも多くあります。各種書類は原紙またはコピーを保管しておくと次に入院となったときの参考にできます。この他、数日内に入院時預かり金（保証金）が必要となります。通常は５万円から、自費入院や個室利用の場合は10万円ほど必要となりますので心得ておきましょう。現金支払いが多いですが、クレジットカードが使えるところもあります。誰のお金を使ったのかも必要に応じて記録しましょう。

入院生活に必要な物品

洗面用具、筆記用具、湯呑茶碗、スプーンや箸、ティッシュペーパー、室内履きなど、入院生活に必要なものは、その日のうちに準備することが多いので、予め準備してまとめておくのも手です。ただ準備に大変な用具は少なく、予算が許すのであれば、病院内の売店でも調達可能です。近くにスーパーや１００円ショップがあるのなら、そこで用意しても良いと思います。

病院によっては感染防止対策として衛生上、多くの病人の食器類を一度に洗浄することを行っていないケースがあります。本人や家族が管理できないときは、使い捨ての割りばしやスプーン、紙コップが必要になる場合があります。そして、室内履きには注意をしてください。リハビリを実施する場合は、かかとのある靴が好ましいですし、スリッパは底の素材により滑る場合もあります。入院中の病衣、タオル類、紙オムツは希望により用意されていることもあります。親や医療機関の状況に合わせて準備しましょう。

入院時に必要なもの

診察券、健康保険証（後期高齢者医療被保険者証）、入院申込書、誓約書、入院時預かり金、お薬手帳、保証人確認書（氏名、住所、電話番号、印鑑）など

入院生活に必要なもの

洗面用具、筆記用具、湯呑茶碗、スプーンや箸、ティッシュペーパー、室内履き、病衣、タオル類、下着、紙オムツ、小銭、イヤホン（テレビ利用の場合）など

入院時に慌てないために確認しておくこと

生年月日、血液型、既往歴、持病、手術歴、処方薬、アレルギー、祖父母の死因、マイナンバー、連絡先（自分の兄弟姉妹、親の仕事先、親戚、親が親しくしている人）など

02

親が倒れた！ さぁ、病院へ119番か自分で連れて行くか

☑救急相談窓口
☑救急車
☑家族対応

救急車を呼ぶか迷った！（自宅や外出先などで自分が居合わせた場合）

様子がおかしいけれど、救急車を呼ぶべきか、こんな症状で呼んでも良いのか、など困ったときは救急相談窓口＃7119へ電話をしてみましょう。救急安心センターは総務省消防庁の主管で、背景には限られた救急車の有効利用があります。近年、蚊にさされた、病院で長く待つのがイヤなどの理由で救急車を呼ぶ人が実際にいるのです。最寄りの救急医療機関や、その症状からすぐに病院に行くべきか、救急車を利用するべきかを24時間体制で案内してくれます。相談料は無料ですが、通話料は利用者負担になります。

救急相談窓口
（救急安心センター事業）

＃７１１９が利用できるのは現在のところ、東京都、大阪府と一部都道府県、市区町村に限られています。着々と参加は進んでいるようですが、残念ながら全国にはまだ普及していません。自分の住んでいる地域や旅行先で具合が悪くなったときなど、【××県（市）　救急医療】で検索すると情報が得られます。個別に相談窓口の電話番号を調べることができます。

全国版救急受診アプリ「Q助」

総務省消防庁
「Q助」案内サイト

緊急を要する場合

意識がない、けいれんしている、大量の出血や広範囲のやけど、強い吐き気、異物の飲み込み、高いところからの転落など、緊急時は迷わず１１９番（地域の消防署）に電話をしてください。ためらうのは時間のロス！　いつもと違う、様子がおかしいと感じたら１１９番です。電話をかけてから、慌てないように頭の中を整理しておきましょう。

１１９番に電話がつながった際の応答例

①救急です、と伝える。
②救急車に来てほしい住所か目標目印、を伝える。
③誰が、どうなっているのか　意識や呼吸は？　話はできるのか？　を伝える。

④その人の年齢? 不明ならばおおよその年齢を伝える。

⑤通報した人の名前と連絡先、を伝える。

救急車到着まで

①衣服やベルトを緩める、吐きそうな場合は麻痺がある側を上にして体ごと横向きにする。(こうすると吐いたものが気道に詰まるのを防ぐことができる、嘔吐物はタオルよりキッチンタオルで処理をする)

②自宅の場合は、保険証、診察券類、薬またはお薬手帳、靴の準備をする。(搬送先の病院での診察や入院もあるので、入院準備を日頃から心がけておくとよい)

③サイレンが聞こえたら外に出て誘導をする。(目標物を伝えても特に夜間はわかりにくい場合があり、近くまで到着していても別のところでサイレンが止まることもある)

④ケガや病気の状態によっては応急手当てをする。(救命講習会に参加しておくと、必要な知識を得られる)

緊急性がない場合は家族で対応する

救急相談窓口で緊急性がないと判断されたときや、外傷の手当て、不調を訴える能力が残っていてぐったりとしていないならば、自家用車かタクシー、もしくは車いすなどを使用しながら家族が対応することになります。

- 病院の診察時間内で、病名や原因がはっきりしないときはまずは、かかりつけ医へ相談。
- 休日や夜間は市区町村の休日急患診療所、救急医療情報センター(24時間365日対応)へ相談を。電話で受診できる医療機関(歯科を除く)を案内してくれます。

こんなときは、迷わず119番

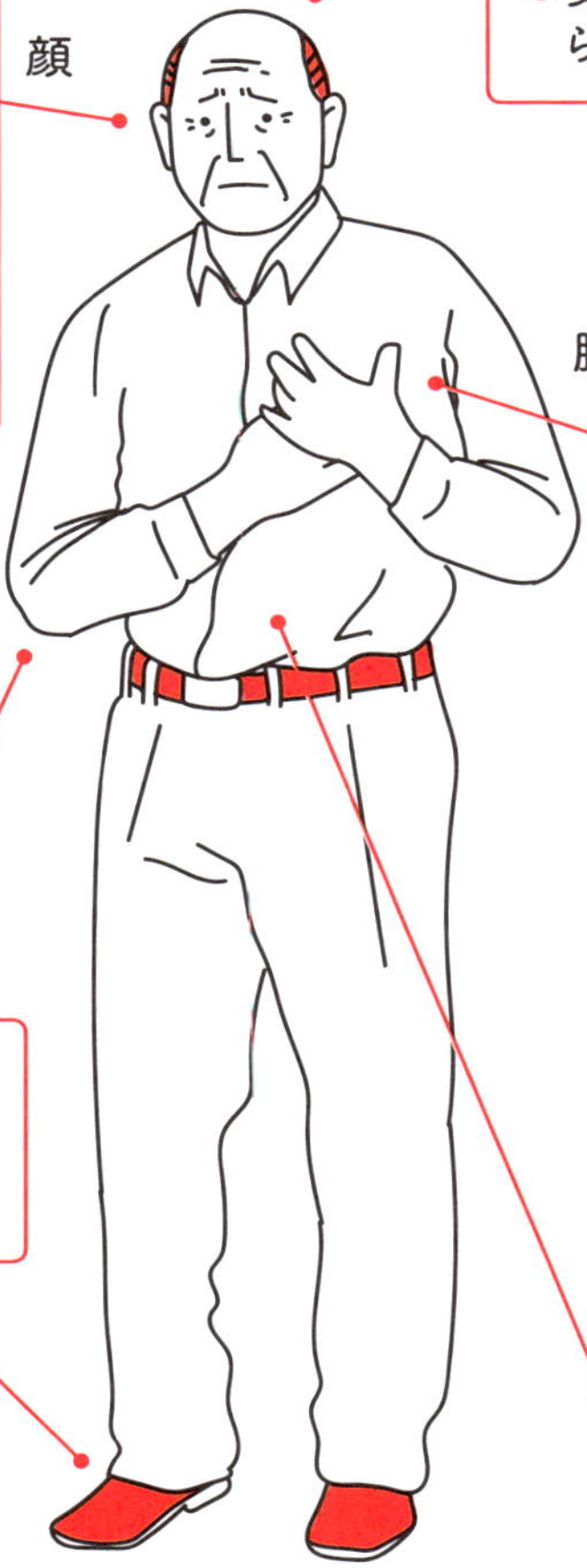

顔

- 顔半分が動きにくい、しびれる
- ニッコリ笑うと口や顔の片方がゆがむ
- 呂律が回らない、うまく話せない
- 視野が欠ける
- ものが突然二重に見える
- 顔色が明らかに悪い

頭

- 突然の激しい頭痛
- 突然の高熱
- 支えなしで立てないぐらい急にふらつく

胸や背中

- 突然の激痛
- 急な息切れ、呼吸困難
- 胸の中央が締め付けられるような、圧迫されるような痛みが2～3分続く
- 痛む場所が移動する

手足

- 突然のしびれ
- 突然、片方の腕や足に力が入らなくなる

腹

- 突然の激しい腹痛
- 持続する激しい腹痛
- 吐血や下血がある

参考：政府広報オンライン　もしものときの救急車の利用法

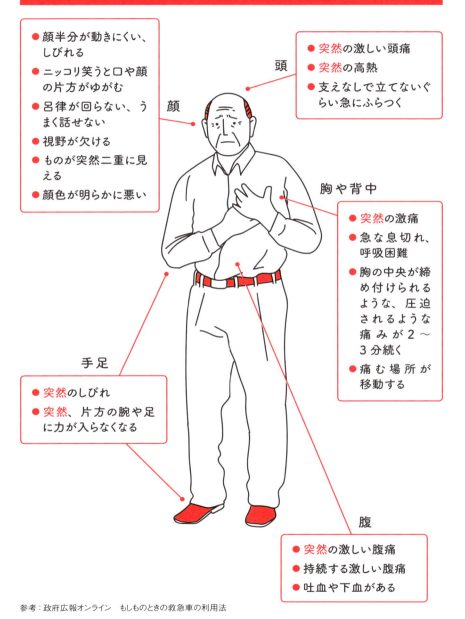

エピソード

わが家では、幸いにして緊急性を要する症状がなかったので、すべて家族で対応しました(自家用車や徒歩、車いす利用。場合によりタクシー)。

①診療時間内:かかりつけ医を受診。必要に応じ紹介で総合病院を受診し、入院のルート。診察時間内であれば、まずはかかりつけ医を基本とした。

②診療時間外:優先はかかりつけ医に電話連絡。症状を説明し当直に診断できる医師がいないといわれた場合は、救急医療情報センターに電話し症状を伝えた。

母が年末に大腿骨頸部骨折をしたとき、1回目の受診時、レントゲン結果で判断ができずそのままお正月を越しました。「折れていないから動くように」と指導され、支え歩きをしていたのですが痛がるため正月あけに再受診。そこで骨折と診断され即入院で手術となりました。高齢者は転倒直後だと判断が難しい場合があるとのこと。1回受診後も痛がったら再受診をしてほしいと思います。その後、再度転倒し、口腔内や手足から出血したときは自宅で処置ができず、救急医療情報センターに電話をして、すぐレントゲンや外科処置のできる病院を教えてもらい駆けつけたこともあります。転倒に敏感な理由は、大腿骨頸部骨折の際、骨を器具で固定し折れた部分をつける骨接合術という方法で手術をしているからです。この部分にズレなど影響があると再手術になるかもしれないからです。

父が前立腺肥大で入院したときは、静岡の

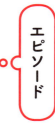

総合病院を数か所回りましたが病名が特定できず、異常なしで帰されました。見るからにつらそうで体力も低下していたため、そのまま自家用車で川崎に連れてきて病院を受診しました。内科で前立腺肥大であると診断されました。ここは総合病院ではないため泌尿器科は週1回、医師が大学病院から来院するのですが、常駐の内科医を主治医として入院させてもらうことができました。尿が出にくいことを父が静岡の病院に伝えていたら、もっと早く処置できたと思うのです。高齢者は症状を医師に伝えるのが苦手になるようです。腎機能障害を発症する寸前だったと後から聞きました。

かかりつけ医の話になりますが、静岡のときは、家から徒歩1分の診療所でした。この診療所は先代の頃から家族でお世話になっていたところで、両親ふたり暮らしのときは異常があったら私に電話をしてくれて、とても心強い存在でした。専門医を紹介されるときも、今回はこの症状だからA病院、今回は外科だからB病院などと説明をしてくれたため安心でした。

現在、私が住んでいる川崎に来てからは、父の前立腺肥大で絶大な信頼を寄せた、自宅から徒歩5分の中核病院。遠方までいかなくても、自宅に近く入院設備があり、内科、外科（脳外科もあるとなお良い）、整形外科があるところが、かかりつけ医として最適です。高齢者は何かとこれらの科にかかることが多いので一度に受診できて家族も効率が良く、夜間や休日も電話で医師の状況を確認した上で時間外外来で診察が可能になるなど、融通も利きやすいと思います。

03

主治医との面談（治療や手術の計画と同意）に立ち会う

- 入院診療計画書
- クリニカルパス
- インフォームドコンセント
- セカンドオピニオン

入院診療計画書で入院の全体感を把握する

入院日から7日以内に入院診療計画を患者に説明することが病院に義務付けられています。記載項目は、患者氏名、病棟、主治医、入院の原因となった傷病名及び主要な症状、入院中の検査、手術、投薬その他の治療（入院中の看護及び栄養管理を含む）、推定入院期間などです。全体を網羅して把握できる書類というイメージです。

親は治療の判断を自分の意思だけで決めることが不安で医師がその治療法を勧めるならと安易に同意書にサインするか、子に「お前が決めてくれ、それに従うから」と丸投げをする場合があります。

入院診療計画書から病名がわかると、多くの人はインターネットで事の重大さや治療法を調べることでしょう。すべて鵜呑みにすることもないのですが、その病気の専門医の話や、治療実績のある医師や病院のインタビュー記事や紹介記事があったら目を通しておくと良いと思います。

クリニカルパスは多職種連携が一目瞭然

経過ごと（手術日、手術後1日目、2日目…）に細かく、検査、食事内容、薬、安静度、リハビリなどの検査や治療の予定とタイムスケジュールが示されたものです。医師、看護師のほか、治療に関わる様々な職種（薬剤師、管理栄養士、理学療法士など）の連携によって作成されています。

現在、多職種連携が注目されていますが、クリニカルパスから親の治療にそれぞれの専門職がどう関与しているのかを確認することができます。作成は任意であるため、すべての病院で対応しているものではないことに注意しましょう。

インフォームドコンセントは必ず同席を
（インフォーム・情報提供　コンセント・同意）

医師には、「医療の目的や方法、予想結果や危険性などの説明を行い患者の理解を得るように努めなければならない」との努力義務があります。内容は、検査や治療および手術の内容と目的、手術後の注意点、治療効果、麻酔、輸血、合併症、副作用などで、説明に納得した患者は、同意書にサインをします。親本人に意識がない場合や判断能力が欠ける場合、家族が同意を代行します。同席を求められなくても、親世代は医師に従順であり、理解せずサインすることがあるので同席が安心です。疑問がある場合は遠慮なく、他の選択肢はあるのかを念のため、聞いてみるのも良いでしょう。

心肺蘇生法を行わないことに関する同意書及び延命処置を行わないことについての要望書

この書類は名前の通り、病状が進行し、心肺停止状態となった場合に、心肺蘇生法を行わないことに同意する。また延命処置として要望するもの、しないものを意思表明するものです。この書類を渡されると、「そんなに危険な状態なのか」と慌ててしまうかもしれませんが、高齢者であれば誰でも記載するものと思ってください。心臓マッサージや昇圧薬など、比較的選びやすいものから、化学療法（癌）、経管栄養（胃ろう）など、すぐには決めにくい項目もあります。人工呼吸器をつけると退院ができなくなりますので、よく検討する必要があります。ただし一度提出しても、気が変わったら内容の変更は可能です。

セカンドオピニオンは主治医を変更することではない

他の治療法などを検討したい場合は同意書にサインせず、セカンドオピニオンを検討します。セカンドオピニオンとは、親の病状や治療方針、方法などについて他の医師の意見を求めることです。ただし、主治医がセカンドオピニオンに承諾しない、単なる不満や苦情は受けつけてもらえません。主治医の承諾が得られたら、セカンドオピニオンを受け入れる病院を探しましょう。相談のみで新たな検査や治療は行われないので、紹介状（診療情報提供書）と検査データを主治医から借りて提出することになります。保険がきかず、全額自己負担。費用は3万~5万で相談時間は30分から60分となります。

クリニカルパスのイメージ

	1日目	2日目	3日目	4日目	5日目	6日目	7日目
検査	血液検査 検尿 胸部レントゲン		採血		血液検査 心電図		
看護師		集団生活指導		入浴、洗髪			
リハビリ		リハビリ				嚥下訓練	
管理栄養士	個人指導		集団指導				個人指導
薬剤師	内服薬調査				服薬指導		個人指導

心肺蘇生法を行わないことに関する同意書及び延命処置を行わないことについての要望書のイメージ

心肺蘇生法を行わないことに関する同意書　及び
延命処置を行わないことについての要望書

医師から十分な説明を受け、同意します。

以下の医療行為を延命処置として要望しないものを×印で要望するものを○印で意思を表明します。

- □ 心臓マッサージ
- □ 人工呼吸器
- □ 化学療法
- □ 輸血
- □ 輸液
- □ その他（アンビュー　バッグ）
- □ 気管内挿管
- □ 気管切開
- □ 昇圧薬
- □ 経管栄養

など

親が意思表明可能な時期に希望を確認しておくと良い。親本人が意思決定できないときは、家族が意向を推測して要望することになる

エピソード

インフォームドコンセントは、主治医の都合に合わせることが多いのですが、夕方何時以降、土曜日など希望は聞いてもらえました。片方の親がいても高齢になっている場合は、ひとりで対応させず、自分の予定がつかなくても、ほかの家族（大学生の子どもなどに頼んだことも）が同席して必ずふたり以上で聞くようにしています。

父の死に関して、インフォームドコンセントにひとりで対応したことで、今でも後悔していることがあるからです。父が高熱を出しているとケアマネージャーから連絡をもらい、仕事から帰宅後、車で駆けつけました。そのとき、静岡の主治医よりふたりで生活するには限界と忠告を受けました。すぐに私の住む川崎へと一緒に連れて戻るのですが、いろいろと準備に時間もとられ午前3時、真夜中の移動でした。父が「アイスクリームが食べたい」と言ったのですが、東名高速で向かう途中のサービスエリアも閉まっています。「わがまま言わないで」とそのままになりました。

朝になり、家にあったゼリーを食べさせてすぐに病院へ。体力が衰えていた父は肺炎を発症していたのです。腕の血管に限界を感じ、鎖骨下の血管に点滴用のポートを埋め込むことへの提案と同意を求められました。口から食べ物がとりにくくなっていたので、これしか選択はなかったのかもしれません。この方法を選択しても回復すれば点滴は外せますが、父の場合は、明らかに日に日に弱くなっていきました。もう口から食べ物をとれなくなるのだな、家に連れて帰ることは難しくなるのだなと直感しました。父の所に寄って「治ったら、一緒に暮らそう」と声をかけました。「一緒に暮らすのか」とポツンと言い、笑って目を閉じた父のことが頭に残り涙が止まりません。寿命といえばそれまでですが、父は入院後1か月もたたずに息を引き取りました。

私はそのとき、セカンドオピニオンなど頭にもなかったのです。アイスクリームを食べさせてあげたかった。父の7回忌が終わっても、いつまでも心残りな出来事です。「ごめんなさい、お父さん」と、あの世で一言伝えたいと思っています。

04

入院中に付き添いやお世話を求められたら？

☑入院基本料
☑身体拘束同意書
☑有償ボランティア
☑レンタル

入院基本料に含まれている看護料

入院基本料には、寝具類を含む療養環境の提供、看護師の確保、医学的管理などの費用が含まれており、基本的に病院から家族に対して付き添いの強制はできません。母が認知症初期の頃は、点滴の管を触ったり、同室の人を夜間起こしたりの問題行動があったので、個室に移動になった上、家族の寝泊まりを求められました。このときは杖使用で多少身体に弱りが見えても、父が対応できる範囲でしたので助かりましたが、対応不可能だったら自分で看つつ、足りない部分は親族にサポートをお願いしていたと思います。

付き添いに関しては、手術直後の面会を断られる病院もあり、対応は病院によって異なるというのが現状です。付き添いは、できないときの問題ばかりでなく、したいという状況もあります。危篤や容態が急変したときなどは、付き添いをしたいものです。自分が一緒にいたい、いれるときは、個室への移動、付き添いを申し出ることができますので相談してみましょう。

身体拘束の同意書を求められる

家族が付き添いできない場合、身体拘束同意書を求められることがあります。夜間の立ち上がり防止のためベッドに縛る、管を抜かないためミトンをつける、などです。病院は治療の場であるため、短時間拘束をしてでも治療を進めていくという考えなのです（同意書がないと高齢者虐待になる）。病院では問題行動の多い患者に睡眠剤を服用してもらうケースも多々あります。

対照的に、介護施設は生活の場なので、柵でベッドを囲むことも身体拘束にあたるため比較的自立している入居者の夜間徘徊も多く見られます。夜勤者も人間です。時間でオムツ交換などの仕事があるため目が行き届かなくなりますが、そのときに事故が起こると施設に責任が発生してしまいます。特に人手の少ない夜間対応の限界が問題となっています。

奥の手は有償ボランティア

病院に入院中は医療保険が適用されているので介護保険のサービスは利用できません。入院中どうしても人手が必要で、かつ対応できる親族もいないときは、奥の手として有償ボランティアがあります。料金も決して安くはありませんが、困ったときは頼りになる存在です。市区町村の社会福祉協議会で登録先が確認できますので問い合わせてみましょう。また、介護保険外ですが一部訪問介護サービス事業所で病院付き添いサービスに対応していますので併せて確認してみましょう。

入院中の洗濯どうする？

下着やタオルの洗濯も頭を悩ませます。週に2回通えれば家族が対応できる範囲と思いますが、遠距離だと運搬も重労働です。もし、病衣・タオル類・紙オムツ・オシリ拭きなど必要なものだけをレンタルできるサービスがあれば、1日1000円前後と安くはありませんが、入院日数によっては検討してみてください。下着は家族が対応することになりますが、家に持ち帰るか、病院のランドリーを利用するか、病院内のクリーニング業者に頼むという手もあります。女性なら100円ショップで5枚入りの不織布の使い捨てパンツを利用するのも一案です。

レンタルの内容と金額の目安（業者によって異なる）

利用内容	1日の金額（目安）
紙オムツ（パンツ式、テープ式、尿取パッド）上限なし 病衣（週2～3回交換が目安） タオル類（バスタオル、フェイスタオル、おしぼり）	1,200円（税抜）
紙オムツ（パンツ式、テープ式、尿取パッド）1日3枚以下 病衣（週2～3回交換が目安） タオル類（バスタオル、フェイスタオル、おしぼり）	900円（税抜）
病衣（週2～3回交換が目安） タオル類（バスタオル、フェイスタオル、おしぼり）	350円（税抜）

エピソード

　母の入院の際、病衣とタオル類のみレンタルし、紙オムツは家から持ち込みにしました。それでもひと月1万円ほどかかります。入浴もできないのでタオルは利用しないし、病衣の交換も少ないのですが、食事ごとに提供される温かいおしぼりと、軟便で汚れたときの着替えのリスクなどを考えてのことです。紙オムツは持参するので予備枚数の確認と、その日の使用済みオムツはその日のうちに家族が持ち帰る約束でした。そのため毎日面会に行く必要がありました。

　私は自分で親の状態を確認したかったのもありますが、これも自宅から近い病院だから可能なのだと思います。紙オムツまでレンタルするとひと月3万円以上の料金になります。

これはかなり大きな負担です。持ち込みの場合、パンツ式またはテープ式のどちらかと尿取パッドの2種類が必要になることが多いのですが、持ち込みであれば、8000円もかからずに準備することもできます。

　肺炎で入院すると一定期間、食事がとれないのですが回復してくると提供されます。私は朝と昼は仕事もあり面会時間外なので食事介助は病院にお願いすることになりますが、問題は夕食です。ひと月近く、やりくりしながら定時で退社し食事介助を自分でやりました。食欲で調子も確認できるし、何かできることをやりたかったのもあります。ですが、そのうち期待されてしまい家族が介助するのが当たり前のようになりました。少し遅れて到着すると食べさせてもらえていないのです。時間がたつと細菌も増えやすいし少しイラッとした経験があります。病院側は「助かります」と言いますが、こちらも「遅くなることもある」と伝える必要があります。私はその間、仕事は時間との戦い、母の食事介助も自分の責任との思いが強くなり、追い込みすぎて不眠症になるという本末転倒な結果になりました。

同室への配慮は必要か

大部屋では同室者の存在を無視して部屋で長時間話すことは避けましょう。親の入院をきっかけに久しぶりに面会者に会う場合もあります。つい、声が大きくなり話が弾むこともあるかもしれませんが気を付けてください。自分が逆の立場であれば、かなり迷惑な行為です。携帯電話の音にも注意し、必要に応じて談話室に移動してください。ここは飲食ができる場合が多いので、お茶を飲むこともできます。

20年ほど前であれば、大部屋でも仕切られたカーテンをあけて患者同士が歓談することもありました。窓側の人がカーテンを閉じたままだと光が入りにくく病室が暗くなるからです。近年は、プライバシーが尊重され、多くの患者がカーテンを閉じて電気の光で過ごしています。同室者やそのご家族、見舞い客などと顔を合わせたときは、挨拶を心がけていれば十分かと思います。

噂話には参加しない

入院生活が長くなると、場合により親も自分も同室者やそのご家族と仲良くなることもあります。病院スタッフや特定の患者さんについて、話が出たとしても「そうですよね」など話を合わせるのは程々にしましょう。噂話になったら早めに退散しましょう。自分のことを色々と聞かれることがあるかもしれません。必要以上に聞かない、話さない線引きも大切です。話の内容を気遣えばよく、交流を断つという意味ではありません。

好意のお裾分けも良し悪し

入院病棟にもよりますが、同室の方への食べ物のお裾分けは、必ず看護師に確認してください。良かれと思っても食事制限がある場合があります。お見舞い品で食べきれないからと深い意味はなくても先方が気を使い購入してまでお返しを配る、なんていう悪循環になる場合もあります。一昔前は、入院時に挨拶としてお菓子を配ることもあったので親世代はその習慣が抜けていない人もいます。現在は配らないことで嫌な思いをすることはありません。

話半分で右から左

母が大腿骨頸部骨折で入院したとき同室の女性から、「毎日、面会に来なくても良いのに」とか「リハビリは専門の人に任せておいた方が良いと思う」と助言をいただいたことがあります。私は毎日の仕事帰りと、土日は半日を費やし面会に行っていましたが、目的は体調確認、食事介助と車いすでのリハビリです。そして、この頻度で面会可能だったのも家から5分以内の病院だからです。その方々はご家族の面会も少なかったのですが、遠距離や家族が忙しいなどそれぞれ事情があるのでしょう。所詮はひがみと思い、右から左で「そうですね、ありがとうございます」と一言で終わらせます。もちろん面会もリハビリも退院まで毎日続けました。余計なところでイライラしないために気にしない、話半分もときには必要です。

大声を出す同室入院者への対応は？

病院の中でも急性期病棟は、入院者の入れ替わりが多くあります。私は家の近くの病院に親が入院したときだけは、毎日面会に行くのですが、いつも困ることがあります。かなりの割合で「おしっこ漏れちゃうよ〜お姉さん」のような主にトイレの訴えをする人や「助けて〜痛いよ」と大声を出す患者がやたらと多いのです。私しか面会者がいなくて、食事時で看護師の人手も足りないときなど放っておかれているので、知らせた方が良いのか悩みます。私は、その方のことをよく理解していない段階では知らせに行きました。それで、「あの方はいつもです」と看護師が行動をとらなかったら、次の日からは騒がせたままにしています。看護師さんに知らせた方か良いのか？　と直接確認をしたら、目が行き届かない時間帯もあるので、「念のために知らせてもらえた方が助かる」と言われました。

エピソード

父は、ワーファリンという血液をサラサラにするための薬を服用していましたが、納豆や青汁は薬の効き方に影響が出るため控えるように指示を受けました。高血圧の薬の中には、グレープフルーツと組み合わせがよくないものもあると聞きます。ジュースの詰め合わせをもらい、お裾分けしたとき、降圧剤を服用している人にグレープフルーツジュースを渡してしまうことがあるかもしれません。相手の病状もこちらには不明ですし、やはりお裾分けは注意が必要だと感じます。

●気を付ける組み合わせ（一例）

・ワーファリンと納豆や青汁
・高血圧薬とグレープフルーツ

・鼻炎薬とチーズ
・糖尿病薬とアルコール
・骨粗鬆症薬と乳製品　など

母が2度目の大腿骨頸部骨折で手術をした際、医者から車いすか、良くて杖になるだろうと言われました。ですが認知症のため、杖と自分の足を出すタイミングが理解できず、かえって危ない状態になるのです。車いす生活も不便なため、母の驚異的な体力を期待して、手術後、車いす利用が認められた日から、フットレスト（足を置くところ）を上げて、床に足をつけ車いすのまま歩くという運動を、廊下で繰り返しました。病室でも座ったままで上下に動かす運動を続けました。これだけでも筋力がつくのです。帰宅後は、ペダル式トレーナー／KH2（カワムラサイクル）で足こぎ体操10分を続けることで、両足とも大腿骨頸部骨折で手術していますが自立歩行ができるまで回復しました。座位が保てるときは、家庭でもリハビリを続けると回復が早いと確信しました。入院時も、看護師さんや理学療法士さんからこの行為を止められることはなく、「頑張りますね」と、励ましていただきました。

**ペダル式トレーナー/KH2
カワムラサイクル
（私の愛用品）**

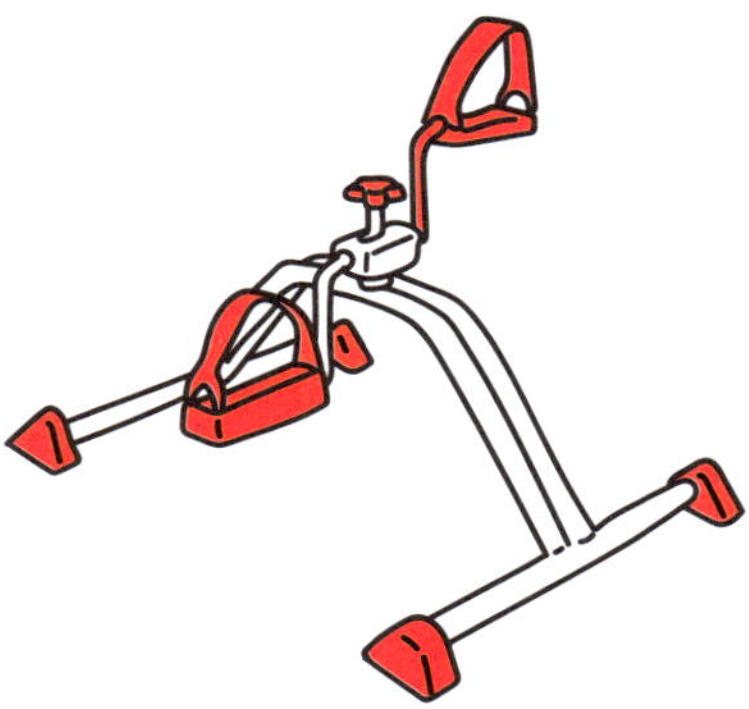

05

親が入院中に様子が変わったみたい

- 認知症の進行
- 身体機能の低下
- 知的機能の低下
- 入院せん妄症状

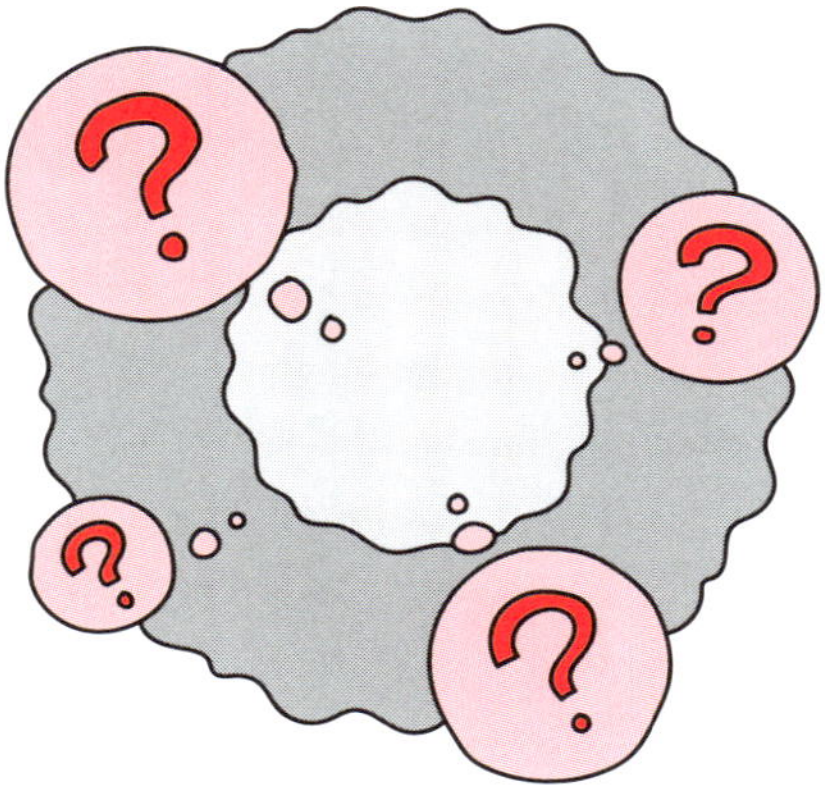

入院のたびに進行する認知症

認知症という病気で入院することはありませんが、骨折や肺炎で入院すると認知症が一気に進むことがあります。母も入院のたびに、要介護度が上がりました。環境が変わるからと言われますが、実際のところよくわかりません。ただ、進行するという事実は本当です。

認知症の人でも家は居心地が良く安心するようなのですが、病院だと医師や看護師も知らない人、トイレや食事もいつもと違うし、環境不適合が原因で進行をしているように思うのです。なぜなら、退院後は一気に進んだように思えても、数か月後、少しだけですが良い方向に戻るからです。

身体機能の低下は突然やってくる

誤嚥《ごえん》性肺炎で入院すると、一定期間、食事制限があり食形態も常食だったのに、お粥やミキサー食に変わる。圧迫骨折で入院したら、ほぼベッド上で過ごすうちに筋力が低下し自立歩行が困難になり、排せつもオムツになりベッド上で行われる。病気やケガの治療は終わっても、いざ退院のときに食事介助・排せつ介助・歩行介助など、介護が突然必要になることがあります。そんなとき、家族はとても不安になります。

退院の目途がたつと安心と同時にもう少し先でも、と思うかもしれません。母が大腿骨頸部骨折で手術した際、「昼間は看護師室で座らされているだけ、病院は感染の心配もある。長くいるより家に帰って刺激を受けた方が良い」と、もう少し病院においてほしいと私が思っていた矢先、主治医よりアドバイスがありました。

知的機能の低下も、もれなくついてくる

入院して認知症が発症するというより、入院が原因で認知症が進み、退院後診断された、ということはよくあります。もともと、認知症の兆候があったのではないでしょうか。入院という他人任せの受動的な生活に影響を受けるのかもしれません。昼夜逆転、弄便《ろうべん》（便をさわる）など、問題行動が出る場合もありますので、入院すると、知的

機能の低下のリスクがあるということを先に理解しておきましょう。

入院すると急に起こる、せん妄症状

せん妄という症状に当初とても驚きました。手術翌日の面会の際、医療室から戻ったときの母の表情と態度が明らかに違うのです。目つきがとにかくおかしい。目を見開き焦点が合っていない。にもかかわらず怖い顔をして無言なのです。言葉はなく意識がとんでいるような感じです。環境が変わって特に手術をして麻酔を使うと出ることが多いとのこと。点滴の針を抜いたり、夜間騒いだり、いないものが見えるなどの幻覚の症状が出てくることもあります。母は認知症なので、そうではない方よりも、この入院せん妄というのが出現しやすいようでした。心配したのですが、この症状は退院後、1週間もすると消えていきました。自分の居場所に戻れば落ち着くので、最初は不安になりますが、少し様子を見ても大丈夫です。

入院の原因となった病気は治っても他の病気が発症するリスクがある

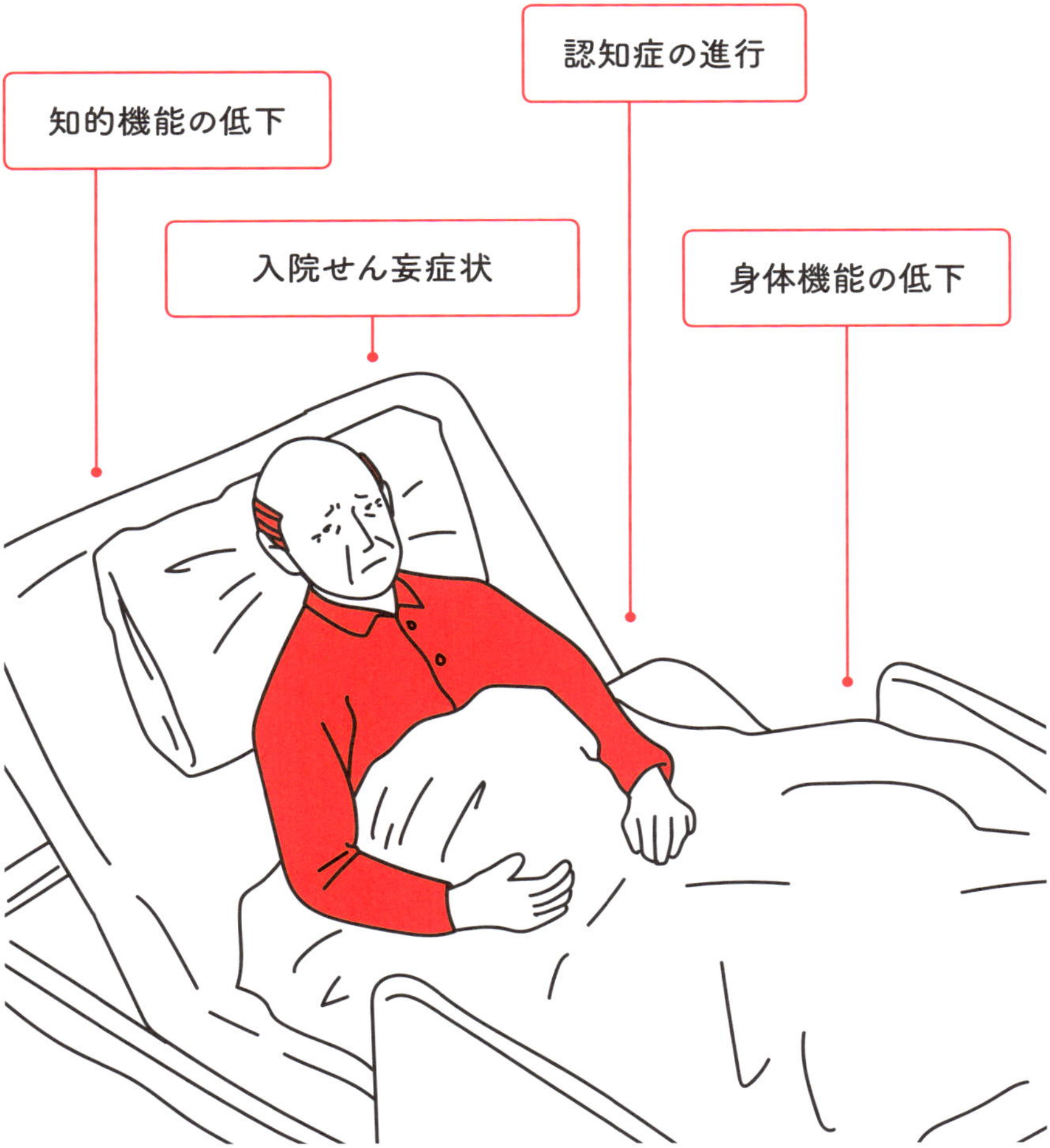

06

3か月が見えてくると必ず出てくる退院・転院の話

☑急性期病院
☑回復期リハビリテーション病院
☑地域包括ケア病棟
☑介護医療院

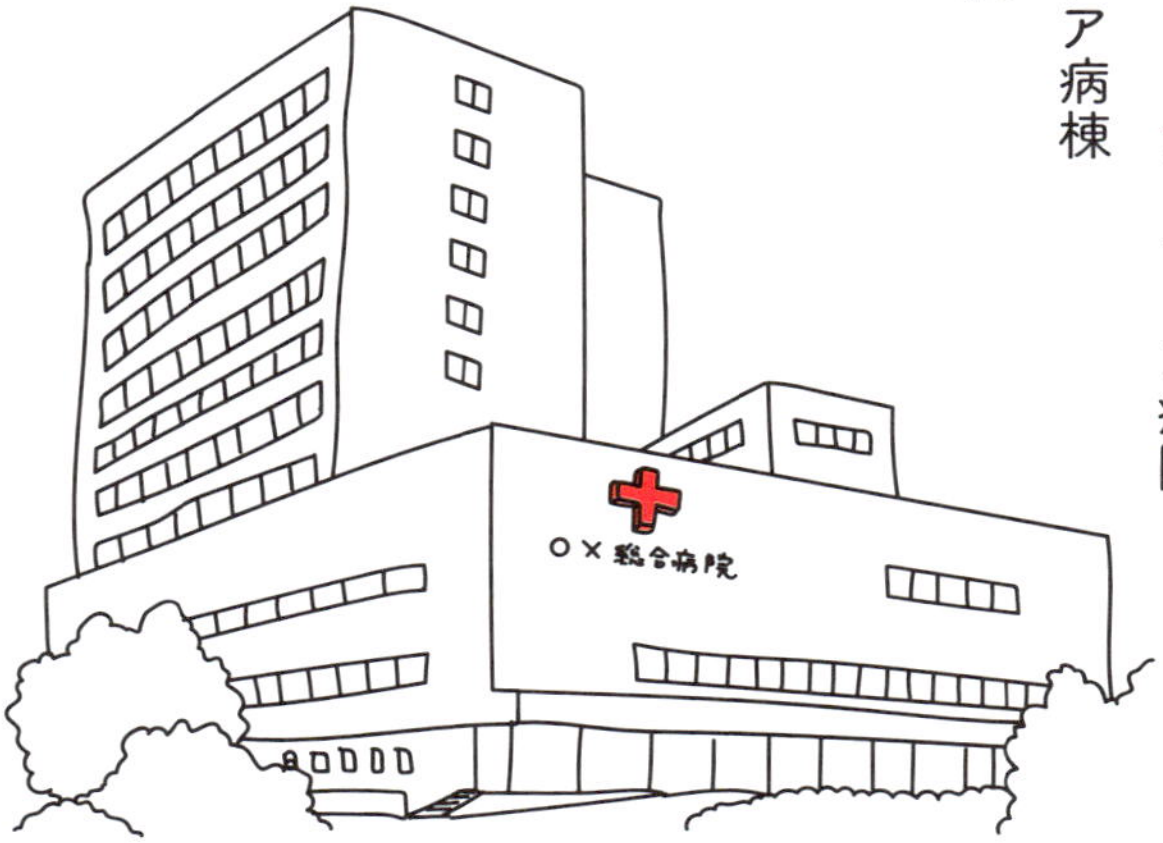

命を救う高度急性期病院・急性期病院

脳血管疾患など緊急を有するものは高度急性期病院や急性期病院で治療を受けます。この病院の役割は命を救うことで、一般的に2週間を待たず退院となります。症状が安定し転院となりますが、これを追い出されたと思う人も多くいるようです。ここのベッドは次の緊急患者のためのものです。退院時期を決めるのは、医師や看護師の感情ではなく、病院の役割上、仕方のないことであると理解しておけば、余計な怒りとストレスを抑えることができます。

疾患によっては回復期リハビリテーション病院で集中的にリハビリを

回復期リハビリテーション病院は、回復期に集中的なリハビリを行うことで低下した機能を取り戻すことが目的です。厚生労働省によって、病気の種類や状態によって入院期間も決められていえます。脳血管疾患、大腿骨頸部骨折などの患者が常時8割以上入院しています。そして、「もう少しリハビリをここで続けたい」などの希望は難しくなります。【回復期リハビリテーション病院 東京】などで検索すると対象の病院が調べられるので、取り組みなど気に入ったところがあれば、転院を受け入れてもらえるか直接、自分で問い合わせることも可能です。

地域包括ケア病棟で在宅復帰に向けて準備をする

地域包括ケア病棟は手術や検査など急性期を経過し、症状が安定した患者の在宅復帰を支援する病棟です。自宅や介護施設に復帰予定で、経過観察や在宅での準備が必要な場合、医師の判断で提案されます。ここに続けて入院を希望すると転棟となり期間は60日が限度です。入院費用も地域包括ケア病棟入院料となり一般病棟より増額となる場合がありますが、高額療養費制度によって月の医療費に上限がある場合、負担額は変わりません。在宅復帰率も7割以上あり、専任の在宅復帰支援担当者が配置されています。

退院後も継続した治療が必要なとき

療養病床は長期間の療養が必要な患者のベッド

を病院内に設置したもので、医療療養病床（医療保険対象）と介護療養病床（介護保険対象）があります。現在ある介護療養病床は高齢者の社会的入院、高額療養費の問題で廃止予定ですが、今後その役割は介護医療院などの医療付き介護施設へと転換されます。医療療養病床は、今後も医療措置の必要性の高い患者を受け入れるため残ります。

病院に3か月ルールがある理由

入院は病院によって、診療報酬が異なり「出来高方式」と「包括評価方式（DPC）」があります。出来高方式とは入院中の診療行為ごとに医療費を計算するもので、包括評価方式（DPC）は病状に応じて1日当たりの定額料金を基本に医療費を計算しています。自動車損害賠償責任保険や労働者災害補償保険で入院する場合や自由診療で入院、日帰り手術で入院の場合は出来高方式となります。DPC対象病院であるかは入院時に確認できます。DPC対象で入院しているのに他の医療機関で診察や投薬を受けると、その費用は自費となります。

例として一時外泊が許されて、他の先生の意見も聞きたいなどという思いから診察を受けるというイメージです。そして、病院は3か月で退院させられるという話もありますが、これには包括方式が影響しています。病院としては投薬、検査、点滴など処置回数に関係なく診療報酬総額が変わらないもので「まるめ」とも呼ばれます。入院が90日を超えると診療報酬の低い「まるめ」となるため、退院してほしいわけです。入院して2週間は報酬も高いため、この期間は退院させたくないので逆に退院日に影響を与えます。病院は営利主義なのです。

介護医療院
（平成30年度介護保険法改正で新設された医療施設）

目　的	医療ニーズの高い患者の受け入れ 地域包括ケアシステム強化への対応
利用できる人	65歳以上　要介護1以上
Ⅰ型	重度疾患の者、身体合併症を抱えた認知症患者 ターミナルケアが必要な患者
Ⅱ型	容態が比較的安定している患者 ターミナルケアが必要ではない患者

※ターミナルケアとは、治療の見込みもなく死期が近づいた患者に、延命治療中心ではなく苦痛を取り除き安らかに死を迎えられるよう援助すること

患者やその家族の相談にのる医療ソーシャルワーカー（MSW）

ある程度の規模がある病院には医療相談室、地域医療連携室などの部門があり、医療ソーシャルワーカー（MSW）が在籍しています。相談援助の国家資格である社会福祉士や精神保健福祉士などが、医師・看護師・薬剤師・理学療法士・作業療法士・管理栄養士など、他の専門職と連携をとり、患者の状態と、患者や家族の希望に沿った退院後の生活について、提案や相談にのっています。課題をどう解消するかを一緒に考えてくれるので、例えば、早期の退院が決まったのだが退院後の生活環境を整える時間が足りない、と感じたときなど、MSWに伝えてください。遠慮せず「困っている」ことを声に上げて伝えることが大切です。

入院医療費の計算方法の違い

出来高方式

投薬・注射・処置
検査・画像診断
入院基本料

→

包括評価方式

1日の定額料金

手術・麻酔・輸血
内視鏡・リハビリ

↓

心配ごとは
医療ソーシャルワーカー
という専門職に相談

※医療ソーシャルワーカー（MSW）：入院中や退院後の不安、限度額適用認定証などの説明にあたる

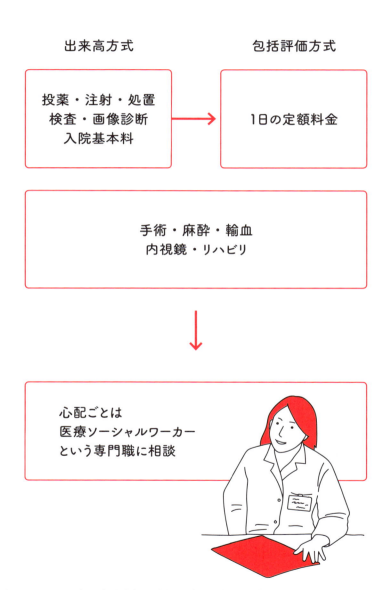

退院後の生活準備は入院中に進めておく

入院を境に要介護状態になってしまったら、家族はとても不安になります。早期退院の要請があったら退院後の選択に大いに悩みます。施設入居を検討する場合、今後の生活の場になるかもしれないことを安易に決められません。そんなとき、地域包括ケア病棟や回復期リハビリテーション病院へ一旦転院をして在宅復帰や施設を検討する時間を稼ぐことも一案です。退院の先延ばしは良いことではありませんが、きちんと検討する期間が必要とも思います。MSWは豊富な情報と連携先を知っています。相談も無料で頼もしい存在です。

退院後の自宅での生活をイメージする

入院直後は、治療方針が固まらないこともあります。入院時に医師から入院診療計画書に治って説明を受けますが、治療が進むにつれ当初の予定から変わることもあります。心配なことや疑問点があったら頃合いを見て治療法や入院期間を主治医や看護師に確認してください。抗生物質の点滴は、数週間ごとに種類が替わります。私は点滴剤の薬剤名と製薬会社をメモして効能と副作用を調べました。どうしてこの時期に替えたのかも医師や看護師に質問していました。そして、早いうちから定期的に食事・排せつ・入浴など日常生活動作に関する親の状態も確認してください。その状態により自宅のトイレに手すりをつけた方が良いと判断するならば、介護保険の福祉用具貸与か住宅改修を申請する方法もあります。介護保険が未申請ならすぐに申請しようという判断にもつながるのです。

介護保険施設との橋渡しも

特別養護老人ホームや介護老人保健施設を検討したい場合もMSWは橋渡し役になってくれます。これらの介護施設には生活相談員という専門職がいて、病院のMSWと連携し入居に向けた調整をしてくれます。待機も多いのですぐに希望通りになるとも限りませんが、アドバイスをもらえるので、何もしないよりは前進します。抗がん剤や胃ろう、24時間の中心静脈栄養など医療依存が高まり在宅復帰が困難となるケースでは、医療療養型病院の紹介をしてもらえます。退院後、在宅を希望する場合は、担当のケアマネージャーに相談するのが一番ですが、訪問診療を支援する退院調整看護師を配置している病院もあります。この場合もMSWに橋渡しを依頼することができます。

家族の相談にも対応している

患者である親本人だけでなく、家族の疑問や相談も受け付けてくれます。例えば、病院設備に関すること、職員の対応、入院費の支払いなどです。入院費は月1回の定期会計時での支払いとなりますが思いのほか高額になる可能性もあります。市区町村窓口で「限度額適用認定証」の交付を申請し、これを医療機関に提示すると窓口での支払いを安くすることができます。「限度額適用認定証」があれば、病院の会計時支払金額を抑えられます。ない場合は病院に支払う金額は一時的に高額ではあるけれども、高額療養費の申請をしていれば、後日、払い戻しを受けることができます。どちらでも結果的に支払う金額は同じ額となります。

困ったときは医療ソーシャルワーカーに相談

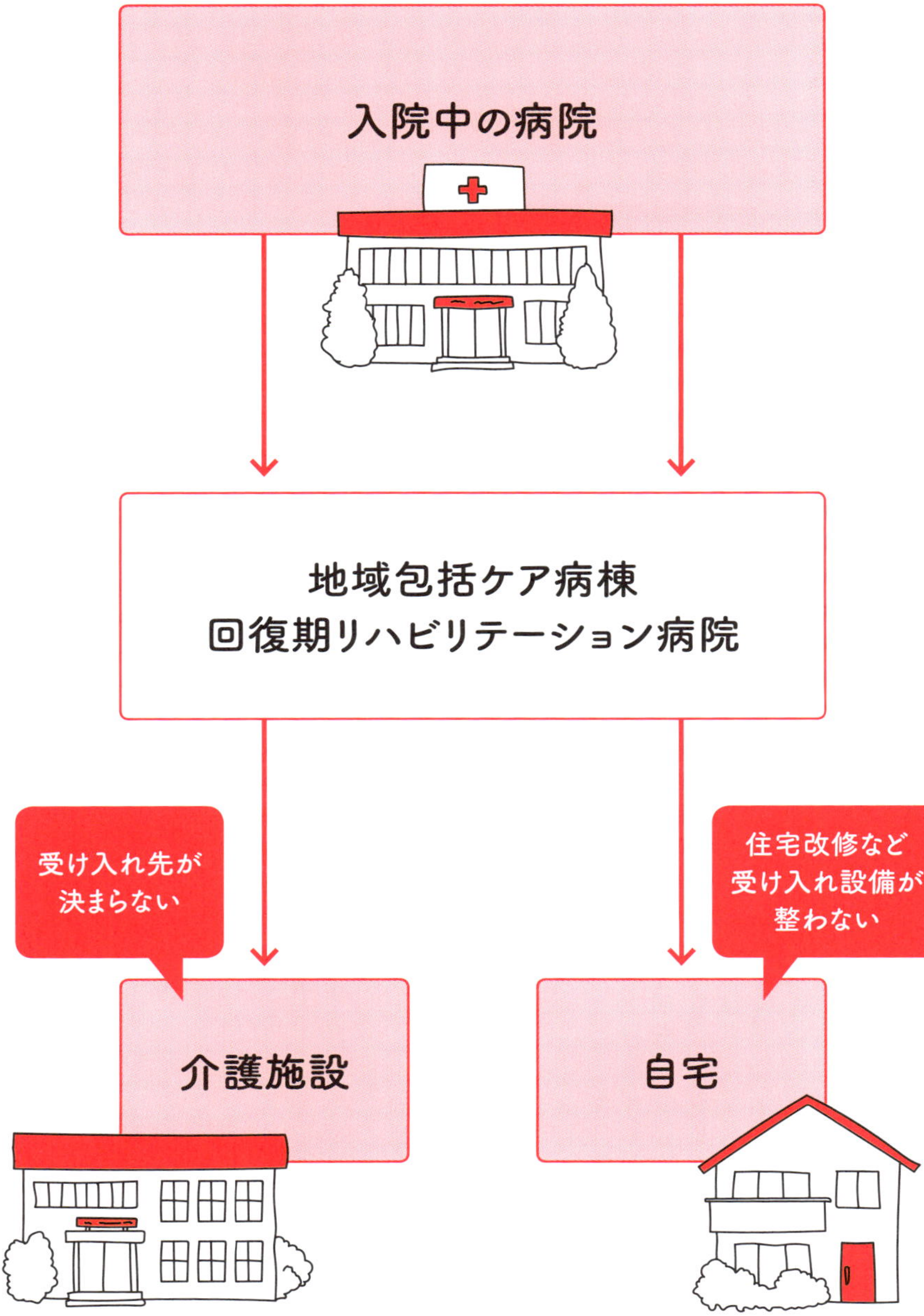

07

退院前に介護保険・要介護認定の申請をする

☑介護保険
☑医療保険との違い
☑要介護認定の申請

介護保険制度とは

現在の日本は核家族化が進み、高齢者単独や高齢夫婦のみの世帯が増加し、一昔前とは家族形態が変わってきています。そこへ認知症患者の増加、介護の長期化・重度化が進み「介護」は老後の大きな不安材料となっています。その問題を社会全体で支えようと創設されたのが、２０００年4月にスタートした介護保険制度です。40歳になると医療保険料と一緒に介護保険料が徴収され、65歳以上になると年金から天引きされるか納付書で個別に納付します。

40歳から保険料は支払っているのですが、実際に介護保険サービスを利用できるのは、65歳以上の介護や支援が必要になった人です。この年齢ならば介護が必要となった原因は問われません。40歳以上64歳までの人は、医療保険加入者であること、16種類の特定疾病が原因で介護や支援が必要な状態になるという条件があります。例えば、62歳で交通事故が原因で介護が必要となっても介護保険は利用できないのです。

医療保険と介護保険

大きな違いは、介護保険は申請主義で自分から動かないと何も始まらないということです。医療保険は保険証を持って病院に行けば、その日のうちに1~3割の負担額で診察や薬の処方を受けることができます。介護保険は65歳になると介護保険証が届きますが、使うためには利用申請をして身体の状態を調査され、更に「要支援・要介護認定」という許可を受ける必要があります。届いた介護保険証はこの手続きを踏まないと単なる紙切れです。そして、認定を受けた後、介護保険のサービスを利用するには、ケアマネージャーなどが作成するケアプランが必要で、受けたいサービスを選択し提供事業者と契約を結ぶことで利用できるようになります。お金も医療保険は病気が治れば支出は終わりますが、介護は、悪化することが多いので費用負担が一生続く可能性が非常に高くなります。

退院後に介護保険サービスを利用したい

入院中は医療保険が適用されていますので、介護保険の利用は退院後からとなります。その場合でも、入院中に介護保険の利用申請を行うことは可能です。結果が出るのは1か月程度を目安として早めに行動しましょう。結果が出る前に退院の予定があり介護サービスをすぐに使いたいときは、介護保険の利用申請時にその希望を必ず伝えてください。申請は市区町村の介護保険窓口で受け付けています。申請者は親本人のほか、家族、ケアマネージャー、地域包括支援センター職員でも可能です。申請すると訪問調査が入り、その後、結果が要支援1～2、要介護1～5のほか、非該当という8つの区分のいずれかで通知されます。訪問調査を病院で受けると介護度が高くなる傾向にあります。

ケガや病気で要介護状態に、入院中にするべきこと

①入院中に介護認定を受け、帰宅後の環境を整備する（福祉用具の選定など）

②介護サービスの情報収集を行う。訪問介護やデイサービスなども含め、必要なサービスを検討する。場合により配食サービスなども検討する。

③介護施設も検討する。退院後すぐの入居は難しいかもしれないが、身体状況、金銭状態などから候補をあげておく

④在宅の場合、在宅療養支援診療所や訪問診療・往診対応の在宅医療の情報収集を行う

⑤親やきょうだい、親類と今後について話し合う

⑥退院後の親の状態を医師、看護師に確認する

入院に必要な費用はどのくらい

親が病気やケガで入院した場合、どのくらいの費用がかかるのでしょうか。「平成28年度生活保障に関する調査」（公益財団法人生命保険文化センター調べ）では、自己負担費用額の平均は、22・1万円です。最も多いのが10～20万円未満で全体の約40％、20万以上も35％を超えています。治療方法や入院日数で変わってきますが、「1回

16種類の特定疾病

① 末期がん	② 関節リウマチ	③ 筋萎縮性側索硬化症（ALS）	④ 後縦靱帯骨化症
⑤ 骨折を伴う骨粗鬆症	⑥ 初老期における認知症	⑦ 進行性核上性麻痺、大脳皮質基底核変性症及びパーキンソン病	⑧ 脊髄小脳変性症
⑨ 脊柱管狭窄症	⑩ 早老症	⑪ 多系統萎縮症	⑫ 糖尿病性神経障害、糖尿病性腎症及び糖尿病性網膜症
⑬ 脳血管疾患	⑭ 閉塞性動脈硬化症	⑮ 慢性閉塞性肺疾患	⑯ 両側の膝関節または股関節に著しい変形を伴う変形性関節症

日常的に自分で動作可能な状態の目安（個人差がある）

要介護状態区分	排泄	食事	歩行	入浴	掃除
非該当	○	○	○	○	○
要支援１	○	○	○	○	○
要支援２	△	△	△	△	△
要介護１	△	△	△	△	△
要介護２	△	△	△	△	△
要介護３	×	△	△	×	×
要介護４	×	×	×	×	×
要介護５	×	×	×	×	×

※混乱や理解低下など、認知症発症の有無などで大きく異なる場合があります。

の入院で22万はかかる」との目安にはなります。請求書は、ほとんどの病院で月末締めの翌月支払い、退院時はその日までが清算され、退院日含め、数日以内に入金ということになります。ご参考までに、母が肺炎で2か月間入院したときは、入院時預かり金（保証金）10万、1か月目12万、2か月目は10万を窓口に支払いました。まとまったお金が必要になります。

公的医療保険でカバーされる範囲（1〜3割負担の範囲）

入院基本料（1日当たりの基本利用金：診察、看護、室料、寝具代など）、治療費（投薬、点滴、注射、手術、リハビリ、各種検査など）は医療保険の自己負担割合の適用があります。食事療養に関しては、治療の一環として医療保険でまかなわれる部分と自己負担部分があります。医療費の自己負担割合は年齢と所得によって違いがあり、小学校入学から69歳までは3割負担、70歳以上で2割、75歳以上では1割となります。ただし70歳、75歳以上でも現役並みの所得があると3割自己負担となります。

公的医療保険でカバーされない範囲（全額自己負担の範囲）

先進医療と自ら希望して個室などに入った場合の差額ベッド代は範囲外です。個室といっても1人部屋のみでなく、4人以下で必要な広さを備えた特別室であれば差額ベッド代が発生します。この他、必要に応じて、タオルや病衣、オムツなどのレンタル費用や、テレビや本などの娯楽費、診断書や入院証明書などの文書費用もかかります。家族が病院に向かう交通費なども距離や日数により、かなりの支出になることもあります。

高額療養費制度で費用の負担が軽くなる

高額療養費制度とは、同じ月（1日から月末）の間にかかった医療費の負担金が高額になった場合、定められた上限額（自己負担限度額）を超えて支払った額が払い戻されるという制度です。上限額は年齢や所得に応じて定められています。この制度の注意点は、同じ月ということです。月の中旬から次月の中旬の入院だと、日数不足で対象外、月初入院、月末退院ならば対象ということがあります。入院期間は同じ1か月であるのに不公平感があるかもしれません。

高額療養費制度を意識して受診を月初めまで引き延ばすのはよくありません。やはり、病気は一刻も早い受診の方が良いのです。さらに、両親が同じ公的医療保険に加入しており同月に医療費が生じたときは世帯単位で合算ができる制度や、多数回該当といって過去12か月以内に3回以上高額療養費を受けた場合、4回目から自己負担限度額が下がるなど、国民の負担額を下げるための仕組みもあります。

高額医療費貸付制度、高額療養費受領委任払いもある

当面の支払いが困難なとき、無利子で高額療養費見込額の8割を貸し付ける高額医療費貸付制度や医療機関への支払いが自己負担限度額までとなる高額療養費受領委任払いがあります。市区町村によって採用に基準があるようですので、窓口に確認をしてください。

入院にかかる費用

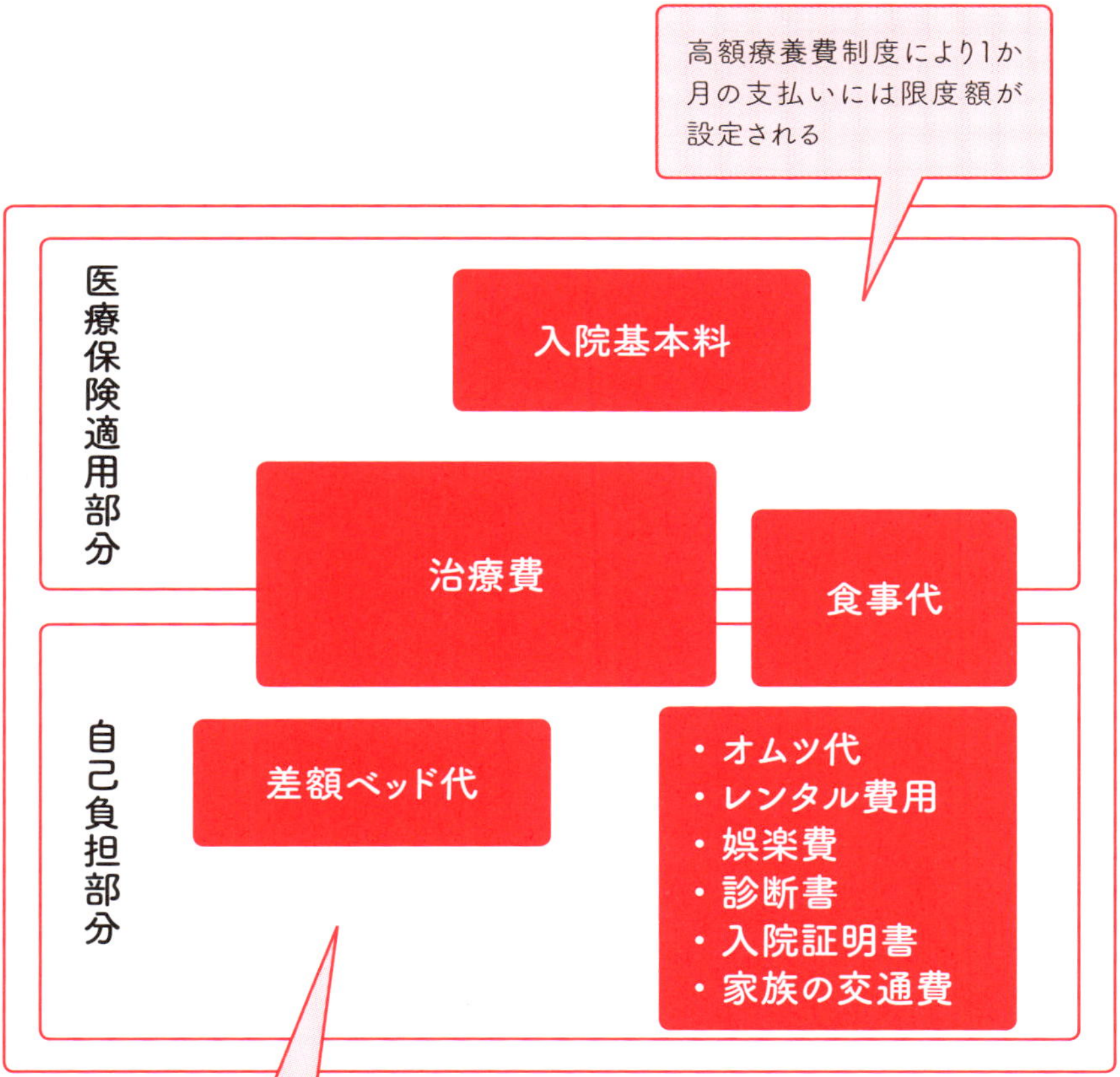

大部屋に空床がない場合や治療の理由で特別室になることがあります。この場合、差額ベッド代が発生します。
基本的に、患者側の同意が必要で

- 同意書にサインした
- 患者から希望した

ケースにおいて病院は差額ベッド代を請求できることになっています。ですが、サインを拒むと入院ができなくなる可能性もあり難しいところです。差額ベッド代と緊急入院の狭間で悩むこともありますが、一時的に差額ベッド代が発生しても、空床がでたら大部屋に移動させてもらうように依頼すると良いでしょう。

自己負担限度額 70 歳未満（2019 年 3 月現在）

区分	自己負担の上限月額	多数回該当
年収約1,160万以上 （標準報酬月額83万以上）	252,600円＋（医療費－842,000円）×1%	140,100円
年収約770万～1,160万以下 （標準報酬月額53万～79万）	167,400円＋（医療費－558,000円）×1%	93,000円
年収約370万～770万以下 （標準報酬月額28万～50万）	80,100円＋（医療費－267,000円）×1%	44,400円
年収約370万以下 （標準報酬月額26万以下）	57,600円	44,400円
住民税非課税世帯	35,400円	24,600円

厚生労働省「高額療養費制度を利用される皆さまへ」を参考に作成

自己負担限度額 70 歳以上（2019 年 3 月現在）

区分		自己負担の上限月額		多数回該当
		外来（個人ごと）		
上位所得者	年収約1,160万以上	252,600円＋（医療費－842,000円）×1%		140,100円
	年収約770万～1,160万以下	167,400円＋（医療費－558,000円）×1%		93,000円
	年収約370万～770万以下	80,100円＋（医療費－267,000円）×1%		44,400円
一般所得者	年収156万～約370万以下	18,000円 （年間上限144,000円）	57,600円	44,400円
住民税非課税世帯	※1以外	8,000円	24,600円	—
	年金収入80万以下など（※1）	8,000円	15,000円	—

厚生労働省「高額療養費制度を利用される皆さまへ」を参考に作成

窓口での負担金額の計算例

（例）70 歳以上・年収約 370 万〜 770 万円以下の場合（3 割負担）
100 万円の医療費で、窓口の負担（3 割）が 30 万円かかる場合

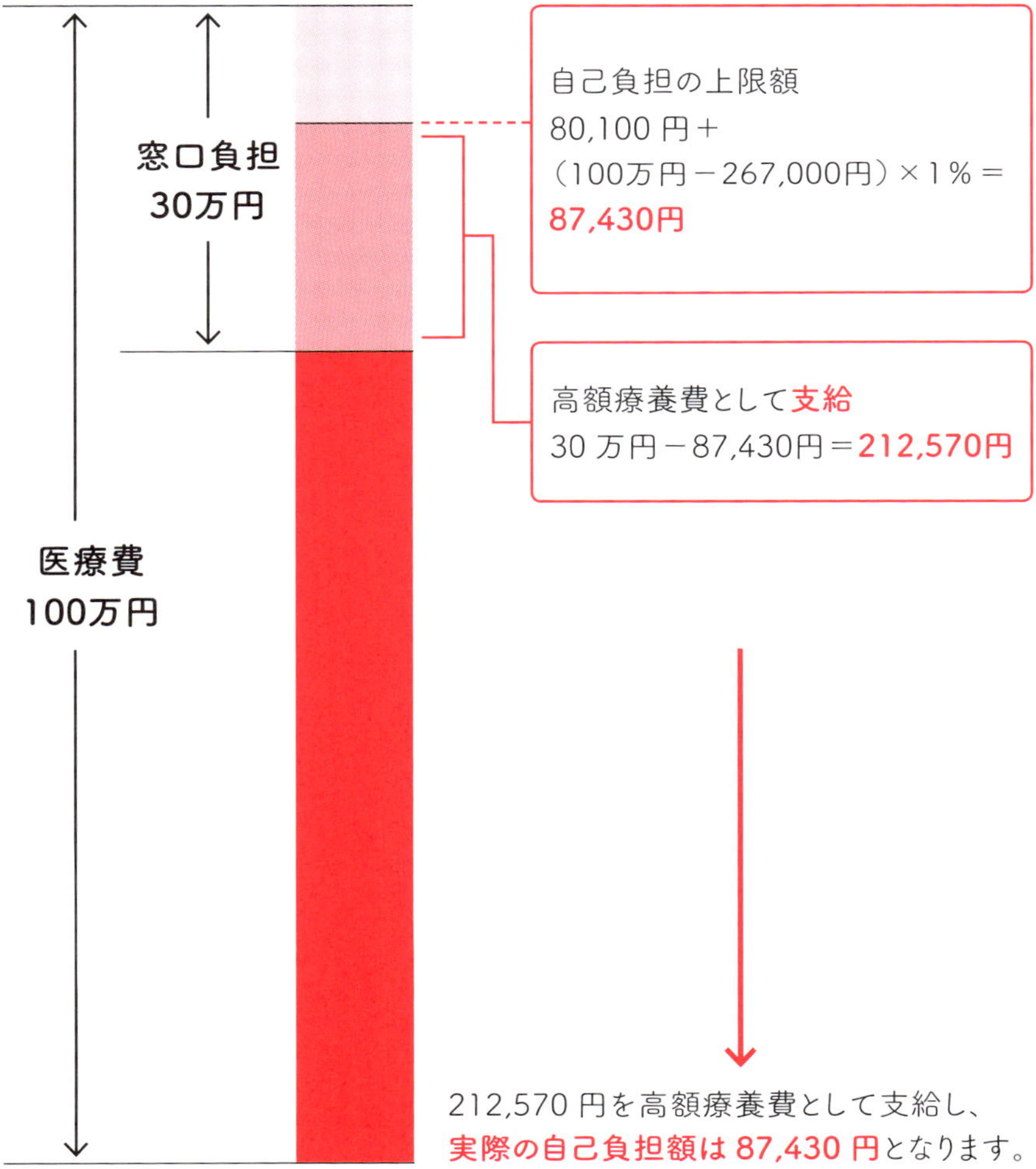

厚生労働省「高額療養費制度を利用される皆さまへ」より抜粋

08

医療費を節約するためのポイントは

☑医療費控除
☑介護サービスの医療費控除
☑調剤薬局の料金

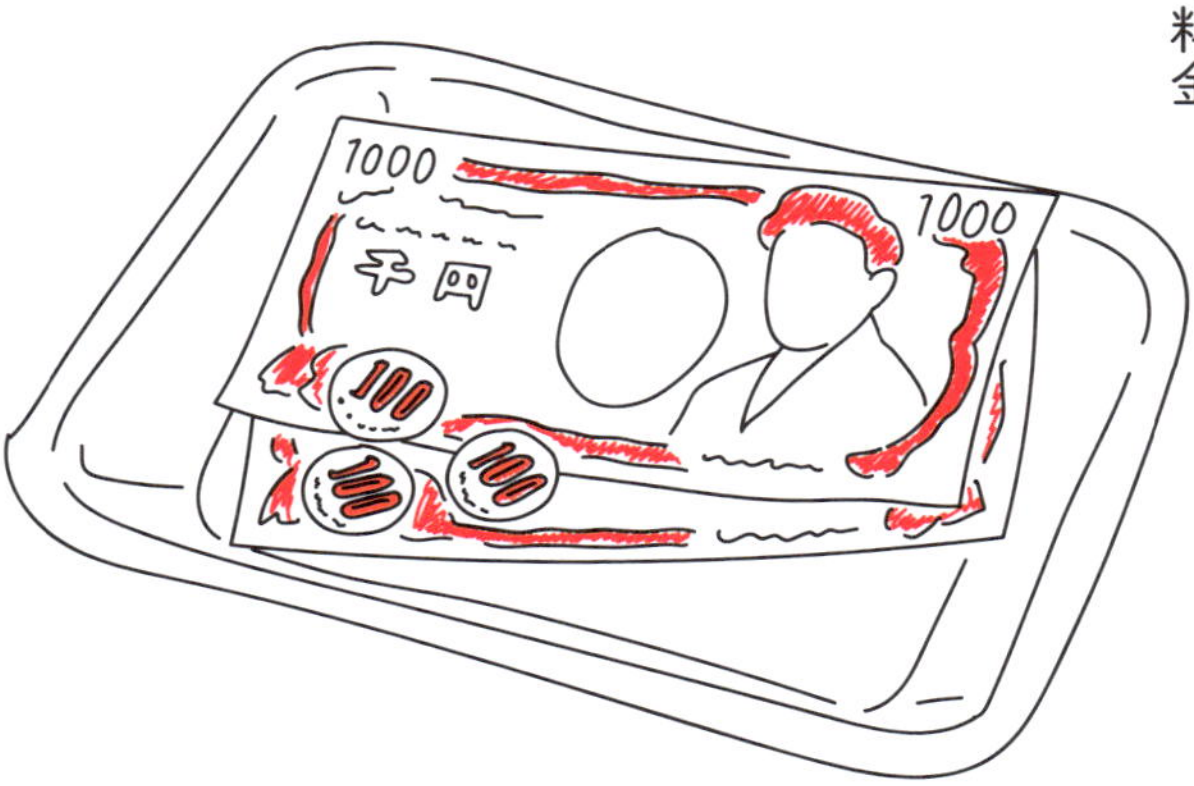

確定申告と医療費控除

その年に支払った医療費が多い場合、医療費控除の確定申告をすることで、還付金を受け取ることができます。1～12月の間に10万円（所得が200万円未満なら所得の5％）を超えた場合で上限200万円までが対象となります。申告する場合は、本人、配偶者、子どもなど「生計を一にする親族」の医療費が合算されます。同居の場合や、別居であっても生活費や療養費の送金をしている場合は対象となります。確定申告は5年間有効です。また、健康の保持増進及び疾病の予防として一定の取り組みを行っている人が、その年中に自己または自己と生計を一にする配偶者その他の親族のために1万2000円以上の対象医薬品を購入した場合には、「セルフメディケーション税制」を受けることができます（2019年3月現在公表の対象期間：平成29年1月1日から令和3年12月31日）。今までの「医療費控除」と併用はできず、どちらか一方が使えます。申請対象の医薬品は、多くの場合、パッケージにセルフメディケーション税制の対象商品であることを示すロゴマークがついています。

●**医療費控除の対象となる金額**

実際に支払った医療費の合計額－保険金などで補填される金額（高額療養費や民間医療保険の給付金）－10万円（所得が200万円未満なら所得の5％）＝医療費控除（上限200万円）

●**確定申告に必要な書類**

- 給与所得の源泉徴収票（原本、給与所得のある人）、医療費控除の明細書

医療費控除の対象となる介護サービス

利用している介護サービスが医療費控除の対象となる場合があります。対象の場合は、介護サービス事業所からの領収証に医療費の額が記載されます。医療費控除の対象となる例として以下のサービスがあります。

●**居宅介護サービス**

訪問介護、介護予防リハビリテーション、介護予防居宅療養管理指導、通所リハビリテーション、短期入所療養介護（ショートステイ）、定期巡回・随時対応型訪問介護看護など

●**施設サービス**

特別養護老人ホーム、介護老人保健施設、療養型病床、介護医療院など一部の施設サービスの自己負担額（一部1／2）が対象となりますが、日常生活費や特別なサービス費用は対象外

※いずれも高額介護サービス費の払い戻しを受

けた場合、その分を差し引いて計算する

病院を受診するときの注意点

通院は治療や検査をそれぞれ合計する出来高払いですが、夜間や休日に診療した場合は料金が加算されます。また、200床以上の病院は救急以外、紹介状を持たずに受診すると数千円単位で特別料金が加算される場合があります。病院をコロコロ変えていると、そのたびに初診料がかかります。反対に、同病院で2科以上の診察を同じ日にすると初診料が安くなります。

同じ薬でも調剤薬局によって値段が変わる

調剤薬局の料金は、

①調剤技術料
②薬学管理料
③薬剤料
④特定保険医療材料料
で構成されています。

この中で①調剤技術料 ②薬学管理料は、薬局や薬剤師の選び方で料金がかわり、③薬剤料と④特定保険医療材料料は一律価格です。処方箋の取り扱い数、ジェネリックの割合、かかりつけ薬剤師の配置、お薬手帳の持参の有無でも支払額は違ってきます。大きな病院の近くにある門前薬局が相対的に安いといわれていますが、行きつけの調剤薬局を決めるためにも、初めは数か所を比較しても良いでしょう。

エピソード

　母はアリセプトという認知症の薬を処方されていて、いつもは病院前の調剤薬局を利用しています。かかりつけ病院は診療科がそれなりにあるため、この調剤薬局は広さの割にいつも混雑しています。ある日、あまりにも混雑していたのと天気も良かったので、少し先の小さな診療所がいくつか集まっている近くにある新設の調剤薬局に行ってみました。ここは、数か所の診療所の処方箋を主に担当していますが、患者数も少なめで待合室も余裕がある上、ドリンクバーもあります。とても快適な待ち時間を過ごすことができました。

　ですが問題もありました。アリセプトが処方された日数分、在庫がなかったのです。すぐに調達してくれて、その日の夕方には家まで届けてもらいましたが、周りの診療所から処方される薬が当然ながら中心なのです。支払いのとき、いつもより高いことに気が付きました。処方箋が同じならどこの調剤薬局でも同料金だと思っていたので薬剤師に質問をしたのです。その答えが、この「調剤技術料」が薬局によって違うということだったのです。総額的にはかかりつけ病院前の門前薬局の方が安いのですが、混雑しているときはかなり待たされる上に、母は車いすなので待つ場所に苦心します。数百円の差はありますが、時間と余裕を買うと思えば、このように調剤薬局を変えてみるという選択もアリなのではないでしょうか。今では、薬局の混雑具合と自分の都合でこの2か所の調剤薬局を使い分けしています。

医療費控除の対象になるもの、ならないもの（一例）

	対象になるもの	対象にならないもの
入院・通院	●医師等に支払った診療費や治療費 ●治療のためのあんまマッサージ、針灸、柔道整復師の費用 ●通院のための松葉杖・義足の購入費用 ●通院や入院のための交通費 ●電車やバスなどでの移動が困難な場合のタクシー代	●医師等への謝礼 ●自己都合で希望する差額ベッド代 ●入院のための寝具・洗面具の費用 ●入院時のテレビ代や娯楽費 ●保険会社等に提出する診断書の作成費用 ●通院や入院のための自家用車の燃料代、駐車代
予防・検査	●異常が見つかり治療を受けることになった場合の健康診断費用 ●特定健康診査・特定保健指導（一部）	●異常が見つからない場合の健康診断費用 ●予防接種の費用 ●エイズの検査費用
歯科・眼科	●虫歯の治療、入歯の費用 ●治療としての歯科矯正 ●レーシック手術	●美容のための歯科矯正 ●歯石除去の費用 ●コンタクトレンズやメガネ、補聴器の購入費用（治療目的のものを除く）
医薬品	●医師の処方箋により薬局で購入した医薬品 ●病気やケガの治療のために購入した市販の医薬品	●疲労回復、健康増進のために購入した栄養ドリンクやサプリメント ●育毛剤
出産	●妊娠中の定期検診・出産費 ●助産師による分娩の介助料 ●不妊治療費、人工授精の費用	●母体保護法の規定によらない妊娠中絶費 ●無痛分娩のための講座受講料 ●出産のため実家に帰る交通費
介護関係	●医師の証明がある場合のオムツ使用料 ●多くの介護保険が適用される介護サービス費用	●転地療養のための費用 ●福祉用具のレンタル費用 ●有料老人ホームでのサービス費用

親の加入している生命保険を把握しているか

入院が長期になると月末ごとに医療費請求がきます。親が民間会社の医療保険や共済に加入している場合、入院日額や一時金など給付金の請求ができる場合があります。しかし、親が保険の存在を忘れている、子も知らないとなれば、契約した保険が活用できず、損をしてしまいます。医療保険の保険金・給付金は親本人が請求をしなければ給付金は手元にきません。給付金の請求にも時効があり一般的には3年です。治療や入院は大きなお金が必要です。少し元気なうちにできる限り、加入している保険の内容を確認しておきましょう。

保管場所の確認だけでもOK

親でもお金の話は切り出しにくいものです。保険に関しては保険証券の保管場所だけでも教えてもらいましょう。内容を根掘り葉掘り聞く必要はありません。それも拒否をするようであれば、郵便物の中に保険会社から送られてくる、現在の保険契約内容のお知らせがないかを気にかけておきましょう。毎年1回、契約月前後に送られてくることが多いです。保険会社名と担当者が書かれています。この情報を知っているだけでも一歩前進です。

医療保険の請求と指定代理請求特約

医療保険の給付は申告から手続きが始まります。医師の診断書も必要で、請求の時期は退院後がスムーズです。ただし入院が長期になると、入院中でも請求をして給付金を受け取りたい場合があります。本来、被保険者である親本人が手続きを進める必要がありますが、症状によっては難しい場合が出てきます。保険には「指定代理請求特約」という制度があり、これは予め指定代理人を定めておけばその代理人が請求できるというものです。

この特約はいつでも付けることができる場合が多いので、付いていない場合は保険会社に確認をしてください。これも親本人が連絡をとる必要があるため、早めの確認をお薦めします。

申請により受けられる給付

圧迫骨折などでコルセットやギプスなどの治療用補装具を医師の指示でつくった場合、まずは全額自費で支払いますが、市区町村の審査を経て、その一部が返金される制度があります。申請期限は医師の意見書の日付の翌日から2年以内など市区町村ごとに決められた期間がありますので確認しましょう。オーダーメイドのため自費で6万前後かかります。1割負担であれば、9割が返金されるのです。もらえるお金は忘れずに申請してください。

申請に必要なもの

・親の保険証　・世帯主名義の口座　・印鑑
・医師の意見書原本　・領収書原本

※補装具は医師の指示により制作されるので、領収書日付は医師の意見書日付以後になる。

現在の保険契約内容のお知らせの例

ご契約内容のお知らせ

保険証券番号
契約日
契約者・被保険者
現在の住所
保険金受取人
保険期間
払込期間
保険料払込状況
保険料
など

加入契約概要や、連絡先などの登録情報が記載されている

09

そもそも病院は、実家か介護者の自宅、どちらの近くが良いのか？

- 病院の選び方
- 紹介状
- 退院後の生活を視野入れる
- 通院のリスク

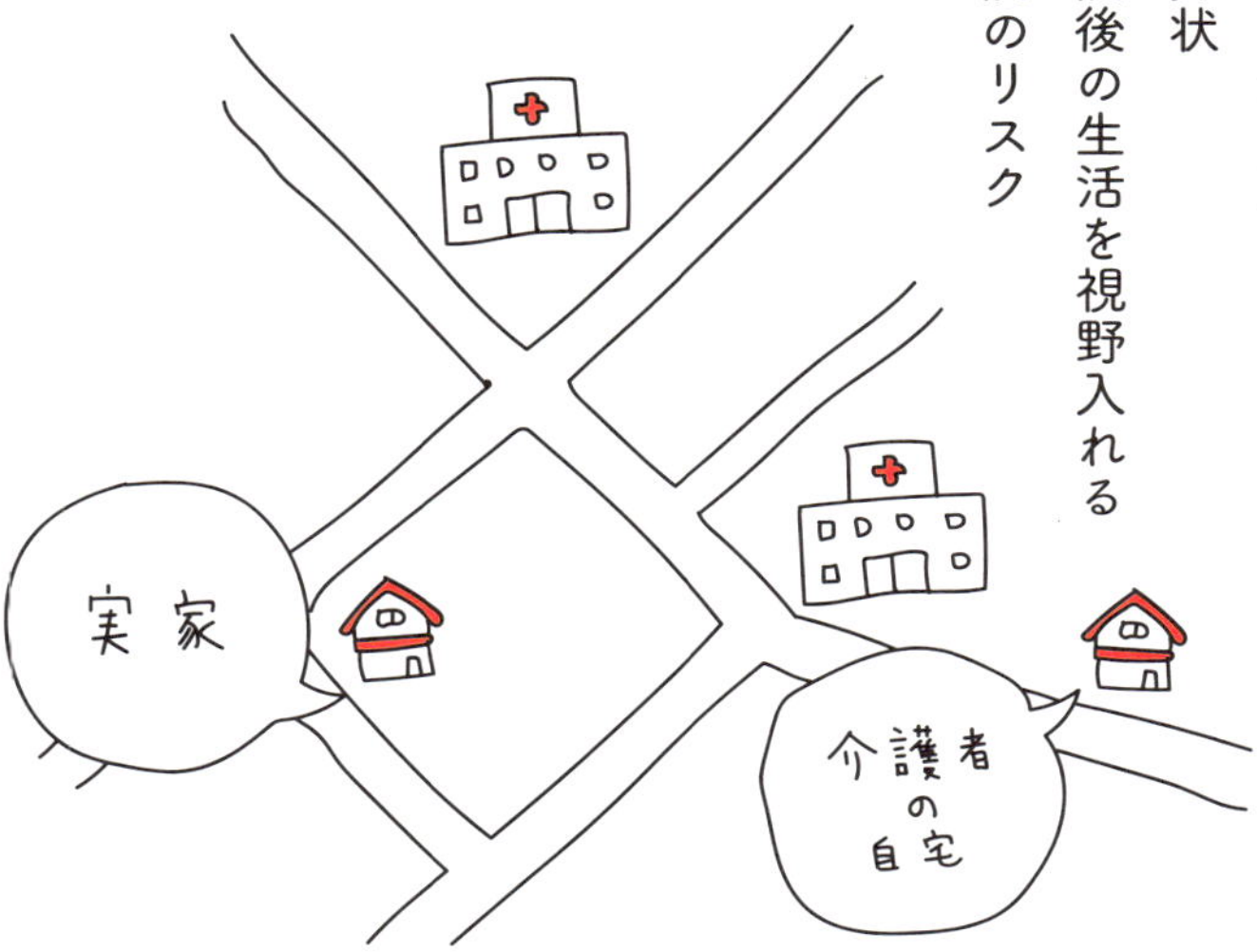

病気によって選ぶ病院は変わる

脳出血などの破裂系、脳梗塞など詰まる系に代表される脳血管疾患は処置のスピードが重視されますので、今いる場所から救急車で向かうのが賢明です。発症から数時間であれば点滴での治療もできますが、到着が遅れると後遺症が残ってリハビリが必要になる可能性が非常に高くなります。この場合は、実家か介護者の家の近くかなどの選択をしている場合ではありません。また、癌で手術を伴う場合などは、名医を選びたいという気持ちも出てきます。

有名病院などの紹介本も出版されているので、それを参考に病院を選んでも良いと思います。癌も部位によって病院は異なりますので、考慮しながらピックアップして検討してみましょう。肺炎は高齢者の発症が多いのですが、治療は抗生物質の点滴です。病院や医師による治療方針に差が出にくい病気でもあります。早期発見の場合は信頼する医師を、進行しすぎてしまい積極的な治療を希望しない場合などは介護者の自宅の近くの病院でなるべく毎日面会に通う、時間に余裕を持って診察を受けるなど、状況に応じて視点が変わります。これはその家族が何を優先するのかで異なる部分です。

その家庭にとって都合の良い病院を選ぶ

脳梗塞や癌などは極端な例でしたが、肺炎の疑いや骨折などで病院を受診すると、そのまま入院となることもあります。要は選んだ病院が入院先となるわけです。これはその家庭によって状況が変わりますが、私がその時々で、病院を選んだ目安を紹介します。

●実家の近くの病院にした場合

- 元気な親が入院中の世話をできる
- 介護者が子の場合、その者が一時的でも実家にいれば頻繁に病院へ通える
- 親が退院後も、その地域に住み続けることができる

●介護者の自宅近くの病院にした場合

- 元気な親が認知症を患っているなど世話ができない
- 介護者が子の場合、仕事をしていても自宅地域なら帰りに病院に通える
- 親が退院後は、施設入居か呼び寄せて同居の可能性が少しでもある

また、施設に入居している場合は、その施設のある地域の病院に受診することが多くなります。

入院先の病院からかかりつけ医へ変更する

名医のいる病院や介護者の自宅近くの病院に入院したとしても、紹介状をもらうことで主治医の変更ができます。急性期を乗り越えたならば、慢性期の病状や薬の管理は親が住む場所から無理なく通える範囲の、かかりつけ医への変更が便利です。父は前立腺の病気で一時期、私の家の近くの病院に入院しましたが、退院の際、実家近くの病院を指定して紹介状をもらい、以後はそこで診察や薬の処方などを受けました。盲点は、退院してからの通院なのです。なるべく負担にならないように調整してください。介護タクシーや訪問リハビリテーション、在宅療養支援診療所、薬剤師訪問サービスなど、費用はかかりますが、親だけで在宅での生活を続けたいのであれば選択肢として情報を集めてみてください。

第2章

介護保険・介護サービス

こんなときどうすれば？

何事も基本は法律。
介護保険の理解を
深めよう

10

介護保険のしくみ

- 保険者
- 被保険者
- 介護保険料納付
- 滞納
- 家族介護慰労金

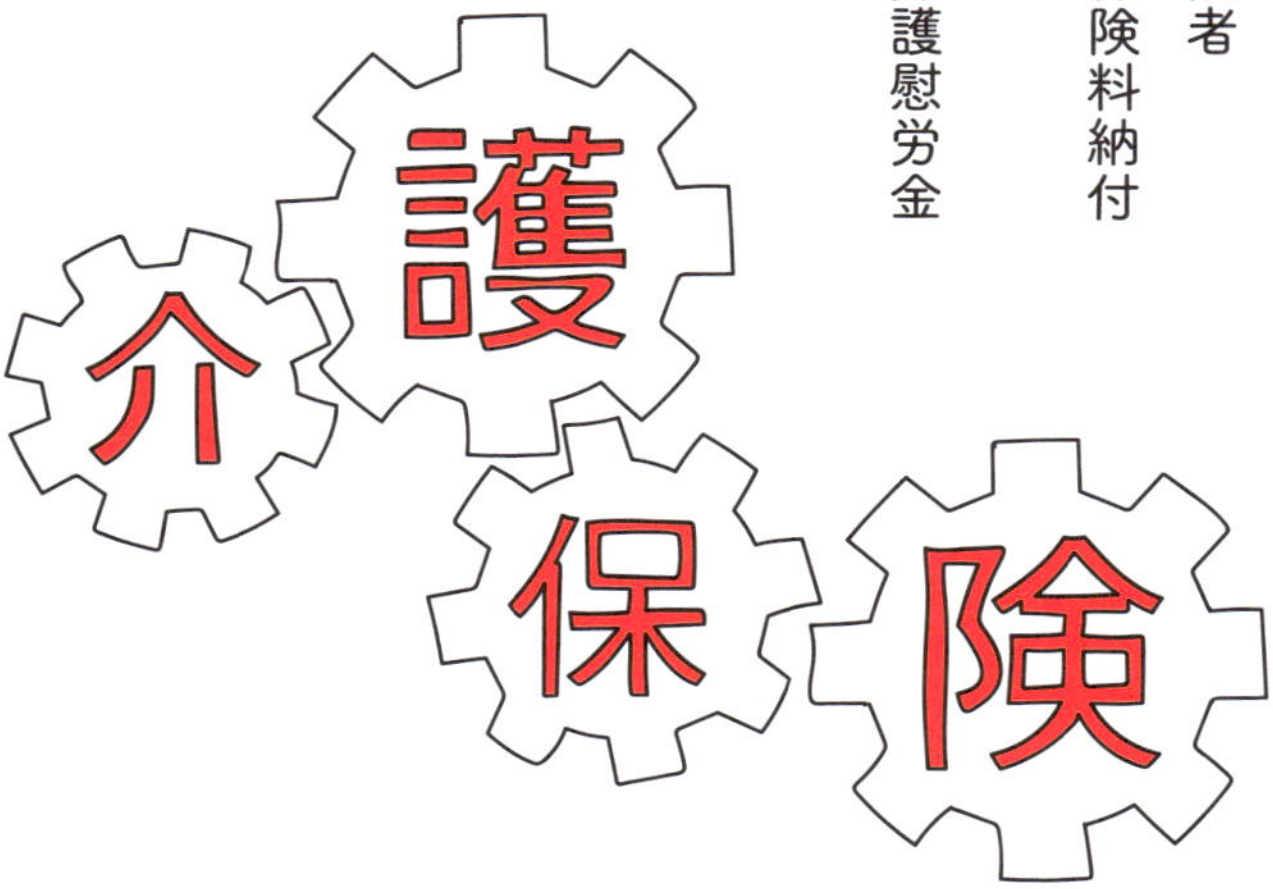

介護保険の保険者は市区町村

介護保険制度の運営主体（保険者）は、市町村と特別区（東京23区）です。小さな市町村が隣接する市町村と共同で構成する広域連合や一部事務組合も保険者になることができます。保険料の徴収、要介護認定、介護保険被保険者証の発行・更新、保険給付などの業務や、介護認定審査会の設置などのほか、住民である高齢者が安心して利用できるようサービスの量の確保や質の向上のための事業計画なども立てています。それぞれの保険者は事業計画をその土地に合わせて策定するので、介護を受ける地域によって、利用できる介護サービスには違いが出てきます。

介護サービスを利用するには、その市区町村に住所を有することが条件

介護保険の加入者（被保険者）は、40歳以上の人すべてです。原則、住民票を登録している市区町村に資格要件があり、転出したら転居先に移ります。注意したいのは、親の住民票は実家のままで、子の家に同居しているとか、別荘などで暮らしている場合です。介護サービスの中でも地域密着型サービスは原則、その市区町村に住民票がないと利用できません。住宅改修も介護保険被保険者証に記載されている住所地の家屋が対象です。各市区町村で独自に介護保険外の支援サービスがありますがこの利用も対象外です。別居、同居という視点だけでなく地域によって特性もあるので実家の地域、子の生活地域の情報を調べてみることをお薦めします。

※住所地特例：特定の施設に入居して住所を変更する場合、入居前の住所の市区町村が保険者になる制度です。施設が多く所在する市区町村に被保険者が集まり財政の不均衡が起こることを防ぐためです。住所地特例対象者はその施設所在地の市区町村が提供する地域密着型サービスや地域事業支援を利用できるようになりました。

介護保険料はどうやって納めているのか？

介護保険給付費の財源は、国・都道府県・市区町村の公費と40歳以上の保険料で成り立っています。65歳以上（第1号保険者）と40～64歳（第2号保険者）では介護保険料の納め方が異なります。65歳以上の人は、本人や世帯の課税や所得の状況に応じて保険料に段階があり各市区町村で基準額が定められています。公的年金を年間18万円以上

受給している場合はそこから差し引かれますし、納入通知書で振り込むか、口座振替でも納めることができます。40～64歳の人は、加入している医療保険（国民健康保険料、健康保険料）と一緒に徴収されます。

介護保険料を滞納してしまった場合

災害や生計維持者の死亡など特別な理由なく介護保険料を滞納すると、介護サービスを利用する際に制限が出てきます。催促状、延滞金の発生や、長期間にわたる悪質な場合には法律に基づき預貯金等が差し押さえられる場合もあります。

家族介護慰労金

現在、家族によって行われる介護は介護保険の給付対象になっていません。家族に介護された人は介護保険の公的な給付がなく、他人に頼んだ人だけが受けられるのは公平とは言えません。「家族介護慰労金」は各市区町村に申請ができ、支給額は年間10万～12万です。

そして、給付の条件はとても厳しいものになります。

●支給の条件

・要介護4～5の認定を受けた人を在宅介護している

・住民税非課税世帯である

・1年間介護保険サービスを利用していない

・通算90日以上の入院をしていない

各市区町村独自の介護保険外の支援サービス

上乗せサービス

- 福祉用具購入、住宅改修で定められている支給限度基準額
- 訪問介護時間の延長

横出しサービス

A市	オムツ支給、寝具洗濯、配食サービス、訪問美容、健康サポート、安否確認
B市	デイサービス、介護用品支給、生活用具給付、外出支援、家族サポート事業
C区	訪問サービス、ショートステイ、住宅関連、生活援助、高齢者徘徊サポート
D町	配食サービス、定期巡回、移送サービス、送迎バス
E村	訪問支援、緊急通報、安否確認、買い物同行

※地域ごとにサービスは異なりますので、市区町村で確認をしてください。

11

介護が始まりそう、どこに相談すればいい？

☑市町村および特別区（東京23区）の介護保険担当課
☑地域包括支援センター

相談先は、ずばり！ この2か所

親が後期高齢者となる75歳を過ぎた頃から、ほとんどの方は介護が自分事となります。介護で困ったことや、確認したいことがあるのなら、相談先として、この2か所を知っていれば十分です。

・市町村および特別区（東京23区）の介護保険担当課

・地域包括支援センター（略して地域包括）…相談無料／秘密厳守

介護保険の方針を決めているのは国ですが、市町村および特別区は保険者として、要介護・要支援認定の管理、保険の給付、サービス事業者の審査、財政運営など制度や財政の要を担っています。

色々と異なる情報がインターネットなどで書かれていたとしても、誰が何と言おうと、最終的にはご自身の地域の行政の情報が一番正確です。

地域包括支援センターとは、高齢者自身やその家族からの相談の受け付けや、高齢者の見守り、心身の状態に合わせた支援を行う高齢者の総合的な相談・サービスを実施しているところです。市区町村から業務を委託された社会福祉法人や医療法人、社会福祉協議会等が運営しています。所属している主任ケアマネージャー、保健師（看護師）、社会福祉士、認知症地域支援推進員などの専門職は人当たりが良く、相談できる内容も多岐にわたります。地域包括支援センターで対応ができないことがあれば他の専門機関への橋渡し役にもなる頼もしい存在です。

個人的なお金に関する問い合わせは市区町村窓口

お金に関することなら絶対的な決定権を持っている地域の行政窓口（市役所、区役所など）に相談してみましょう。わが家は住民税非課税と課税世帯のどの段階に該当するのか？　所得対象は老齢基礎年金なのか？　遺族基礎年金は加算されるのか？　障害厚生年金は？　など親の年金振込通知書を持参するくらいの、特に個人的なお金に関する問い合わせは断然こちらです。注意点は、役所の窓口は介護保険と介護認定で担当が異なり、電話番号も違うこともあるので事前に担当部署を確認してください。

別居なら親、同居なら自宅の住所を管轄している地域包括支援センターへ

相談窓口として身近でハードルが低いのが地域包括支援センターです。家族だけでも相談することができ、電話や訪問にも対応してくれます。お気軽に相談をと言われても、徒歩圏内でも高齢者にとっては躊躇してしまうこともあります。そんなときは電話をして訪問可能か尋ねてみましょう。遠距離の親が何日も電話に出ない！　安否が心配だ、というときは親の住所を管轄している地域包括支援センターに様子見の訪問を依頼することもできます。その結果、原因が「電話が壊れていた」など理由がわかれば安心です。念のため、相談する際には、介護保険証とかかりつけ医の診察券などを準備しておくと良いでしょう。

地域包括支援センターのここは注意

ここの母体は民間です。公的な相談機関の位置づけなのですが、必ずしも公正中立であるかは若干疑問も残ります。難点は、母体法人が運営する事業所をほぼ１００％に近い割合で紹介してくることです。相手は専門家なのだから「ここで言われたことが一番なのだろう」と鵜呑みにしがちです。マニュアルがあるような対応をされることもあり、その家庭ごとに異なる状況まで考えてくれてはいないかも、と私は感じたことがあります。本書で介護について少し知識を得てから、出陣がお薦めです。

地域包括支援センターで相談できること

●総合相談・支援に関すること

・福祉サービスの紹介、介護保険制度の説明、介護保険申請の手伝い
・認知症に関しての相談、福祉用具の紹介や使い方の助言　など

●権利擁護に関すること
・高齢者虐待や消費者被害（悪徳商法）の対応支援
・成年後見制度の利用に関する援助　など

●介護予防に関すること
・要支援1、2と認定、または介護予防・日常生活支援事業の対象の方へのケアプラン作成
・健康維持のアドバイス　など

●地域の連携に関すること
・町内会、自治会、民生委員、医療機関など地域の連携と協力体制づくり
・地域で活動するボランティア団体への活動支援など

地域包括支援センターに行く前に現在の状況を整理しておく

●相談に来た理由を整理する

Q1　困りごとは何か
独居の親に認知症の疑いが出てきた
入院中で退院後、介護が必要になりそうだが、介護認定を受けていない　など

Q2　どうしてほしいのか
介護保険を申請したい
介護サービスを使いたい（ケアマネージャーの紹介）　など

●親とあなたの状況を整理する

Q1　介護保険認定は受けているのか

・受けていない
・受けている場合→要介護度はいくつか

Q2 親の状況

・入院中　家にいる
・自宅内はひとりで移動できているのか
（手すりは？　段差は？　浴槽は？）
・歩行はどうか　（杖や歩行器があれば歩けるのか　車いすか　寝たきりか）
・服薬はどうか　（自分で飲めるのか　管理はできるのか）
・入浴はできているのか　ひとりでできるのか
・日常生活はどうか　買い物、料理、洗濯、掃除はひとりでできるのか　段取りはどうか

Q3 子ども世帯の状況　※主に介護に関わる人の情報

・主たる介護者、キーパーソンなど介護の窓口は誰か
・同居　別居→遠距離か近距離か（時間にしてどのくらいかかるのか）
・働いていない　いる（正社員、パート労働環境など）
・介護にどのくらい関われるのか（遠距離で難しい、仕事の時間以外は可能、土日は可能など）

地域包括支援センターのイメージ図

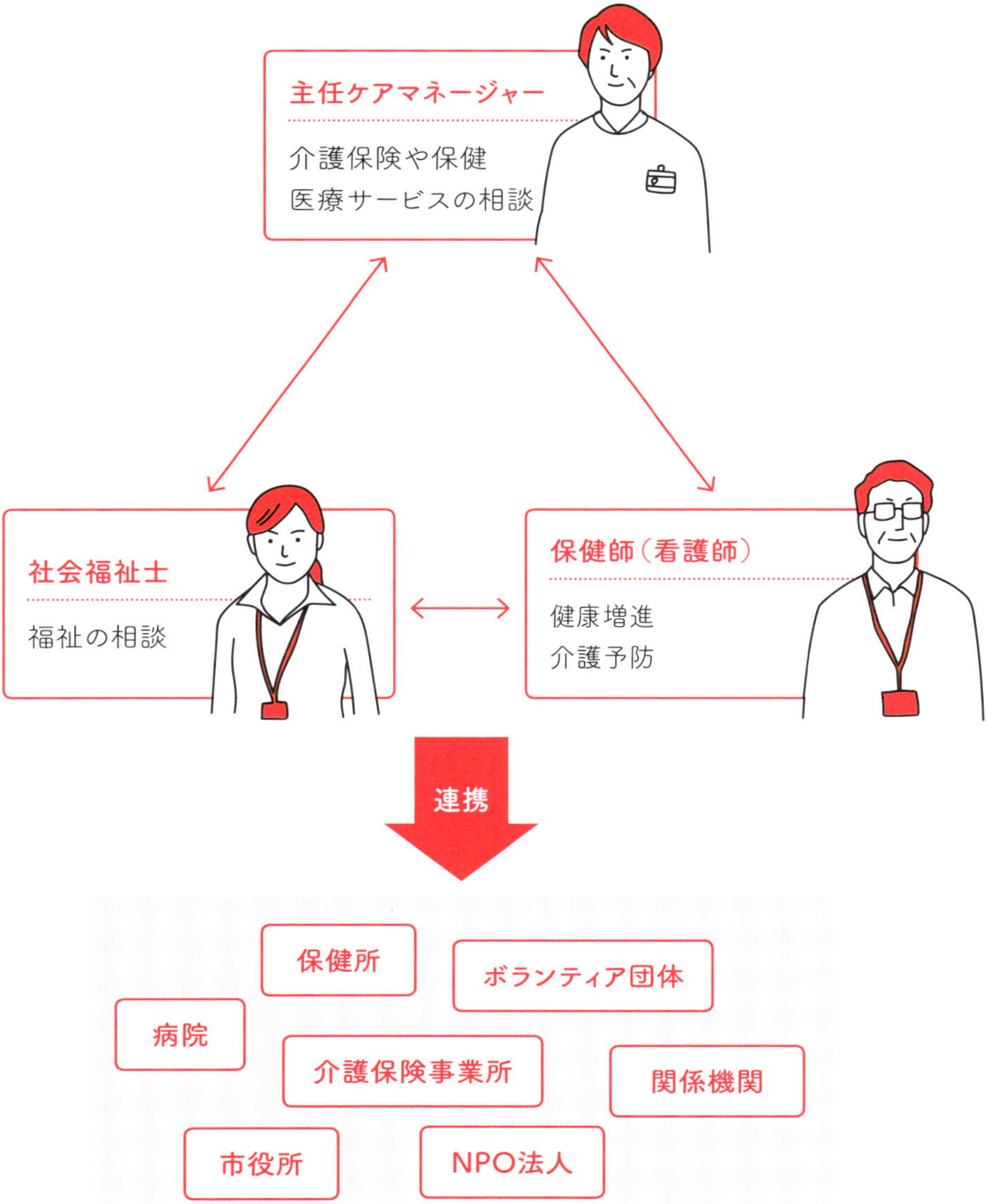

12

ケアマネージャーとは何をする人なのか

☑ケアプランの作成
☑良いケアマネージャー
☑途中変更

ケアマネージャー（略してケアマネ）はコーディネーター

ケアマネージャー（介護支援専門員）は、2000年の介護保険制度のスタートと同時に誕生しました。高齢者の心身の状態や環境に合わせた介護サービスを利用するためのケアプラン（居宅介護サービス書）を作成し、そのプランに基づいて適切なサービスが提供されるよう、事業者や施設と連絡や調整を行います。さらに利用料の管理も行っている一番身近な介護の専門家です。

ケアマネージャーはどうやって探すのか

ケアプランは本人や家族が作成することもできますが、多くの場合、要支援1、2であれば地域包括支援センターの職員、要介護1～5であれば事業所に所属しているケアマネージャーに作成を依頼（無料）します。介護保険サービスを利用するためには、居宅介護支援事業所を選びケアマネージャーを選定する必要があるのです。市区町村の介護保険課や地域包括支援センターで所在地などが記載された事業所の一覧表をもらうことができます。

●**リストをもらったら、自宅に近いところをピックアップし電話をしてみましょう。**

①介護保険の相談がしたいが、新規利用者の受け入れが可能か確認する（受け入れられる人数が決まっているため）

②受け入れ可能な事業所に、介護で不明、不安な点を質問する。どのような介護サービスを利用したいのか、希望があれば伝える（話しやすさ、相談しやすさ、不在時には折り返し電話がくるかなど全体のチェック）

③複数の事業所に説明にきてもらう、ここでは子も同席すると良い

④気に入ったところ、対応が良かったところと契約をする

ケアマネージャーの基礎資格を確認する

どのケアマネージャーも基礎資格（看護師、介護福祉士、社会福祉士等）に応じた実務経験を5年以上持っています。この資格によって得意分野が異なります。家族から見て親が日常生活を送る上で何に一番困っているのかを考えて選ぶのもひとつの方法です。前職が介護系であれば食事や買

い物などの生活面の対応がスムーズですし、看護系なら病状から今後のリスクを予測することができますし、ケガなど手当ての相談にものってもらえます。

良いケアマネージャーとは

相談しやすさなどの相性、基礎資格のほか、親だけでなく介護する家族の状況を考慮したケアプランを提案できるかも条件のひとつです。親の状態が変化したらケアプランも見直しをします。これらを怠るようでは良いケアマネージャーとはいえません。地域のネットワーク力と情報量も良いケアプランの作成に影響してきます。公正な立場であるケアマネージャーが、本来は他の事業所のサービスも使えるのに自身の所属事業所のサービスに偏っているのも問題です。提示されたケアプランや個別支援計画書をしっかりとチェックして疑問な点は質問をしましょう。契約したけど、なんか不熱心と感じたら、担当者や事業所の変更も可能です。遠慮せずに相談をしましょう。訪問系の事業所にはケアマネージャーが複数人いる場合が多いので信頼できるパートナーを選んでください。入居施設や小規模多機能型居宅介護になると、そこに常駐するケアマネージャーが決まっているため、自分が寄り添うしかありません。嫌なら自分が施設を変えるしかないのです。この場合は、良いケアマネージャーを自分が選ぶというのは、紹介でもない限り難しくなります。個人的な感想ですが、入居施設や小規模多機能型居宅介護のケアマネージャーはとても優秀です。なぜならば、その施設の顔ともいえるからです。

エピソード

私が感じている良いケアマネージャーは、その家庭の生活環境や親の状態や性格を把握して適切な介護サービスを提案してくれる、要望などの話をよく聞いてくれる、仕事が早い人です。地域包括支援センターに出向いて事業所リストをもらう際、お薦めの事業所をこっそり聞いてみましょう。私の場合、地域包括支援センターから、「良いケアマネージャーですよ」と言われて紹介された人は悪くはなかったのですが、親や自分と相性が良いかは始まらないとわかりませんでした。ただ、女性が良いか、男性が良いか、資格は看護師が良いか、介護関係が良いか、その他でも良いか、年配で経験豊富が良いか、若くて体力があるタイプが良いか、などの希望は最初に伝えても良いでしょう。担当のケアマネージャーが決まってからでは遅いので地域包括支援センターに出向いたとき、または事業所に自分が連絡をとるなら先に伝えておきましょう。担当となったケアマネージャーには、現在の親や家庭の情報を提供してケアプランを作成してもらいます。面談の際に伝えたい内容としては、介護費用はいくら出せるか、サービスが必要なのはどの時間帯か（1日単位、週単位）など。ここでの注意点は、家族が自由になれる時間も確保してください。家にいる時間は全部自分でやろうとしなくても良いのです。次に、ケアマネージャーから紹介された事業所（デイサービス、デイケアなど）を見学します（可能であれば親も一緒に、無理なら子だけでも）。フロアの第一印象、親を預けても良いと思えたか、1日の流れ、レクリエーションなどの取り組み、職員の態度、などを確認してください。何か所か紹介されるので見学してみて、これだと思うところがあれば、そこが気に入ったことを伝えてください。費用を少しでも抑えたいときは、ショートステイの個室を多床室にするとか、デイサービスの時間を短くするとかで加算料金を見直すこともできます。そして、事業所もケアマネージャーも変更が可能です。自分の意見を押し付けたり、営業臭がしたり、市町村や地域の状況に詳しくないなどは残念なケアマネージャーです。その場合は、事業所内の他のケアマネージャーに変更するか、事業所ごと他に変えても良いのです。

ケアプランの例

	月	火	水	木	金	土	日
午前	デイサービス	訪問介護	デイサービス	訪問介護	デイサービス	訪問介護	
午後	デイサービス 訪問介護	訪問介護	デイサービス 訪問介護	訪問介護	デイサービス 訪問介護	訪問介護	訪問介護

個別支援計画書の例

長期目標	精神的・身体的に安定した生活を送ることができる	
短期目標	デイサービスに週3日通うことができる	
具体的目標	本人の取り組み	支援者の取り組み
不安を解決できる	生活リズムを安定させる ひとりで考え込まない	話しやすい雰囲気にする
清潔を意識する	毎日着替えを行う 手洗いの習慣を意識する	声掛けで誘導する
自立歩行を維持する	体力維持の努力をする	散歩など効果的な方法を一緒に考える

13

認定調査の上手な乗り切り方

☑認定調査
☑主治医意見書
☑情報提供

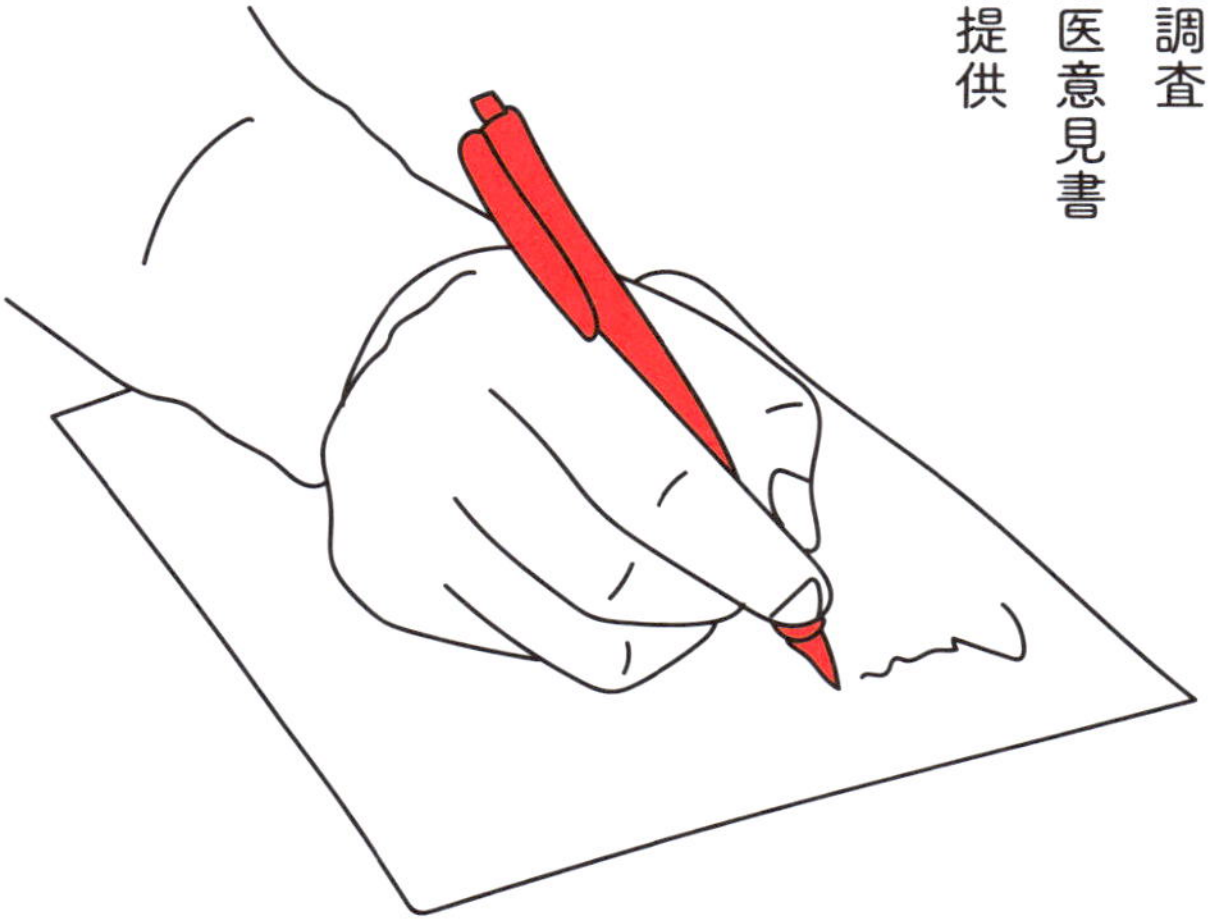

認定調査員と主治医には親の情報メモを事前準備して提供する

介護保険サービスを利用するには、市区町村から要介護認定（要支援2段階、要介護5段階）を受ける必要があります。審査はコンピュータによる一次判定、介護認定審査会による二次判定があり、参考情報となるのが認定調査結果と主治医意見書です。この書類は認定調査員と主治医が作成しますが、内容に大きな差が出ては困ります。全員が正しい情報を共有する方が良いのです。認定調査当日、〝親が張り切って取り組み、通常よりも動作や会話ができる〟というのはよくある話です。親の状態を正しく用紙に記入してもらうには、相手がもらって嬉しい情報を先取りして提供するのです。高い認定を受けたいからと過度に誇大して報告してはいけません。お互いにハッピーであるために情報メモの作成は、手間を惜しまず実行しましょう。

情報提供する内容は的を射たものに

認定調査票（概況調査、基本調査、特記事項）と主治医意見書の様式は法令で決められています。この内容に添って特に知らせたい項目をメモに残すことが得策です。メモはA4、1枚にまとめ、主治医、認定調査員、家庭と3枚同じ内容で準備します（必要に応じケアマネージャーとも情報共有をする）。

●認定調査票の内容（ここでは項目が多い基本調査を紹介）

第1群 身体機能・起居動作／第2群 生活機能／第3群 認知機能／第4群 精神・行動障害／第5群 社会生活への適応／その他 過去14日間に受けた医療について

●主治医意見書の内容

傷病に関する意見／特別な医療／心身の状態に関する意見／

生活機能とサービスに関する意見／特記事項

認定調査には必ず同席する（自宅以外に親の生活次第で施設や病院で行われる場合もある）

認定調査日時は、調査員と調整ができます。仕事を休んで付き添いができる日にしてもらうと良いでしょう。当日は、親自身への聞き取りや動作確認の他、介護者への確認事項もあります。親が認知症などで返答ができない場合は代弁者が必要となります。作成したメモは「念のため、現在の状況をメモにまとめたので参考にしてください」と渡せば親がその場にいたとしても、特に問題はありません。

主治医の指定は介護の直接の原因になった病状を担当する医師を選ぶ

介護保険申請書に主治医を指定する項目があります。主治医には市区町村から3500〜5000円の作成料が支払われるので、許可も得ず名前を書いたら〝迷惑では？〟等の心配はいりません。大腿骨頸部骨折が原因であれば整形外科、脳梗塞が原因なら脳外科、認知症なら神経内科など介護保険を申請する原因となった診察科の医師を指定することをお薦めします。指定がないと市区町村指定の医師になりますが、面識のない医師ならば、風邪のときにお世話になる近くの内科医の方が安心です。母の主治医には、診察ついでに「主治医意見書をお願いしました。記載の参考にしてください」と毎回、メモを渡しています。

認定調査の流れ

新規の場合：要介護認定の申請
更新の場合：3〜36か月

（更新の場合、1〜3年に1回調査がくる）

↓

主治医意見書
※主治医が作成

認定調査
※認定調査員が作成

↓

コンピュータによる一次判定

（介護の手間から要介護状態区分を導き出す）

↓

介護認定審査会による二次判定

（要介護度の決定　介護保険証有効期間の決定）

↓

結果通知
要介護1〜5（介護給付）
要支援1〜2（介護予防給付）
非該当

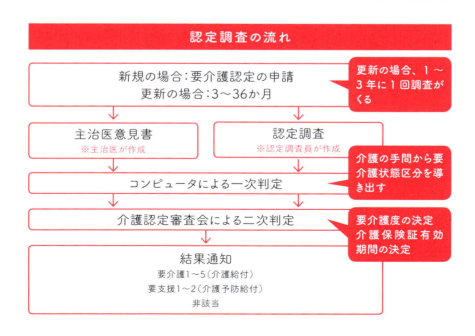

メモの例

氏名／生年月日／年齢　澁澤××（母親）　昭和6年5月8日生　88歳

病歴　脳梗塞　平成2年10月5日
アルツハイマー型認知症　不詳
大腿骨頸部骨折（右）　平成29年3月頃

> 診断名の発症年月日は、わからなければ不詳で可

介護に至った状況や現状

2階建ての住居に娘家族と同居。昨年、大腿骨頸部骨折手術をし、杖の生活となる。
家族も就労しており日中は小規模多機能を利用している。ベッドなど福祉用具や手すりなど住宅改修も行っている。月3回通院があり付き添いで困っている。本人も家族も今のサービスを利用しながら在宅介護の継続を希望している。

本人の身体状況と介護状況

①本人の能力

寝返りや起き上がりは、家族が体位変換をしている
歩行は杖で、転倒しやすいので脇を支えて介助している
むせ込むことが増えたので、水分はとろみを利用している
食事は家族と同じものを、軟らかめにすれば食べられている
短期の記憶はほとんどないが、トイレにいきたいなど欲求は伝えることができる
場所や季節、日時も理解していない　自分の名前はわかっている

> 歩行や食事の現状
> 本人の記憶情報など

②介助していること

入浴は家族で対応している（隔日　洗身、洗髪は家族が対応）
食事は、スプーンで自分で食べることができる（食べこぼしは多い）
トイレはリハビリパンツとパッドを使用　全介助している
歯磨きは全介助　家族がガーゼやブラシを使って対応している
蒸しタオルを渡せば、自分で顔を拭くこともできる
薬は家族が管理して、飲ませている
金銭は家族が管理している

> 入浴、洗髪、食事、排せつなどの日常生活動作
> 薬や金銭の管理など

③問題行動

夜間の家庭内徘徊に困っている、頻繁に昼夜逆転がある
独り言が多く、夜間ずっと起きていることもある
被害妄想がある。家族が年寄りいじめをするなど、作り話を近所に話していて困っている
排せつ介助のときに、殴ったり暴力がある
排泄物をさわったり、隠したりするクセがある
ゴミ収集所から不要物を集めてくる

> 困った行動や心配な行動など

14

介護保険で受けられるサービスには何がある？

- 訪問
- 通い
- 宿泊
- 入居
- その他

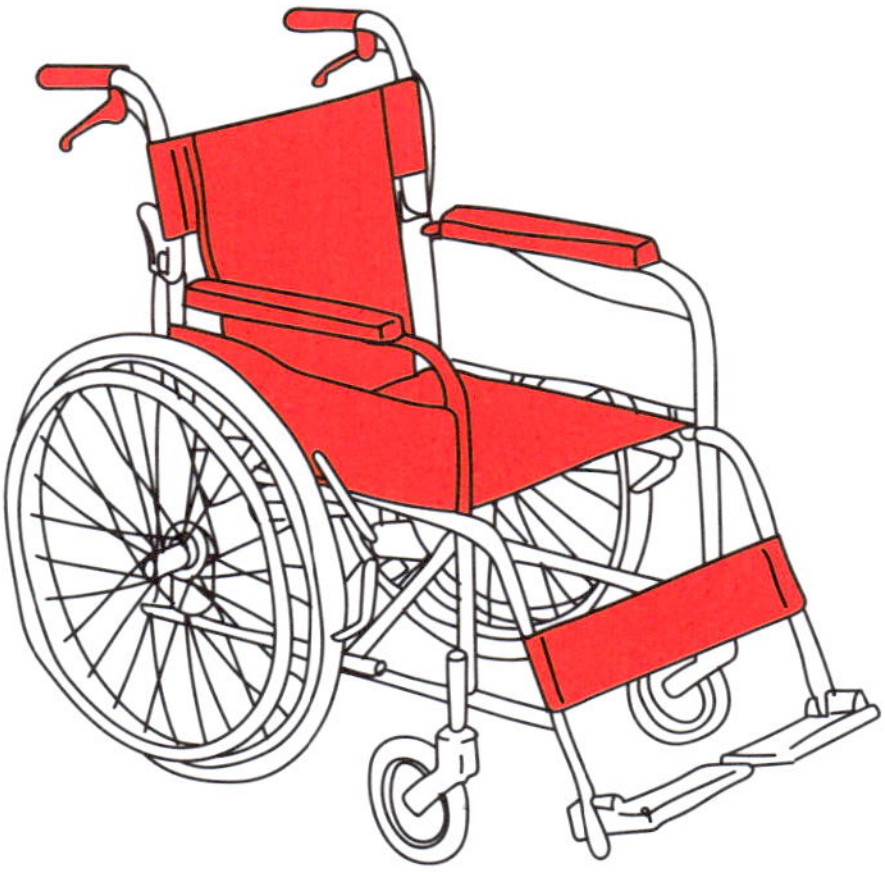

介護給付と予防給付がある

介護保険サービスは、要介護認定で要介護1～5と認定された人が利用できるサービス（介護給付）と、要支援1～2と認定された人が利用できるサービス（予防給付）があります。予防給付とは介護予防のための軽度者向けのサービスになります。すべてのサービスをまとめると大まかには次のようになります。

①自宅で受けられるサービス
②施設などに通って日帰りで受けるサービス
③施設などで生活（宿泊）しながら長期間、または短期間受けるサービス
④訪問・通い・宿泊を組み合わせて受けるサービ

ス

⑤福祉用具・住宅改修などその他のサービス

介護サービスを受ける際に注意すること

今後、数年間は、高齢者が増加することは明らかな事実ですが、数十年単位で考えると必ず減少の時期が訪れます。今必要だからと、高齢者施設を数多く建てるのは得策ではありません。実際、可能であれば自宅で住み続けたいと希望する高齢者が最も多いことから、訪問や宿泊をうまく活用しながら自宅で暮らすことをサポートする地域密着型サービスの必要性が高まっています。このサービスは住みなれた地域というのもポイントで、事業所がある市区町村に住民票がある人が対象です。ですが、地域によっては介護職員の不足や立地の問題で地域密着型サービスそのものを提供している事業所がないところもあります。親が求めているサービスが、その地域にあるのかも確認することが大切です。地域密着型サービス以外のサービスは他の市区町村にある事業所の利用も可能なので、併せて検討してみてください。

介護保険適用の公的施設への入居は要介護認定が必要

施設の中でも介護保険の恩恵を受けられるのは特別養護老人ホーム（特養）、介護老人保健施設（老健）、介護療養型医療施設（令和5年度末廃止）、介護医療院の4施設です。これらは要支援認定では利用することができず、要介護1以上が対象で、特別養護老人ホームに関しては要介護3以上の方が対象です。より介護度が高い人が優先なのです。

親が生活しやすい環境にするためのサービス

必要なものをレンタルする福祉用具貸与、レンタルにふさわしくない商品を購入する際の補助である特定福祉用具販売のほか、住宅改修費の給付があります。手すりとスロープは取り付け工事が必要ないものはレンタル、必要であれば住宅改修になります。車いすは、家の中と外出用と、身体の状態や部屋の環境により2台あると良いケースもあります。これらを希望するときは、担当のケアマネージャーに相談してください。私は母の徘徊がひどかったとき、鍵付きの門の設置が住宅改修でできないか、まずは市役所に念のため問い合わせてみました。結果的にはNGでしたが、それがわかっただけでもすっきりするものです。

ここが疑問　グループホームは施設ではないのか？

介護保険制度で利用できる公的施設サービスは前述のように4施設。特別養護老人ホーム（特養）、介護老人保健施設（老健）、介護療養型医療施設（令和5年度末廃止）、介護医療院です。これらは、お世話代がオムツも含めて全面的に介護保険が適用されます。居住費や食費、日用品代などが実費で上乗せされます。永住の理解で（しなくても良い）地域包括支援センターに個人の記録があったとしても入居した時点で片付けられるのです。これらの施設は人員も部屋の大きさも既定条件があり、それさえクリアしていれば良いので、基本的には豪華というイメージからはかけ離れています。グループホームはその建物に入居してそこでの生活が続きます。家族からすると自宅から出るので、施設に入るという感覚です。それ

自宅で受けられるサービス

訪問介護（ホームヘルプ）	ホームヘルパーが家庭を訪問し、本人のための身体の介護や家事の支援を行う		
訪問入浴	介護福祉士と看護師が浴槽を積んだ入浴車で家庭を訪問し入浴介助を行う	予防	
訪問看護	医師の指示で看護師が家庭を訪問し、療養上の看護や相談支援を行う	予防	
訪問リハビリ	医師の指示で理学療法士、作業療法士、言語聴覚士が家庭を訪問しリハビリテーションを行う	予防	
夜間対応型訪問介護	夜間（18～8時）の定期巡回や緊急時などに生活上の介護を行う		地域
定期巡回・随時対応型訪問介護看護	日中、夜間を通じて、定期巡回や緊急時など必要に応じて生活上の介護や看護を行う		地域

施設などに通って日帰りで受けるサービス

通所介護（デイサービス）	デイサービスセンターにおいて、食事・入浴・排せつなどのサービスや機能訓練を行う		
通所リハビリ	介護老人保健施設や医療機関において、食事・入浴・排せつなどのほか、理学療法士等によるリハビリを行う	予防	
地域密着型通所介護	18人以下の小規模なデイサービスセンターにおいて、入浴・食事等のサービスや機能訓練を行う		地域
認知症対応型通所介護	認知症の人に対して、デイサービスセンターにおいて、食事・入浴・排せつなどのサービスや機能訓練を行う	予防	地域

施設などで生活（宿泊）しながら短期間受けるサービス

短期入所生活介護（ショートステイ）	介護老人福祉施設（特養）等の施設に短期間入所し、食事・入浴・排せつなどのサービスや機能訓練を行う	予防	
短期入所療養介護（医療型ショートステイ）	介護老人保健施設（老健）等の施設に短期間入所し、医療やリハビリと生活上の介護を行う	予防	

施設などで生活（宿泊）しながら長期間受けられるサービス

介護老人福祉施設 （特別養護老人ホーム）	日常生活で常に介護を必要とし、在宅生活が困難な人に対して生活上の介護や健康管理を行う		
介護老人保健施設 （老健）	急性期治療が終わり、病状が安定し、在宅復帰のためにリハビリに重点を置いた人が一定期間入所する施設。看護、医学的管理のもと介護や機能訓練、その他必要な医療を行う		
介護療養型医療施設 **介護医療院**	病状は安定しているものの、長期にわたる療養が必要な人に対して、療養上の管理や看護、医学的管理のもと介護や機能訓練、医療を行う		
特定施設入居者生活介護 （有料老人ホーム、軽費老人ホーム等）	保険指定を受けた有料老人ホームなどで日常生活上の介護や機能訓練を行う。サービス利用費のほかに、家賃、食費、管理費、オムツ代、日用品費が必要	予防	
認知症対応型共同生活介護 （グループホーム）	比較的安定した認知症の人が少人数で共同生活を送りながら、入浴、食事、排せつなどのサービスや機能訓練を行う	予防	地域
地域密着型介護老人福祉施設	定員29人以下の小規模な介護老人福祉施設（特養）で、日常生活で常に介護を必要とし、在宅生活が困難な人に対して介護を行う		地域
地域密着型特定施設入居者生活介護	定員29人以下の有料老人ホームなどで日常生活上の介護や機能訓練を行う。サービス利用費のほかに、家賃、食費、管理費、オムツ代、日用品費が必要		地域

訪問・通い・宿泊を組み合わせて受けるサービス

小規模多機能型居宅介護	通いを中心に、利用者の様態や希望に応じて訪問や泊まりを組み合わせた柔軟なサービスを行う	予防	地域
看護小規模多機能型居宅介護	小規模多機能型居宅介護と訪問看護を組み合わせ、利用者のニーズに応じて柔軟な介護と医療を行う		地域

福祉用具・住宅改修などその他のサービス

福祉用具貸与	自立や介護者の負担軽減を目的に、車いすや介護ベッドなど13種類を月額で借りることができる	予防	
特定福祉用具販売	直接肌に触れる、ポータブルトイレや入浴用いすなどを購入した際、年間10万円まで利用者負担を除いた額が支給される	予防	
住宅改修費の給付	手すりの設置や段差の解消など、生活環境を整えるために住宅改修を行った場合、20万円まで利用者負担を除いた額が支給される ※3段階UP、転居の例外あり	予防	

厚生労働省「介護サービス情報公表システム」より抜粋
川崎市高齢者福祉のしおりを参考に作成

は間違っていないのですが、地域密着型サービスは、あくまでも介護保険上、泊まっているけど住んでいないという考え方です。家賃や食事代、オムツ代などは基本自費（だから独自性が出る）プラス介護のお世話代は介護度によって一律決まった金額が上乗せされます。地域包括支援センターの対応は在宅の人が対象です。施設サービスに入居したら台帳は片付けるけど、地域密着のグループホームや有料老人ホームに入居した人のものは保管してあります。泊まっているけど住んでいないと考えているからなのです。

エピソード

私は神奈川県川崎市在住ですが、近所でも朝晩限らずデイサービスなどの施設の車があちこちに走っていて、見かけない日はなくなりました。私がホームヘルパーの研修を受けたときは、車両も自宅前に停めるのはNGで、ご近所に気づかれないよう配慮しましょうと習ったものです。今となっては、そのような意識ではなく、逆に知ってもらい地域で協力する考えに変わりました。この流れは介護保険を多くの人に知ってもらうことにつながってもいます。介護が必要になったら介護保険を使えば良いという認識が広まると良いと思います。介護保険を使う人が増えると予算を食い荒らすという現実に風当たりが強いのは事実です。介護保険を利用している人は増えてはいますが、それでもまだ高齢者全体からすると一部分なのです。

短期入所生活介護（ショートステイ）についての私の考えです。在宅介護の家庭では、是非利用していただきたいサービスです。家族が疲弊していても、かたくなに行きたくないという高齢者はいるものです。開口一番「無理やり連れてこられた」「旅行だと言われた」などと愚痴を言う人もいます。ただ、ショートステイはずっと続くわけではないのです。家族が倒れるまでお世話しろという人はいるのでしょうか。なんで行きたくないのかは、ケアマネージャーに仲裁して聞いてもらうと良いでしょう。その理由がわかれば方法があるかもしれません。親も身内には甘えが出るもの、家族も涙を見せられたらやっぱりかわいそうと思うかもしれません。ですが、いつかは、次のステップに進まないと余裕がなくなるのです。私の場合は、毎月第三水曜日は必ず母の宿泊を入れています。平日は仕事で帰宅後に介護と家事、土日は朝から介護と家事、こんな状態が続いてしまうときっと発狂します。ひと月に1日なのですが、母が泊まりの翌日の朝、母がいないだけで、ものすごくゆとりを感じます。ごく当たり前の生活が当たり前ではないからこそ、得られるゆとりです。

反面、全く問題がないわけでもありません。利用者からするとショートステイは人気のため、予約がなかなかとれませんし、施設からすると利用者が固定でないことから負担が多く、このサービスをやめる施設が増えているのも事実です。ショートステイはたまの利用なので、本人も施設もお互いにわかり合える状態になるまで時間がかかります。不安があると認知症の人などは問題行動を起こしてしまうこともあるし、施設も様子がつかめないので対応に躊躇することもあります。そうこうしているうちに利用は終わってしまいます。それならば在宅にこだわってデイサービスとショートステイをやりくりするよりも、施設に入ってもらい、頻繁に面会に行き、たまに外出するという選択が良い場合もあるのです(特に老老介護の場合)。そして、ショートステイは何回も使うと高額になるので入居の方が金銭的にも負担が少なくなる場合もあります。

15

介護サービスは、全て1割負担で良いのか？

☑1割
☑2割
☑3割
☑全額利用者負担

介護サービスを利用するとかかる自己負担割合はどのくらい？

要介護認定で要支援1～要介護5（7段階）までのいずれかに認定された人は、その認定区分に応じて、1か月あたりの保険給付の上限額（区分支給限度基準額）が決められています。この範囲内でサービスを利用した場合の利用者負担の割合は、1割、2割、3割のいずれか所得によって決まりますが、保険給付の上限額を超えてサービスを利用すると、超えた分は全額（10割）が利用者負担になります。要介護認定を受けた人には、自治体から「介護保険負担割合証」が送られてきます。負担割合と期間が記載されていますので確認してください。介護保険サービスを利用する際は、被保険者証と負担割合証の2枚が必要となるので、大切に保管してください。

居宅介護の区分支給限度基準額はいくらまで？

認定区分に応じて、1か月あたりの支給限度額が単位数で決められています。地域とサービス内容によって、1単位の単価が10～11・4円の範囲内で設定されています。高く設定されているのは、東京都23区、次いで東京都の各市、神奈川県の川崎市、横浜市、大阪府大阪市などです。県単位ではなく細かく市を指定して分けているのが特徴です。例えば要介護5の場合、36065単位なので東京都23区で在宅サービスを利用した場合、41万1141円までとなります。これらは居宅介護（予防サービス、介護サービス）に適用され、特定福祉用具販売と住宅改修はこの範囲には含みません。

施設サービスや地域密着型サービスを利用した場合の自己負担

特別養護老人ホーム（特養）、介護老人保健施設（老健）、介護療養型医療施設（令和5年度末廃止）、介護医療院など介護保険4施設に入居した場合の利用者負担は、「施設サービス費（サービス費の1～3割）＋食費・居住費・理美容代・日用品費等（保険対象外）」となります。
※オムツ代は介護保険給付費に含まれるため実費負担なし

施設サービス費については、施設の種類、部屋の種類、要介護度に応じて利用者負担額が異なります。地域密着型サービスもそれぞれに非常に細かく設定されているので、市区町村の介護保険課などで確認をしてください。ウェブサイトや冊子を発行して案内している場合もあります。

全額利用者負担になるケースとは

自費によるサービス利用は2通りあります。先に述べた介護保険の限度額を超えてサービスを利用する場合と介護保険の対象ではないサービスを利用する場合です。大掃除や庭木の手入れ、コンサートなど趣味での外出介助は介護保険サービス対象外なので、訪問介護事業所の他、民間事業者、ボランティアについても検討してみましょう。事業者により料金も異なります。

介護保険の認定度に応じた支給限度基準額（2019年3月現在）

	支給限度額	自己負担 1割	自己負担 2割	自己負担 3割
要支援1	50,030円	5,003円	10,006円	15,009円
要支援2	104,730円	10,473円	20,946円	31,419円
要介護1	166,920円	16,692円	33,384円	50,076円
要介護2	196,160円	19,616円	39,232円	58,848円
要介護3	269,310円	26,931円	53,862円	80,793円
要介護4	308,060円	30,806円	61,612円	92,418円
要介護5	360,650円	36,065円	72,130円	108,195円

介護保険の利用者負担割合（2019年3月現在）

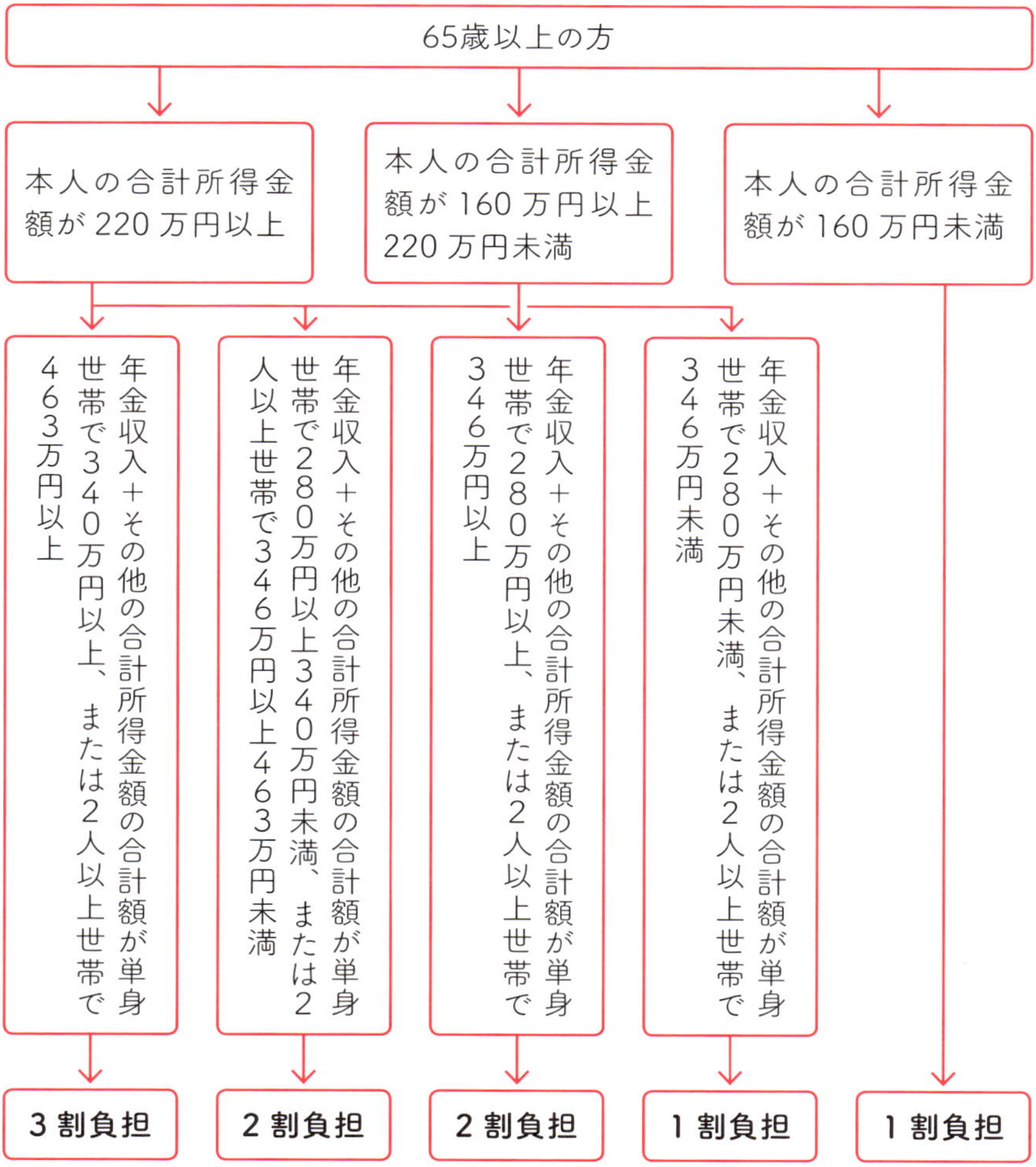

第2号被保険者（40歳以上65歳未満の方）、市区町村民税非課税の方、
生活保護受給者は上記にかかわらず1割負担

厚生労働省ウェブサイトより
https://www.mhlw.go.jp/content/000334525.pdf#search

16

介護の自己負担が軽減される制度がある

☑高額介護サービス費の支給
☑高額医療・介護合算制度

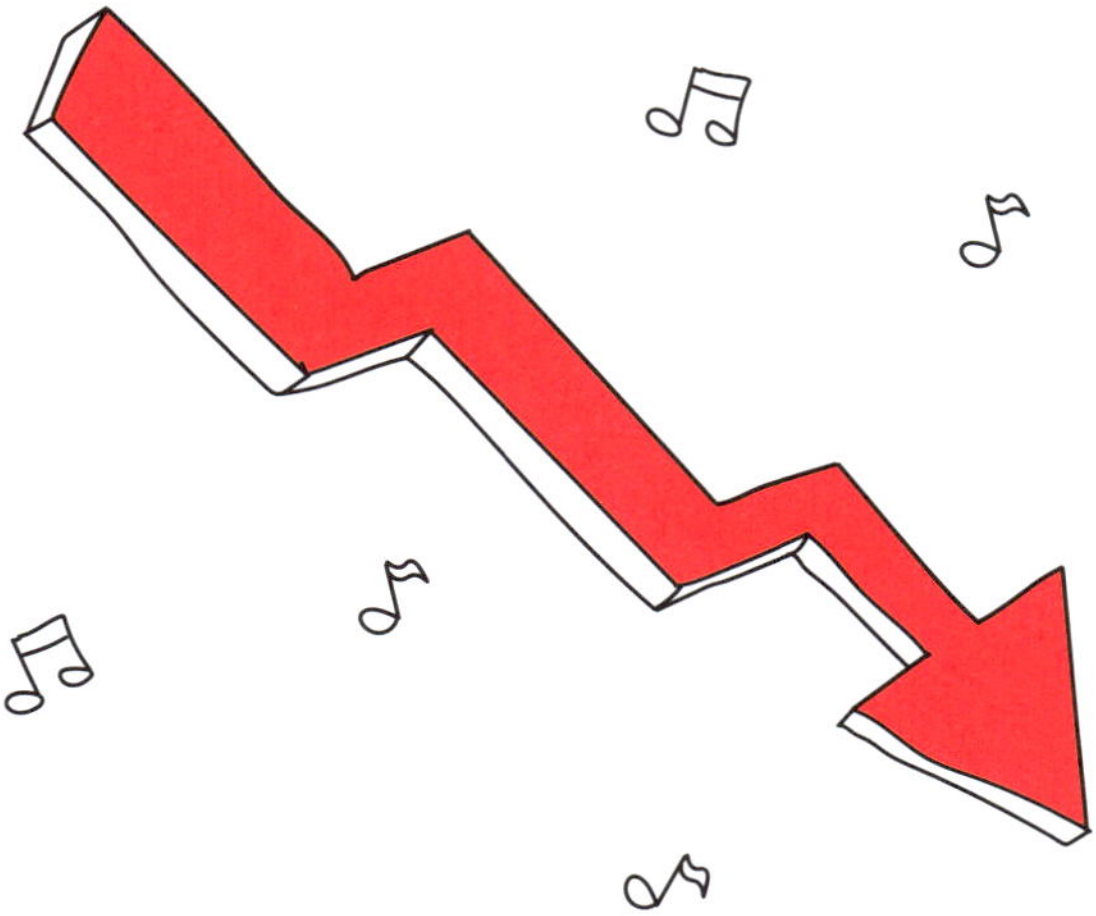

介護サービス費の利用者負担が高額になった場合（高額介護サービス費）

1か月の利用者負担額が高額になり一定の上限額を超えたときは、申請に基づき超えた分の金額が高額介護サービス費として支給されます。利用者負担額のうち、福祉用具購入費や住宅改修費、施設での食費・居住費や日常生活費、保険給付外のサービスについては対象となりません。高額介護サービス費の支給対象となる可能性がある人は、市区町村から「介護保険高額介護（介護予防）サービス費等支給（変更）申請書」が送付されますので担当窓口に申請してください。申請は初回のみで、その後の支給対象分は自動的に指定された口座に振り込まれます。口座を変更するときは市区町村窓口へ届け出が必要です。

介護保険と医療保険の利用者負担が高額になった場合（高額医療・介護合算制度）

医療保険と介護保険のどちらも利用する世帯が、世帯自己負担額総額が著しく高額になる場合の負担を軽減させる制度です。対象となる利用者負担額は毎年8月～翌年の7月までの1年間に支払った医療保険・介護保険の自己負担額（一部負担金）の合計です。世帯が同じでも医療保険が異なる場合は合算ができないので注意しましょう。支給対象となる人には、市区町村から申請を知らせる通知が毎年届きます。その通知が届いたら毎年申請する必要があります。高額医療合算介護サービス費（介護保険分）と高額介護合算療養費（医療保険分）は別々に振り込まれます。介護保険分の振り込みは、再度計算するため医療保険の振り込みより時間がかかることに注意してください。

申請主義なので、親が申請をしない限り受け取れない

高額介護サービス費も高額医療合算介護サービス費（介護保険分）、高額介護合算療養費（医療保険分）も役所の仕事は申請書を送るまでです。親が手続きをしなければ、単なる紙切れになってしまいます。高齢になると、一方的に送られてくる書類の必要性や重要性が理解できず、申請書に記入することも難しい場合があります。振込金は、数万単位の大きな額になることもありますので、帰省した際など、封書が届いていないかを気にかけてみてください。

その他の利用料の減免制度

高齢になるとインフルエンザで命をおとす危険もあることから予防接種はできるだけ実施したいのですが、その費用もかかります。多くの自治体では65歳以上の方を対象にインフルエンザ予防接種の免除制度を設けています。毎年、6～8月くらいに介護保険料納入通知書が届き、これが証明となり自己負担額が無料となるものです。この通知書は破棄せずに保管しておきましょう。ただし、無料の対象となるのは保険料段階1～4の方となります。そして、利用者や生計維持者が災害等で財産に損害を受けたときや、収入が少なく生活が著しく困難な人に対しては、介護サービス利用料が減免される制度があります。施設サービスを利用する場合、食費や居住費（部屋代）を負担しますが、この額は施設と利用者との契約によって定められます。収入が少ない人のサービス利用が困難にならないようにと軽減制度が設けられていますす（特定入所者介護サービス費）。これも利用するには市区町村への申請が必要です。介護保険は、ほぼ全てにおいて自己申告制です。自動的に手続きが進むものではないことを念頭に、情報収集をしながら、賢く介護の費用を節約してください。

高額介護サービス費負担上限額（2019年3月現在）

対象者	負担上限（月額）
現役並み所得者に相当する人がいる世帯の人	**44,400**円（世帯）
世帯の誰かが市区町村民税を課税されている人	**44,400**円（世帯） 同じ世帯の全ての65歳以上の人（サービスを利用していない人を含む。）の利用者負担割合が1割の世帯に年間上限額（446,400円）を設定（3年間の時限措置）
世帯の全員が市区町村民税を課税されていない人	**24,600**円（世帯）
世帯の全員が市区町村民税を課税されていない、かつ、前年の合計所得金額と公的年金収入額の合計が年間80万円以下の人等	**24,600**円（世帯） **15,000**円（個人）
生活保護を受給している人など	**15,000**円（個人）

「現役並み所得者」とは、同一世帯に課税所得145万円以上の65歳以上の人がいて、収入が単身で383万・2人以上の世帯520万円以上。「世帯」とは、住民基本台帳上の世帯員で、介護サービスを利用した方全員の負担の合計の上限額、「個人」とは、介護サービスを利用した本人の負担の上限額

高額医療・介護合算制度の負担限度額（2019年3月現在）

区分		負担割合	自己負担限度額
上位所得者	年収約1,160万以上	3割	**212**万円
	年収約770万～1,160万以下		**141**万円
	年収約370万～770万以下		**67**万円
一般所得者	年収約156万～370万以下	1割	**56**万円
住民税非課税世帯	※1以外		**31**万円
	年金収入80万以下など（※1）		**19**万円

17

訪問介護（ホームヘルプ）に頼めること、頼めないこと

☑生活援助
☑身体介護
☑通院介助

訪問介護員（ホームヘルパー）ってどんな人

訪問介護員（ホームヘルパー）が自宅を訪問し、可能な限り自立した日常生活を送ることができるよう支援するサービスが訪問介護です。事業所から派遣される訪問介護員は初任者研修修了者（旧ホームヘルパー2級修了者）以上の資格要件を満たすことが必要で、介護業務を行うに当たって必要な基礎知識やコミュニケーション技術のほか、実践的な入浴や食事介助、洗髪の方法についても学習しています。介護のための訪問であり、当然ですが家政婦とは異なります。制度が変わってホームヘルパーという資格認定はなくなりました

が、親しみを込めてヘルパーさんと現在でも呼ばれています。

訪問介護員のできること、できないこと

訪問介護員の仕事は、できること、できないことが決められています。こちらが何気なく依頼したことを「それは対応外で、できません」と断ってきたとしても、その訪問介護員の個人的な感情ではないのです。できないことを要求しているのに、仕事をしない、気が利かないなどと苦情を言い続けると、事業者側からサービスの中止を通告される場合もあります。利用するに当たっては、制度の理解も大切です。

身体介護と生活援助の2つのサービス

訪問介護には身体介護と生活援助という２つのサービスがあります。食事・排せつ・入浴などは身体介護、掃除・洗濯・買い物・調理などは生活援助になります。生活援助は同居家族がいると受けられないのですが、その家族が障害や疾病などで家事を行うのが困難な場合は利用可能です。身体介護は20分未満、30分未満など利用する側からは誤差のような意識ですが、時間区分が厳密に設定されていて、負担額も異なります。サービス内容を確認し、必要なサポートを厳選して依頼した方が良いでしょう。訪問介護員の個人指名は難しい場合がありますが、着替えなど羞恥心もあるかと思いますので、同性を希望などは考慮してもらえる場合があります。事業所に相談してみてください。

通院介助は依頼できる？

病院への送迎は通院等乗降車介助のサービスが事業所によっては利用ができます。ただし病院内の付き添いは医療機関での対応が原則で、訪問介護員に依頼した場合、自費負担となります。患者の身体状況などにより、介護保険が適用となるケースもありますので、利用条件などを担当のケアマネージャーに確認してください。

自治体のサービスやボランティアを利用する

介護保険で依頼が難しい支援は、自治体のサービスを利用（配食サービス、介護タクシー、外出支援、傾聴など）することもできます（第2章介護保険の仕組みも参考）。ボランティアやシルバー人材、NPO法人が対応することもあり、介護事業所や便利屋やその他の専門業者より安い場合も多くあります。これら対応してもらえる団体の情報は、社会福祉協議会や担当のケアマネージャーに問い合わせ、相談してみてください。

身体介助と生活援助の対応範囲（一例）

	依頼できること	依頼できないこと
身体介護	● トイレ誘導・排せつ介助・オムツ交換 ● 食事、清拭・入浴の介助 ● 就寝・起床、更衣の介助 ● 身体整容、洗面 ● 体位変換・移動の介助 ● 自立支援のための見守り援助 ● 髭そり・爪切り・耳垢の除去 ● 体温測定、血圧測定 ● パウチにたまった排せつ物の廃棄 ● 医薬品の使用の介助（軟膏の塗布、湿布の貼付、点眼薬の点眼、坐薬挿入など）	● 散髪 ● 変形爪の爪切り ● 褥瘡の処置 ● カテーテルの洗浄 ● 胃瘻チューブの洗浄 ● 入院中の付き添い ● 娯楽・散策などが目的の外出の付き添い ● 入院や手術の同意や手続き ● 処方された薬の仕分け ● 自家用車の運転
生活援助 ※本人への支援が基本	● 調理・配膳・後片付け ● 掃除、ベッドメイク ● 衣類の洗濯、整理・被服の補修 ● 買い物・薬の受け取り ● 生活必需品の買い物を代行 ● ゴミを集積場に持っていく	● 庭の草むしり ● ペットの散歩 ● 金銭や貴重品の管理 ● 電気器具の修理、大掃除 ● 留守番 ● 本人以外のための部屋の掃除、調理、洗濯

18

車いす、介護ベッド、ポータブルトイレの購入は必要か

☑福祉用具貸与
☑特定福祉用具販売

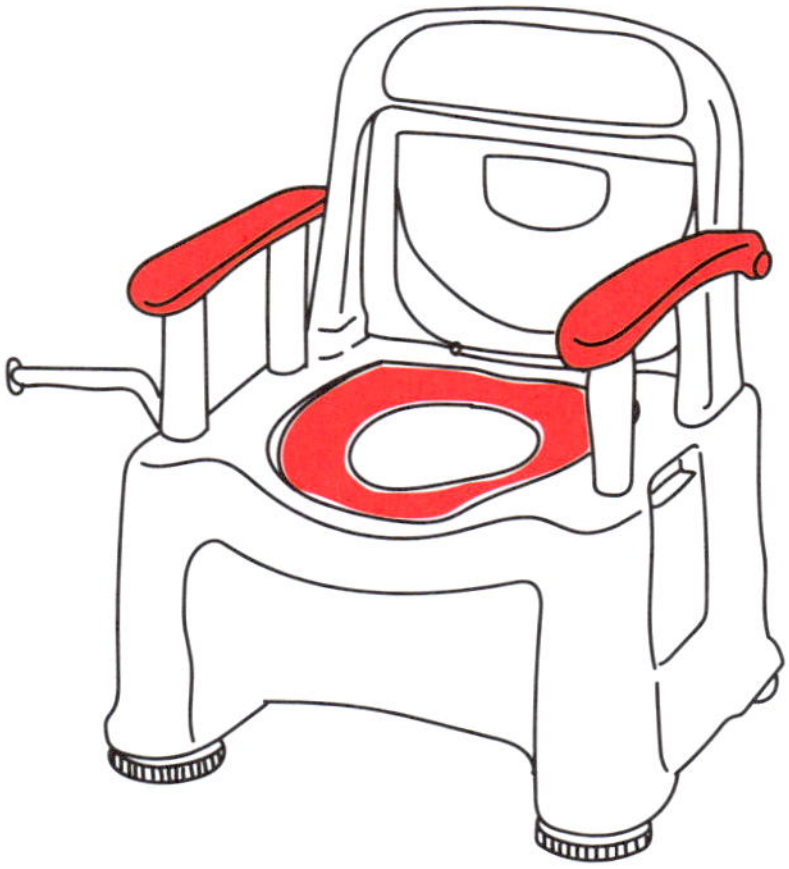

身体状態が変化するなら福祉用具貸与（レンタル）を

今、私が母のためにレンタルしているのは、車いす、車いすの付属品（座位シート）、特殊寝台（介護ベッド）とその付属品、床ずれ防止マットで1か月の料金は3200円くらいです。購入すると高価なものはレンタルを考えますが、車いすは長く利用しているため、今となっては購入の方がトータルで安かったかもしれません。ただ、母の身体状態に合わせて幅や軽さ、リクライニングの有無など、4回ほど機種変更をしています。介護ベッドを利用してからは、フットレストの開閉が可能なものに変えたら介助が楽になりました。

一時期、頭を後ろに反らすようになったので母が楽なようにとリクライニング車いすに変えてみました。ですが、私が重すぎて動作が負担になり数日で元に戻したこともあります。車いすは状態によって幾度か交換することがあるので、購入よりもレンタルが良いと思います。

介護ベッドは、上下・頭足の高さ調整ができるタイプがお薦め

介護ベッドは、布団から車いすへの移乗が困難になり導入しました。選ぶポイントですが、床板の高さが調整でき、下に空間があるものが車いすへの移乗とオムツ替えに便利です。また、背部と脚部、両方の傾斜角度を調整できるとベッド上の移動や座位の保持が楽になります。マットレスは少なくとも幅97～100センチ、長さ195センチ以上が良く、膝を立ててオムツ介助をしても幅があるので落下の心配も少なく安心です。マットの硬さは沈まない硬さにすると母本人も寝返りがしやすくなります。ベッドとマットレスは対で契約することが多いです。高価な上、マットレスは失禁による汚染時も交換をしてくれるためレンタルが良いと思います。

特定福祉用具の購入は時期を見極める

ポータブルトイレ、特殊尿器やシャワーチェアなど肌に直接触れるものは、福祉用具の購入に介護保険が使えます。必要だからと慌てて先に買ってしまうと後から精算ができません。この購入に対する補助は要支援から利用でき、認定は申請から1か月くらいかかります。すぐにほしい場合は地域包括支援センターに相談すると良いでしょう。インターネット通販でも安価に福祉用具を買えますが介護保険を使った方が安く済ませられる場合

もあります。年間10万円（消費税込み）を限度に1〜3割が自己負担となります。歩行器や杖などを使えばトイレまで行けるのに、安易にポータブルトイレを購入すると自立歩行の機会を失ってしまいます。何でも便利だからと手配する前にもう一度状況を考えてみると良いかもしれません。

利用するまでの流れ

地域包括支援センターや担当のケアマネージャーに困っている状況を伝え、福祉用具をレンタルもしくは購入したいと伝えてください。サービス提供事業所の紹介を受け、内容や利用頻度を話し合います。ケアプラン完成後、契約をして利用開始となります。介護保険給付の対象となるのは、都道府県から指定を受けた事業所です。購入先が限られていることを知っておいてください。

在宅で暮らし続けるには住まいの改善は大事なポイント

住宅改修費は、要支援・要介護認定を受けている人が手すりの取り付け、スロープの設置など、在宅で安心して暮らし続けるために住宅改修を行った際、20万円を上限として介護保険から負担割合に応じて費用の7〜9割が支給される制度です。入院中や施設入居中でも自宅復帰前提ならば、改修可能です。対象となる自宅は、介護保険被保険者証記載の住所地になり、子世帯の自宅を改修したい場合、そこに住所地が移されていることが条件です。一時的に身を寄せているのは給付対象外となります。新築の場合、建築後であれば対象となりますが建築中は利用できません。増改築の場合、細かな取り決めなどがあるため、市区町村で確認・相談をしてからの方が無難です。

福祉用具貸与の対象品目（2019年3月現在）

特殊寝台および付属品

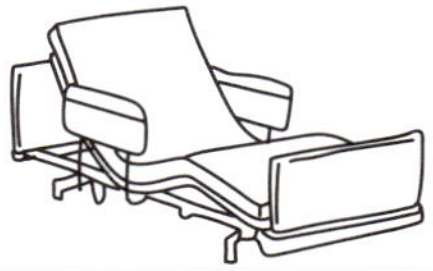

床ずれ防止用具

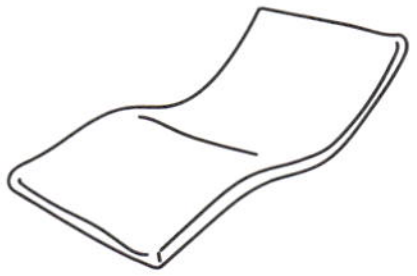

体位変換器

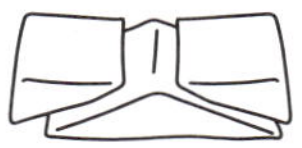

手すり

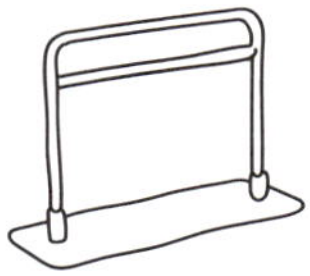

スロープ

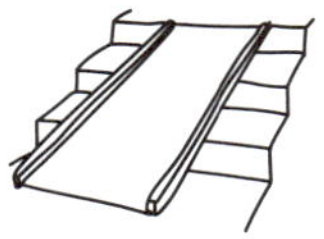

車いす、および付属品

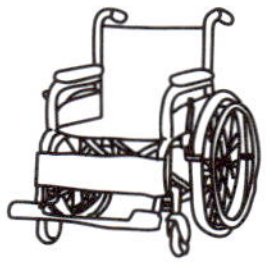

歩行器

歩行補助杖

移動用リフト

徘徊感知機器

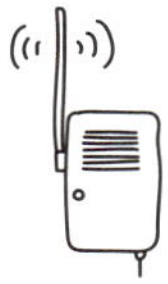

自動排泄処理装置

福祉用具貸与の対象は13品目で、要介護度に応じて異なります。

（「車いす」「車いす付属品」「特殊寝台」「特殊寝台付属品」「床ずれ防止用具」「体位変換器」「認知症老人徘徊感知器」「移動用リフト」は、要支援1・2、要介護1の人は原則保険給付の対象となりません）

自動排せつ処理装置は要支援1・2、要介護1・2・3の人は原則保険給付の対象となりません。

厚生労働省ウェブサイト https://www.kaigokensaku.mhlw.go.jp/publish/group21.html

特定福祉用具販売の品目（2019 年 3 月現在）

腰掛便座

自動排せつ処理装置の交換可能部品

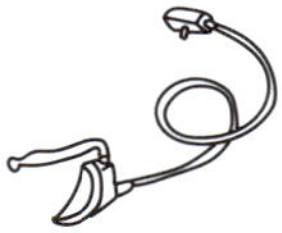

入浴補助用具

簡易浴槽

移動用リフトのつり具の部品

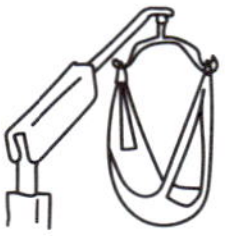

福祉用具販売の対象は5品目で、要介護度に応じて異なります。

※「移動用リフトのつり具の部品」にリフト部分は含みません。

利用者負担の例

支給限度額　10万円

1割負担	保険給付（介護保険から給付）

購入費

※利用者がいったん全額を支払った後、費用の９割（一定以上所得者の場合は８割または７割）が介護保険から払い戻されます（償還払い）。

※同一年度で購入できるのは 10 万円まで（利用者負担が1割の方の場合、９万円が介護保険から給付されます）。

厚生労働省ウェブサイト https://www.kaigokensaku.mhlw.go.jp/publish/group22.html

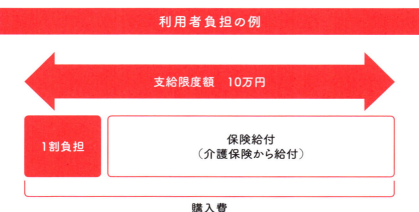

早まったリフォームはNG

将来のためと、早まってリフォームをすることはお薦めしません。間取り変更のついでにバリアフリーにするのは問題ないとは思いますが、何の目的もない段差解消や手すり設置ならば、特に急がず住宅改修が使える状態になってからでも間に合います。リフォームの予定もないのに介護が必要になったときのために、などと早まる必要はありません。なぜならば、廊下の右側に手すりを設置してみたが、脳梗塞の麻痺が残り使わなくなった。転倒防止にとバリアフリーにしたが、足腰が弱まるより先に認知症になり施設に入居した、など、介護が必要になる原因は、そのときでないとわからないのです。介護のリフォームは困ったときに実施でも遅くはありません。ケアマネージャーと相談しながら、介護のリフォームに実績のある業者に依頼しましょう。

住宅改修を利用する上での留意点

①ひとりにつき20万円（消費税込み）の支給、両親ともに介護保険認定があれば40万円

②要介護状態が3段階以上高くなった場合、転居した場合は再度20万まで利用可能

3段階の基準は、初めて住宅改修を実施した時点で、初めて介護認定を受けた時点ではない。一度介護度が下がってそこから上がっても対象外

③原則として一旦全額を支払い、後から払い戻される償還払いとなる。※相談可能

④改修前の事前申請が必要、ケアマネージャーや地域包括支援センターに事前に相談

また、バリアフリー改修を行った場合など固定資産税減額制度の利用や、自治体ごとに独自サービスがある場合があります。事前にそれらも確認しておきましょう。

住宅改修の時期

わが家が、畳からフローリングにしたのは圧迫骨折をして、母が車いすになり自立歩行ができなくなってからです。歩行が可能なときは、転倒の方が怖かったので畳のままでした。転んでケガをしにくいのはフローリングよりも畳の硬さです。住宅改修は状況に合わせて、時期を判断してください。

3段階UPの例

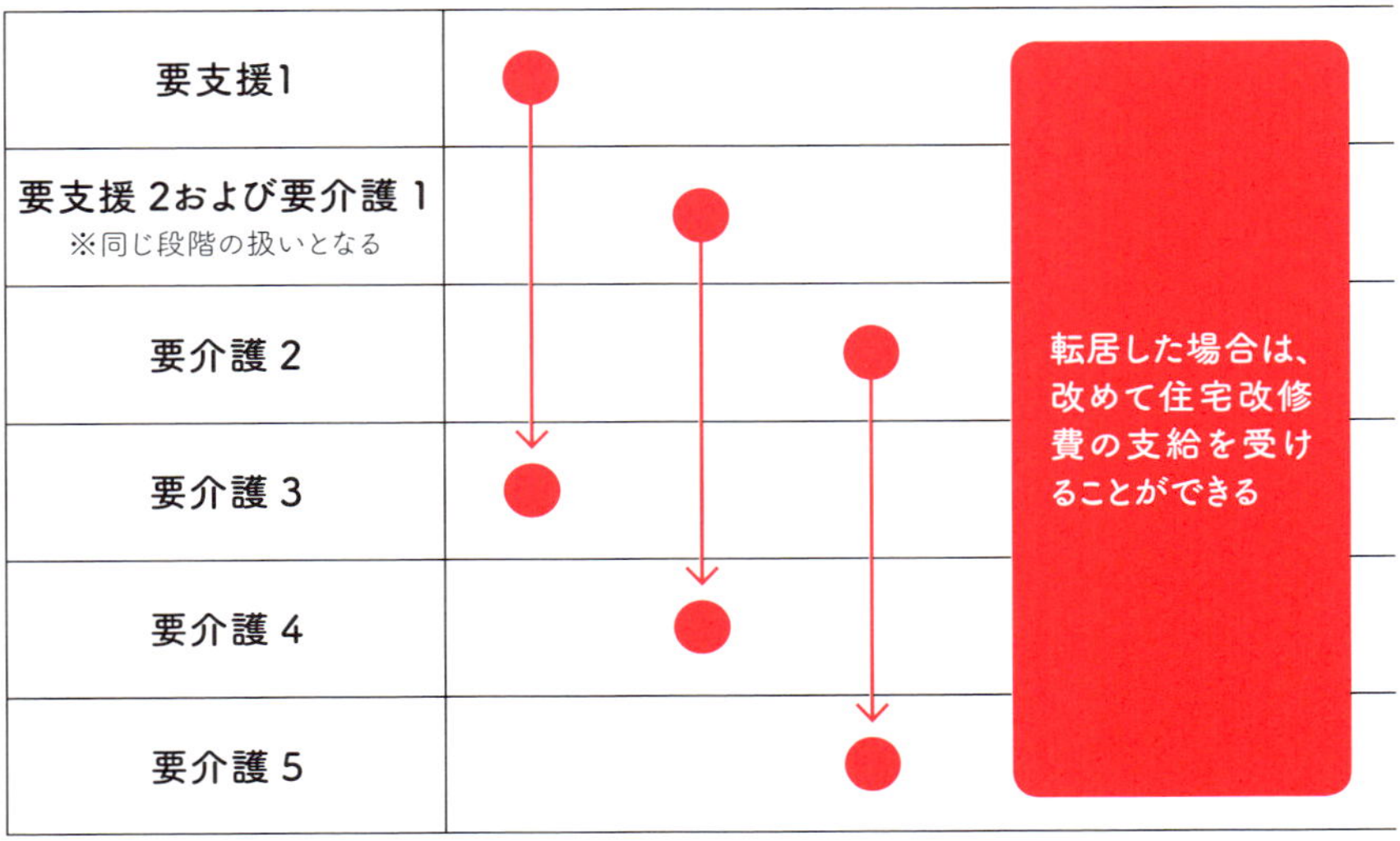

住宅改修の種目の具体例

玄関 廊下 階段	手すりの設置 段差の解消 滑り防止・床材変更
トイレ	手すりの設置 段差の解消 和式から洋式への変更 引き戸への変更
居室	手すりの設置 段差の解消 畳からフローリングへの変更 引き戸、アコーディオン扉への変更
浴室	手すりの設置 段差の解消 滑り防止・床材変更 引き戸への変更
その他	付帯して必要となる改修

片麻痺の人は、手すりが不要になる可能性も！　健側で手すりをつかむと患側に壁がなく危険、しかし患側では手すりが持てない。

階段に滑り止めのゴムをつける床材の表面加工（溝をつける）ノンスリップやカーペットを張り付ける。

L字型より、低い位置の一本型で腕力で立ち上がれるよう、つかまり、押して立てるくらいの少し低い位置。

ドアを改修するなら、引き戸にする。車いすから出るときも、入るときも邪魔にならない。

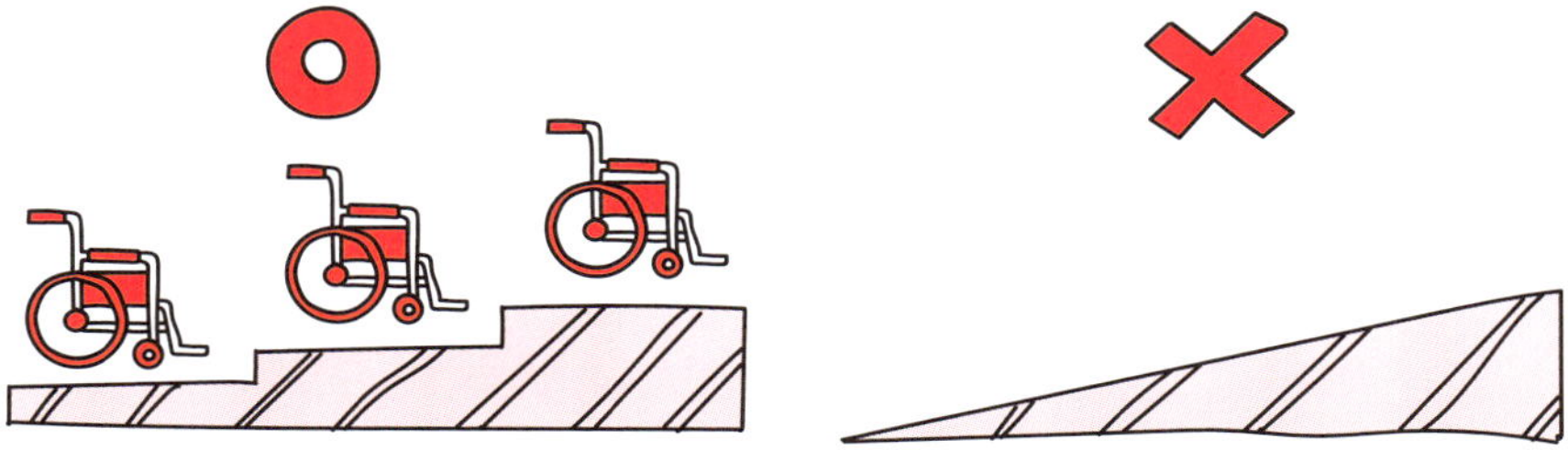

玄関前のアプローチは、スロープよりも車いす一台が乗るくらいのゆるい段差が介助しやすい

第3章

親と自分の生活

こんなときどうすれば？

介護で
自滅しないために
親との関わり方の
理解を深めよう

19

元気な親のケアも考慮に入れる

☑老老介護
☑認認介護
☑病病介護

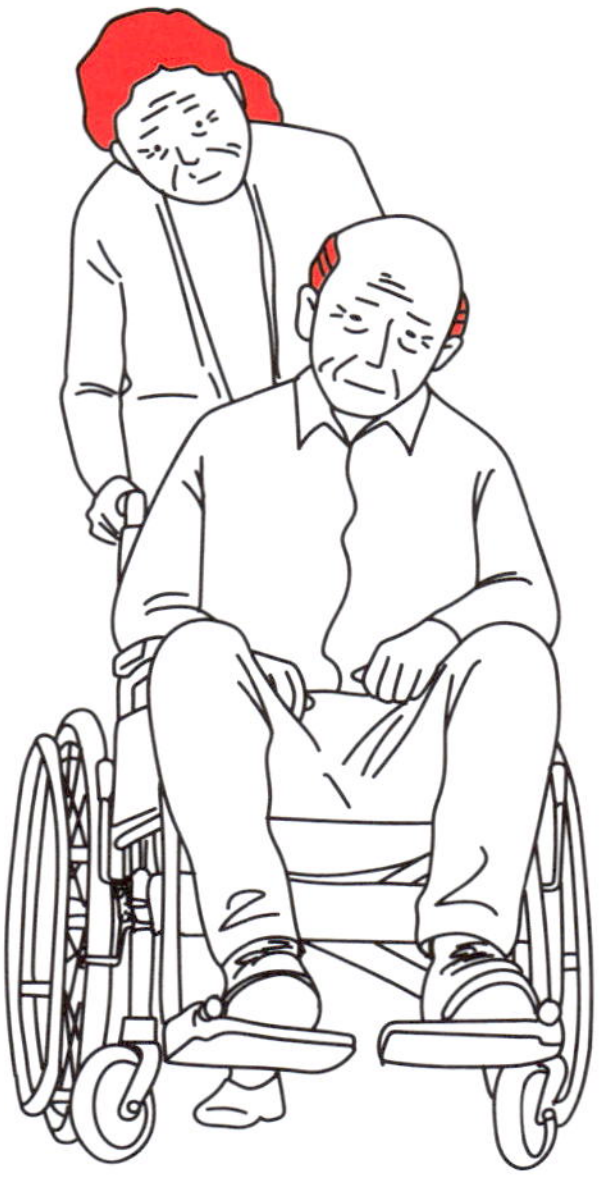

老老介護、認認介護、病病介護のせつない現実

65歳以上の人が65歳以上の人を介護する老老介護、認知症の人が認知証の人を介護する認認看護、病気の人が病気の人を介護する病病介護の割合が増加の一途です。配偶者同士で支え合う割合が高いのですが、65歳を過ぎた子が90歳の親を看る、うつ病や癌を発症した子が認知症の親を介護するなどの事例も増えています。お互いが相手の主介護者として支え合っているのですが、この状況下では必要な情報が行き届かず、ケアプランの判断もできず、適切な介護がされない場合も想定されます。介護施設に入居するのはまだ躊躇するけれ

ど、このままの状態が不安なときは、他人の目が入るサービス付き高齢者向け住宅などに住み替えなども判断するタイミングかもしれません。要介護2というのが、独居や高齢世帯にとって、自分の家に住み続けることへの限界判断のひとつになります。

認知症ではないのに歩けない父親と認知症なのに身体が元気な母親

これは晩年の私の両親のケースです。最悪な取り合わせでした。両親の希望で生まれ故郷の実家に戻り、施設への入居は絶対にイヤだというので、自宅で細々と暮らしていました。元気だった父が、脳血管障害の一歩手前で呂律が回らず自立歩行も徐々に困難になっていきます。そんな父でしたが母は元気な父しか覚えていないため、買い物を依頼します。無理して出かけた父は転倒し、見ず知らずの方に車で送ってもらう事件もありました。母は認知症のため看病も掃除もできず、家の状況も劣悪になっていきました。介護保険のサービスや配食サービスを利用しても限界と感じました。元気だった親が弱ったとき、その配偶者が認知症では適切なお世話ができません。そして共倒れ、疲れによる虐待にもつながりかねません。私の後悔でもあるのですが、もっと元気な父の方を定期的に気にかけていれば、父の急激な身体衰弱の進行を防げたかもしれないのです。

退院後こそ元気な親のケアをする

片親が元気だと、退院後も任せて大丈夫そうと思ってしまいます。ただ、親も体力が年々低下し抵抗力が弱くなるのは事実なのです。退院は喜ばしいことなのですが、これから在宅で支えていくのは大変な労力です。親世代は「助けて」と言えず自分が頑張ればと耐えてしまう世代です。共倒れにならないような配慮が必要です。介護保険のサービスを利用しながら、子が一緒に介護する体制を整えつつ乗り切れると良いのですが、家庭によっては、時間やお金、本人の気持ちの問題もあり、そう簡単には解決できない部分も多々あるのが現実です。元気な親が倒れないようにサポートする、という気持ちを忘れないでください。

介護サービスを使いたくないという場合

どちらかというとなのですが、男性は自分の家に来てくれる訪問介護は受け入れても、デイサービスなど通所介護で様々な人が集まる場所に行くことを拒む場合があります。以前、職場の男性がお遊戯とか歌とか自分は絶対にやらないと言い切っていました。最近は、半日でリハビリのみの予防型デイサービスが急増しています。「ちょっと、そこまでリハビリに」と運動感覚のポジティブな理由だとプライドの高い方も出かけてくれるかもしれません。足湯なども取り入れているところもあるので、何か目的に合う取り組みをしているところがないかを探して提案するのも一案です。

肉体負担
介護の見極め地点が
わからず疲れる

精神負担
女性の排せつや着替えに
とまどう

時間負担
料理や洗濯など家事に
余裕がなく疲弊

精神負担
命令ばっかりで
動いてくれない

肉体負担
体重が重くて
自分が倒れそう

時間負担
ずっと面倒を見続けている
気がする

20 親が介護保険の申請を拒否したら

- 介護保険の申請拒否
- 訪問看護
- 住宅改修
- 他人からの打診

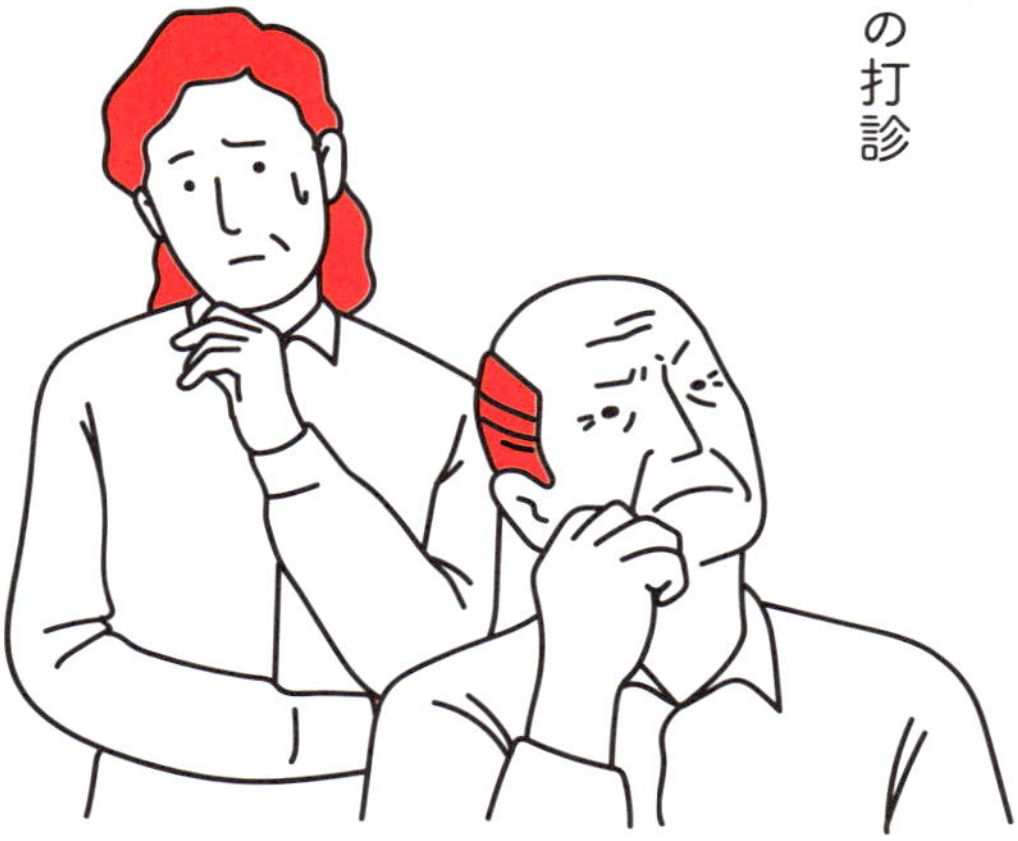

親が介護保険の申請に非協力的である

介護で共倒れにならないための、頑張らない介護が推奨されています。ひとりで介護を抱え込まないで他人の力を借りましょうというものです。要するに、介護保険のサービスをうまくとりいれながらやりくりしましょう、ということです。これはある意味、介護者家族寄りの感覚で、介護をされる本人である親の視点ではありません。親からしてみれば、「昔は家族だけで対応したものだ」「まだ夫婦でやっていける、年寄り扱いするな」「他人が家に入るなんてとんでもない」と感じているかもしれません。親の本心がこの状態であると介護保険申請は難しくなってしまいます。今と昔では介護を担う年数も、子世帯の働き方も変わってきています。お互いに主張し合うだけだと疲弊するだけで解決には至りません。

介護保険らしくないサービスがあることを伝える

親が介護保険の申請を拒否している場合は、どうしたら良いのでしょうか。本人が嫌がっているから無理強いはできないと、家族が介護を抱え込むケースはまだ多く見られます。親は、介護保険の申請＝施設入居やデイサービスの利用と思い込んでいる可能性があります。介護は受け付けなくても医療には関心がある場合があります。訪問看護やリハビリがあること、薬剤師の訪問も受けられること、おまけに、手すりの設置や段差解消に補助金が出るなど住宅改修の利点を伝えてみるのも手です。介護保険料を払っているのだから、使わなくては損だよとお得であることをアピールしてみても良いかもしれません。

親の説得には他人からの打診が有効

それでも親が頑なに拒否をする場合は、医者から介護保険の申請を勧めてもらいましょう。必要性がある場合は、躊躇しなくても大丈夫。事前に相談ができれば良いのですが、同行をして理由を話し先生のご意見を伺ってみてください。地域包括支援センターの場合、事前に子だけで訪問をして状況を伝えてください。そして、後日、センターの職員に訪問を依頼し、感情や損得なしの説明を専門職からしてもらいましょう。身内よりも、特に専門性の高い他人からのアドバイスであれば、同意するというケースも多くあります。

介護保険を申請しないリスクを話し合う

一方の親が歩行困難になった場合、どのようなリスクがあるかを考えてみましょう。例えば家族が24時間介護に専念することになり心身ともに疲弊する。寝たきりになり廃用症候群など症状が悪化する、などが考えられます。まずは本音でリスクについて話してみてください。食わず嫌いではないですが介護保険サービスを利用してみると、気分転換や身体が楽になることも多々あります。試してみてイヤだったら利用をやめれば良いのです。気が向かない日は休んでも良いのです。親世代は、申請したら使わないと迷惑になると考えているのかもしれません。色々と心配しているようであれば介護事業所やケアマネージャーには子が仲介をして事情を話すなど、親を安心させてあげてください。

最近は、ユニークな独自の取り組みもある！
親が行きたいと思うようなサービスが
近くにないか情報を集めてみよう

21

介護は親のお金が基本！資産状況を共有する

☑キャッシュカード
☑年金
☑貯蓄
☑不動産

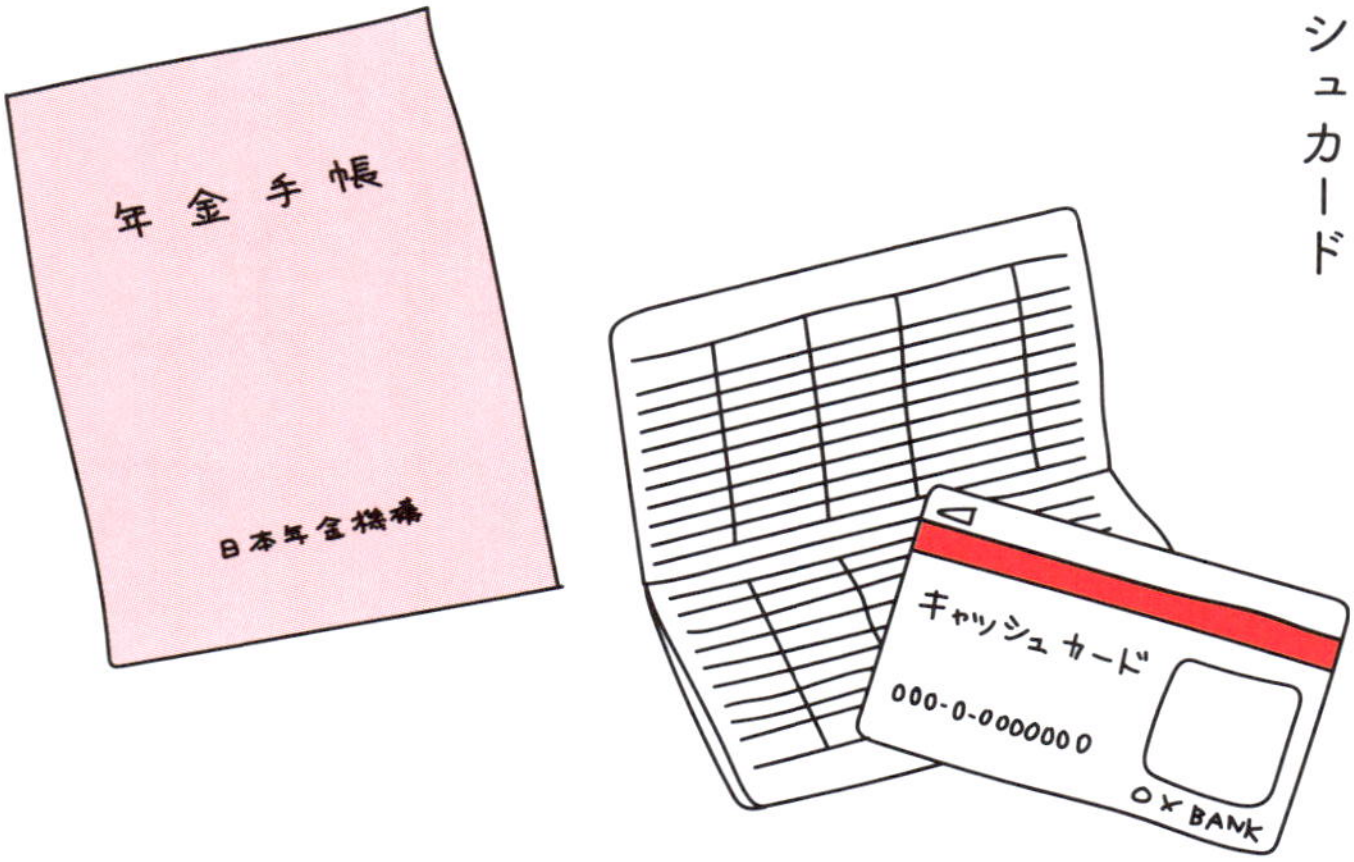

親が認知症になる前に、キャッシュカードを必ずつくる

私の両親は銀行窓口でお金をおろしていたため、キャッシュカードを持っていませんでした。実家からメインバンクは徒歩で15分、この距離を通うことが段々と大変になってきたのです。親が出向けないとき、私が出入金を代行するにはキャッシュカードが必要です。キャッシュカードの発行には本人の同意が必要なので説得し、一緒に出向いて発行手続きをしました。親が自分の意思で判断できる時期につくらないと、後々大変です。カードを持つ人が使い込むなど外野は色々と言うかもしれませんが、親の財産を子が管理して何が

悪いのでしょうか、要は信頼関係の問題です。暗証番号の共有も忘れずに行ってください。地方銀行の場合、セブン銀行などコンビニエンスストアで引き出し手続きができるところが多くあります。その際の手数料は銀行によって異なるので、その確認もしてください。これらを準備することで離れていても引き出しがスムーズにできます。

親の貯蓄は片親が亡くなったときに明らかになる

介護を担うのは子であっても、介護費用は親のお金というのが通常の考え方です。月々の年金額や貯蓄により、利用できるサービスやその負担額も変わるため気になるものです。介護保険の普及により、最近は多くの家庭で介護という状況が一般的になり親から貯蓄や資産などの話を持ち出すケースも見られるようになりました。私の家はごく普通のサラリーマン家庭でしたが、借金やローンがないことだけは明らかでした。負の資産がないことさえわかっていれば、親の貯蓄額はさほど深追いしなくても良いというのが私の考えです。片親が亡くなると、年金や保険、土地や預貯金の相続の手続きが発生します。このときにイヤでもわかるのです。きょうだいがいる場合、この時点で一度、親の資産情報を共有すると良いと思います。

自営業の場合は、年金額もしっかり確認

親がサラリーマンの場合、勤務年数にもよりますが、ある程度は生活ができる額は年金でもらえています。年金の1~3階建ての話を聞いたことがありますか？　要注意は、自営業です。親が自営業の場合は年金額をしっかりと確認を。思いのほか少ない場合があります。年金額が少ないなど

所得が少ない場合、低所得者の利用者負担軽減措置があります。親が該当するのかどうか、年金額や貯蓄を知らないと提言ができません。介護は親子で情報を共有することが、余計なお金を外に出さないことにつながります。

売れない、借り手がない、親の家は負の資産

「うちの親は持ち家があるから老後は心配ないよ」。そんなふうに思っている方は多いかもしれません。親がもし要介護状態になったらその家に住み続けますか？　施設入居や遠距離の場合は呼び寄せることもあるでしょう。空き家になったらどうしますか？　首都圏など大型都市圏の一等地であれば何も心配いりません。今は便利な都市部に人口が集中しているため、都心でも郊外、ましてや地方・山は売れない、借り手がつかない状態です。

持ち家だから安心と思っていた不動産が負の資産になることもあります。土地建物があるということは固定資産税や場合によっては公共料金が必要です。空き家になると動物駆除や雑草の対応など、自分の時間を使って手入れに向かうこともあれば、業者にお金を払って管理を依頼する場合も出てきます。いらないから行政に寄付をしようと思っても、それも役所が引き取るといってくれなければダメなのです。一度、親の不動産の保有についても考えてみてください。

親の自宅を活用する制度

貯蓄など手持ちの現金は少ないけれど持ち家がある場合、資金調達になる制度があります。まずはリバース・モーゲージ（リバース＝逆の　モーゲージ＝住宅ローン）。これは、自宅を担保に老後資金を借りることができる制度です。年金が少

ないなどの他、ゆとりある老後の生活を楽しみたい人にも向いています。親が生きている間に返済する義務はなく、死亡後、遺族が手続きをして担保不動産を売却しその代金で一括返済します。ただし、地域や築年数、広さ、相続人全員の同意が必要など、条件があるので民間の取扱金融機関に確認してください。続いて、不動産担保型生活資金です。持ち家と土地があっても現金収入が少ない高齢者が、その居住用不動産を担保に生活費を借り入れることにより、世帯の自立支援を図っていく貸付制度です。リバース・モーゲージと考え方は同じですが、申込相談先が市区町村社会福祉協議会となります。最後は、マイホーム借り上げ制度です。国土交通省が支援する一般社団法人移住・住みかえ支援機構（ＪＴＩ）が運営する制度で、マイホームをＪＴＩ経由で他人に貸すことができ、ＪＴＩから終身にわたって賃料が支払われるというものです。生涯にわたり家賃収入が見込め、住宅ローンの返済や住みかえ資金にあてることも可能です。それぞれメリット、デメリットがあるので利用したい場合は、窓口の担当者に納得するまで説明を受けてください。

エピソード

わが家の場合は、銀行口座や証券会社での投資信託など、8割父の名義、2割が母の名義という感じでした。70歳を過ぎた頃、親から通帳や印鑑、保険、不動産の登記簿など、書類の保管場所だけは教えてもらいました。古い人間ですので、この頃はまだお金の入出金は銀行の窓口で行っていたようでキャッシュカードは持っていませんでした。一時期、川崎に呼び寄せたことがあり（半年後には静岡に帰る）、そのとき、一緒に銀行と郵便局のキャッシュカードの申し込みを行いました。一緒に手続きをすれば、カードを預かることも暗証番号も把握できます。親自身がしっかり管理している場合でも、入院に備えて、全部とはいわずとも、せめてメインバンクの通帳と印鑑、キャッシュカードと暗証番号は情報共有させてもらうと、万が一のときお金で慌てるリスクが少なくなります。

退院の見込みがなかったり、施設に入ったり、わが家のように呼び寄せたりすると実家が空き家になります。私の実家は地方ではありますが駅が近く賃貸の需要があったため、幸いにして貸すことができています。少し前までは、子が戻る予定も使い道もない場合、空き家のままにしておけば更地よりも税金も安くなりました。解体のお金もないのなら放っておくこともできたのです。ですが現在は、行政が介入できるようになり、不適切な状態で放置していると指導や指示が来る場合があります。それに従わないと税金が高くなり、場合により解体されて費用を請求されることもあるのです。空き家は動物がすみつく、植物が伸びすぎて近隣から苦情が来ることもあります。お金がないなどと放っておくと妨害排除請求訴訟を起こされかねません（2015年空き家等対策の推進に関する特別措置法）。固定資産税や管理費用、補修などの維持費、解体費用（一般的に100万円以上）など、持ち家だからと安心はしていられません。親の家が負の資産になることもあります。

※参考：相続した実家（親の居住）を3年目の年の12月31日までに売ると譲渡益が3000万円まで控除される法律もあります。この機会に不動産についても意識しておきましょう。

年金制度の仕組み

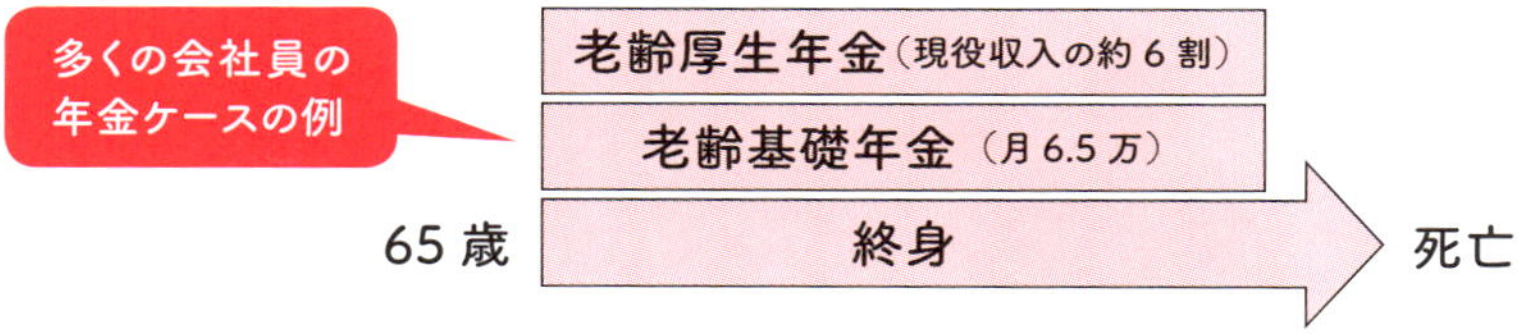

引退後 年金受給 基本は65歳から死亡まで（60歳繰り上げ70歳繰り下げ制度あり）		老齢基礎年金 （1階部分）	老齢基礎年金 （1階部分） 老齢厚生年金 （2階部分） 厚生年金基金 確定給付企業年金 確定拠出年金 （3階部分）	老齢基礎年金 （1階部分）
現役時代 （保険料負担）	3階部分		企業年金	
	2階部分	国民年金基金 （任意）	厚生年金 （給料の約18%）	なし （第2号被保険者全体で負担）
	1階部分	国民年金基礎年金 （第1号被保険者） 自営業者・大学生など	国民年金基礎年金 （第2号被保険者） 会社員・公務員など	国民年金基礎年金 （第3号被保険者） 専業主婦（夫）など

年金の併給

1階の国民年金の部分

2階の厚生年金の部分

	老齢厚生年金	障害厚生年金	遺族厚生年金
老齢基礎年金	○	×	○
障害基礎年金	○	○	○
遺族基礎年金	×	×	○

○ 併給可　× 併給不可

22

介護の主導権は親以上キーパーソン選びは慎重に

- 主たる介護者
- キーパーソン
- 家族とのコミュニケーション

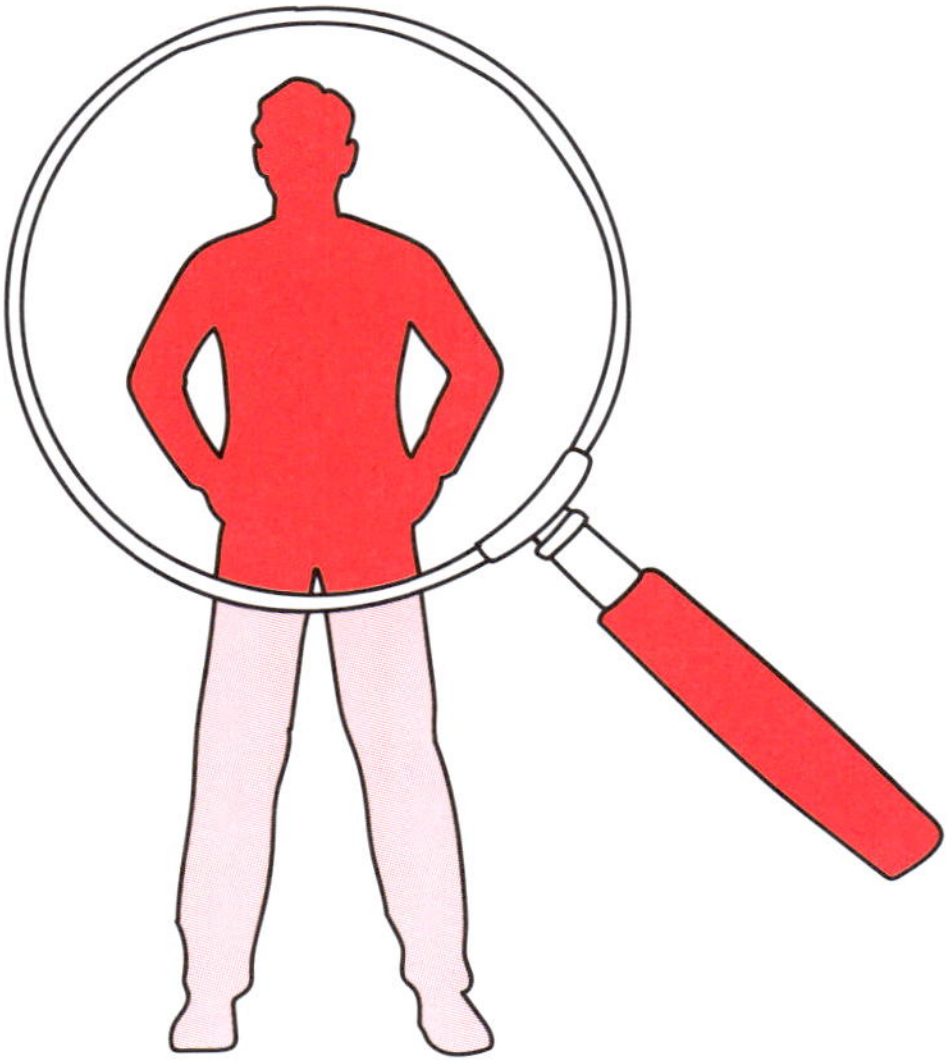

主たる介護者とキーパーソン何が違うのか

簡単に説明すると、主たる介護者というのは直接、身体的なサポートをする人のこと、キーパーソンというのは、介護サービス事業所や病院との契約や対応の窓口となる人です。ケアマネージャーへの依頼は必ず、このキーパーソンが行い複数からアポイントをとることは避けてください。ケアマネージャーも誰の依頼を優先すれば良いのか困ってしまいます。必ずしも同居をしているとか、長男・長女である必要はありません。キーパーソンは家族の代表者。入院した際、病状説明を聞き、その内容を他の家族に伝達をする。病状急変時や死亡時に連絡を受けたりもします。キーパーソン単独で意思決定をする場面や契約印を押すことなどもあり責任が伴います。しっかりと対応できることが素質として大切になります。ただし、様々な場面で家族全員の合意があることが好ましいです。主たる介護者は配偶者でキーパーソンは子、もしくは両方の役割を同居の子が行う場合が多いかもしれません。

介護は実子が基本の時代

介護保険制度が施行され、女性の就労が増加している現在、介護に対する意識は変化しています。一昔前の時代のように嫁が義父母を看る義務もないですし、その逆もありません。人生１００年時代と言われ、介護年数も年々延びてきています。年金や貯蓄など資産を把握する必要性や介護事業所との契約など、義理の関係では入り込むことが難しい問題が以前よりも増えているのです。親との関係や現在の環境を考慮した上で、男女や産まれた順番に関係なく、実子が介護の責任を持つというのが現在の主流です。

増えている男性のUターン

早期退職や定年をきっかけに、地方の親を介護するためにUターンを決意する男性が増えています。これも実子が介護をすることが定着している表れです。妻も自身の親の介護がある場合も多く、一緒についていくのではなく、現在の住まいに残るなど別居になるケースがほとんどです。濡れ落ち葉という定年後の男性を皮肉る言葉を吹き飛ばすには、Uターンで最後に親と一緒に過ごすという選択もひとつの案として良いのではないでしょうか。

きょうだいでの介護の問題、お薦めは時給制

きょうだい間で合意がとれれば、介護の負担時間により、親のお金から時給としていくらか受け取るのも公平性が出ます。介護をしている間は、自分の生活が不自由になります。外出や旅行も困難ですし、外で働けばお金が入ってくるのに介護で働けないのなら生活を売っているのと同じです。施設なら順番で面会に訪れて対価を受け取る、在宅介護ならその家庭に生活費を払った方がスムーズです。大事にお金をとっておいても遺産相続するのだから、最初から介護のときに分けても良いという考えです。介護に非協力的なきょうだいほど「親のお金をそんなふうに扱うなんて不謹慎」、「大変なら施設にすれば」とか、介護者の葛藤を理解せず「親を大切にしてね」「長生きしてね」とか無神経なことを言います。介護者は優しくしたいし大切にしたいけど、ときにやるせなくなり暴言等を吐いてしまい後悔を繰り返しているものです。家族の介護もタダではない、早めの相談と分かち合いが家族のコミュニケーションを円滑にします。

エピソード

主たる介護者のお話です。会社員というのは、始業時間や就業時間、会議や昼休みなど決められたスケジュールの中で1日を過ごしていました。このような環境だった人はとても約束時間に几帳面です。通所介護のひとつであるデイサービスは、利用者ごとにお迎え時間の目安があるのですが、特に会社員だった男性は、お迎え時間に準備して親とともに

外で待っているケースが多く見られます。もちろん、善意でお待たせしてはいけないと思っているからです。しかし、他の利用者の準備や道路状況で約束の時間ピッタリに到着することばかりではありません。むしろずれることの方が多くあります。事業者側としては、家の中で待っていてくれれば良いのにというのが本音です。「遅いじゃないか」とクレームが出るのは、会社員出身者の男性介護者に多い傾向が実際にあります。こういう男性は、昼食はきっちり12時にとか融通が利かず、自らの決め事で自らを追い込むことが多くなりがちです。後の予定との調整もあるかと思いますが、多少ずれたとしても許すくらいの気持ちを持つことも大切です。

気持ち＝ 家族は全員親に健やかにすごしてほしいと思っている

時間＝子はそれぞれの生活もあり、全てを介護の時間にさけない。ならば、当番制にして負担を分散する
お金＝親の貯蓄に手を付けるのは躊躇する。だけど平等性を考えるなら、介護の賃金を受け取るという方法もある

ここで大切なのは気持ち
これを優先するための手段を考える

23

遠距離介護を余儀なくされたら

- ケアマネとの信頼関係
- ご近所・親戚付き合い
- 救急医療情報キット
- 見守りサービス

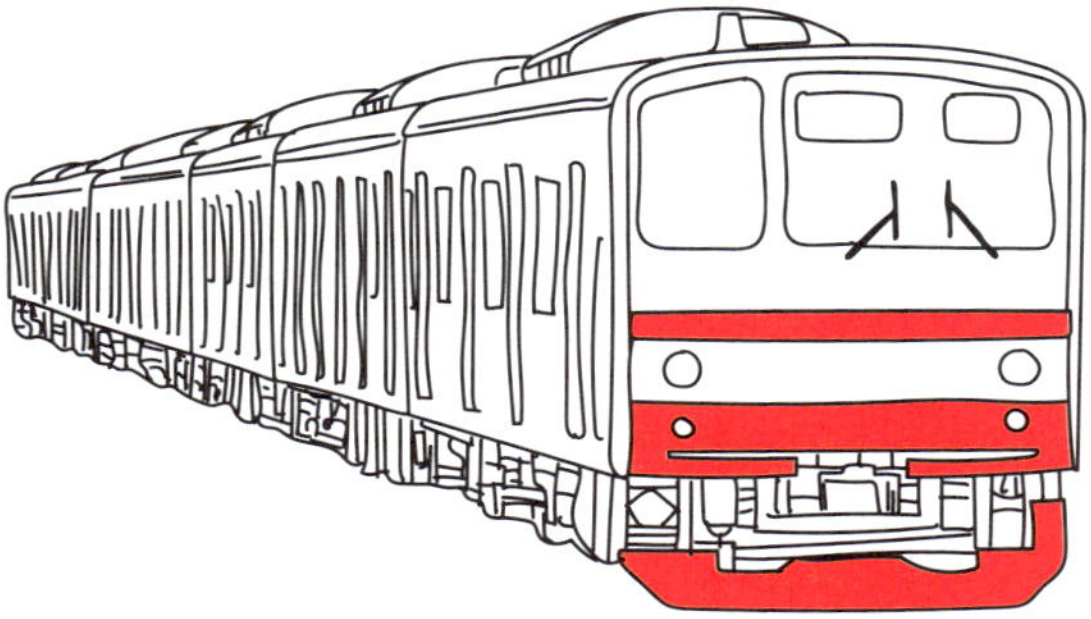

遠距離介護も工夫次第で乗り切れる

私は父が亡くなる1か月前まで、遠距離介護でした。両親が自宅での暮らしを望んでいたからです。住み慣れた環境で暮らし続けたいというのは自然で、介護保険サービスや民間のサービスを上手に組み合わせれば可能です。メリットは、子も自分の生活が変わらない、親も自由気ままに住み慣れた家で生活ができること。デメリットとしては、お互いに移動の際、交通費などの負担が増える、移動時間もかかる、休日を介護に費やし精神的・体力的にも余裕がなくなる、すぐに駆けつけられないなどです。遠距離介護の目安は、要介護2まで、それを過ぎると、同居か近くに住むか、施設が安心というのが私の感触です。

親の地元の地域の協力者を確保する

離れて暮らしている以上、「いざ何か起こったとき」に駆けつけてくれる協力者は必ず必要になります。わが家は、親戚が多くいたこと、ご近所との関係が良かったこと、昔から付き合いのあるかかりつけ医がいたこと、そして何より、担当のケアマネージャーが看護師出身で体調の異変によく気づき密に連絡をとれたことが続けられた理由です。親の人柄や地域での生活態度も影響してくることでもあります。帰省の際には、必ず、お世話になっている方にご挨拶をすること、ときには手土産を持参して感謝の気持ちを伝えることも大切です。煩わしく感じることもあるかと思いますが、とても大切なポイントです。

離れて親と暮らすなら救急医療情報キットをつくろう

親も高齢になると脳血管障害や転倒など急に病院に行かなくてはならないことも出てきます。だけどすぐに家族が駆けつけられないというのが現実です。事前にできるお薦めの手段は、保険証や診察券、お薬手帳など医療関係書類、もしくはその複写をまとめて冷蔵庫などわかりやすい場所に入れておくことです。救急医療情報キットは市区町村で配布されているところもあるようですし、市販でも売っています。自分で透明な容器でつくることもできます。119番通報でも、ご近所や親戚にヘルプを依頼する際でも、冷蔵庫に入っていると言えば伝わりやすいです。わが家も準備していましたが、幸いにして使用はしませんでしたが、備えておくと安心です。

市区町村や民間の高齢者在宅生活支援サービスを利用する

多くの自治体で緊急通報システムを提供しています。外出先でも使える携帯型と自宅内専用のものなど24時間365日、緊急時の対応をしてくれます。火災センサー、ガスセンサーなどの付加サービスもあります。民間やNPO法人などでも同様のサービスを実施していますので頻度や利用料も併せて、親の状況に合ったサービスを探してみてください。認知症の方は、警備会社などとサービスを契約しても通報ができない、自分が誤って通報をしたのに駆けつけた人に「何の用ですか、警察を呼びますよ」などと詰め寄りトラブルとなるケースもあります。特に問題がないけど何となく心配な程度であれば、郵便、新聞、牛乳の配達をしながら見守りをするサービスもありますので併せて検討してみてください。

エピソード

病院付き添いや現状の確認のため、月に1、2日は実家に出向いていました。病院は平日なので毎月必ず、有給休暇をとっていたことになります。実家は静岡なので新幹線でも東海道本線でも1時間とかわりません。東海道本線の方が実家に近い駅に停車するため、交通費の節約のためにも、余程急ぎでない限り在来線を利用しました。JRには介護の割引運賃制度がないことも理由です。飛行機は介護割引の制度があります。少しでも良い制度があるのなら利用してください。実家に出向くときは事前に担当のケアマネージャーに日時を連絡し親の日常の様子を確認しました。デイサービスには、母が行きたがらず、父だけが行くことが多いと聞いたときは認知症なのに大丈夫かと心配になったくらいです。毎回ではありませんが、お墓参りや近所への挨拶もしていました。郵便物が封を開けずに溜まっていたので、これを確認するのも仕事でした。介護保険関係は、とにかく申請書ばかりで字を書くことが多いのです。封書がきても理解できず、お金が戻るのに申請できていない人が世の中にはどれだけいるかと思いました。両親は晩年、お金の引き出しができなくなったので、毎回、引き出しては決まった場所に保管していました。お金はここという場所を家族で決めていました。冷蔵庫の中も食品以外の食器や靴下が入っていたり、古いご飯や賞味期限切れのものがそのまま保管されたりしていました。それらを捨てる・片付けるのも役目でした。デイサービスと訪問介護の他に民間の配食サービスを週に3日、利用しました。デイサービスの迎えの際、親が鍵の場所がわからないことが多いと言われ、合鍵を渡すこともしました。乳飲料の訪問販売を断ることができず「契約した」と、いきなり言われたこともありました。また断れなかったのか、と思いましたが、新聞と合わせて見守りになればと無理にでも考えを変えていました。配食サービスが来ない日は、イトーヨーカドーのネットスーパーを利用しました。私が自宅から親の地域に配達してくれる店舗に注文でき、お菓子やケーキや飲み物など、両親の好きなものが頼めることがよかったです。私としては、あれも食べさせたい、これもと色々と遠距離から注文していたのですが、「食べきれないよ」と父から言われました。離れているとどのくらいが今の両親に適切な量なのか見当がつかなかったのです。色々とあるものです。

救急医療情報キットが冷蔵庫にあります

医療情報キット

防水ビニールやペットボトルを半分に切ったものでもよい。
外から見えるように

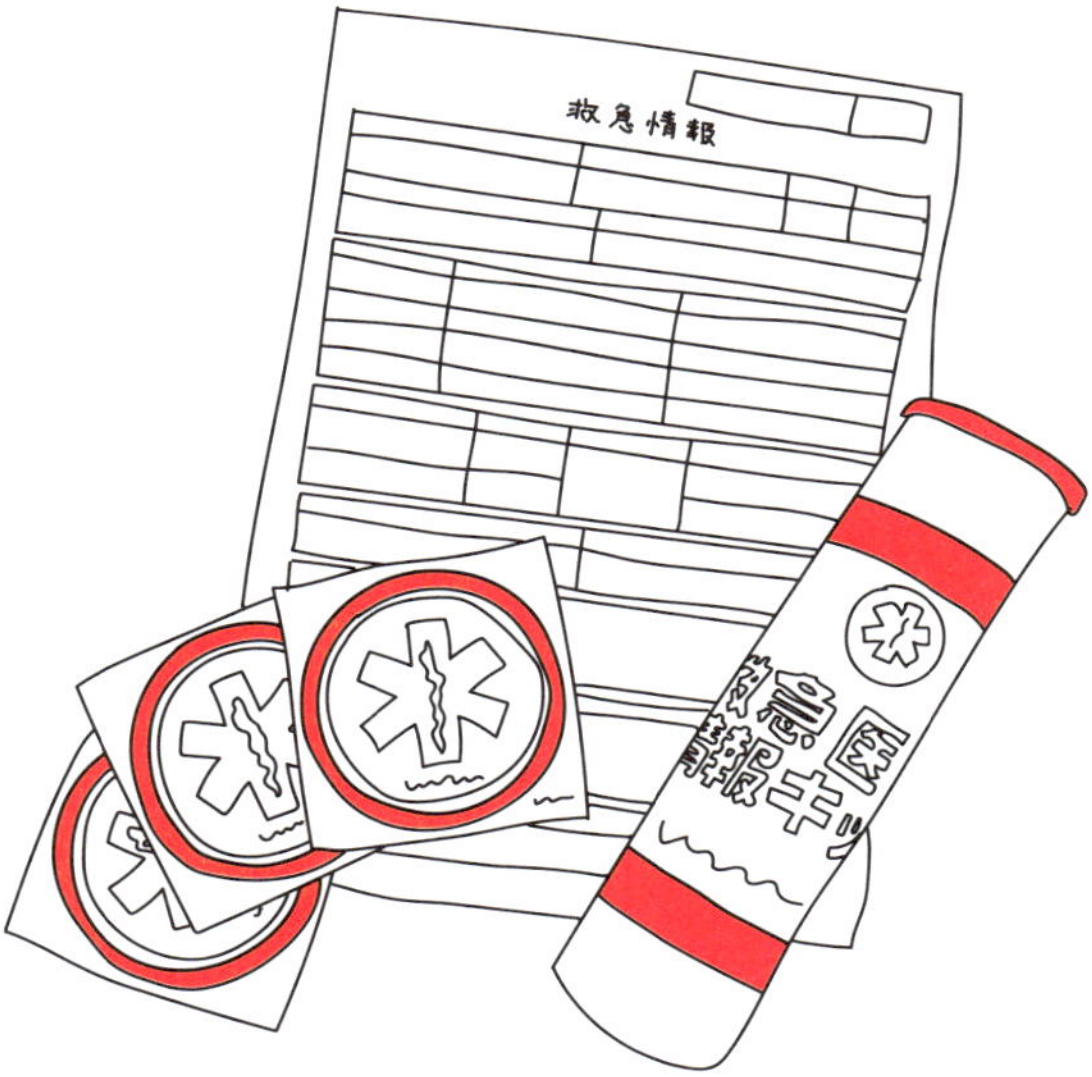

保健証のコピーや診察券や日頃の服薬のメモなどを保管しておくのでもよい。
緊急時連絡先として、複数人の氏名と電話番号、できれば居住地を記載した紙も入れておく。救急隊からの連絡を受けることもできるし、身寄りがない老人と思われて搬送を断られるのも避けられる。

24

親は扶養する？世帯分離する？

☑世帯分離
☑住民税の非課税世帯

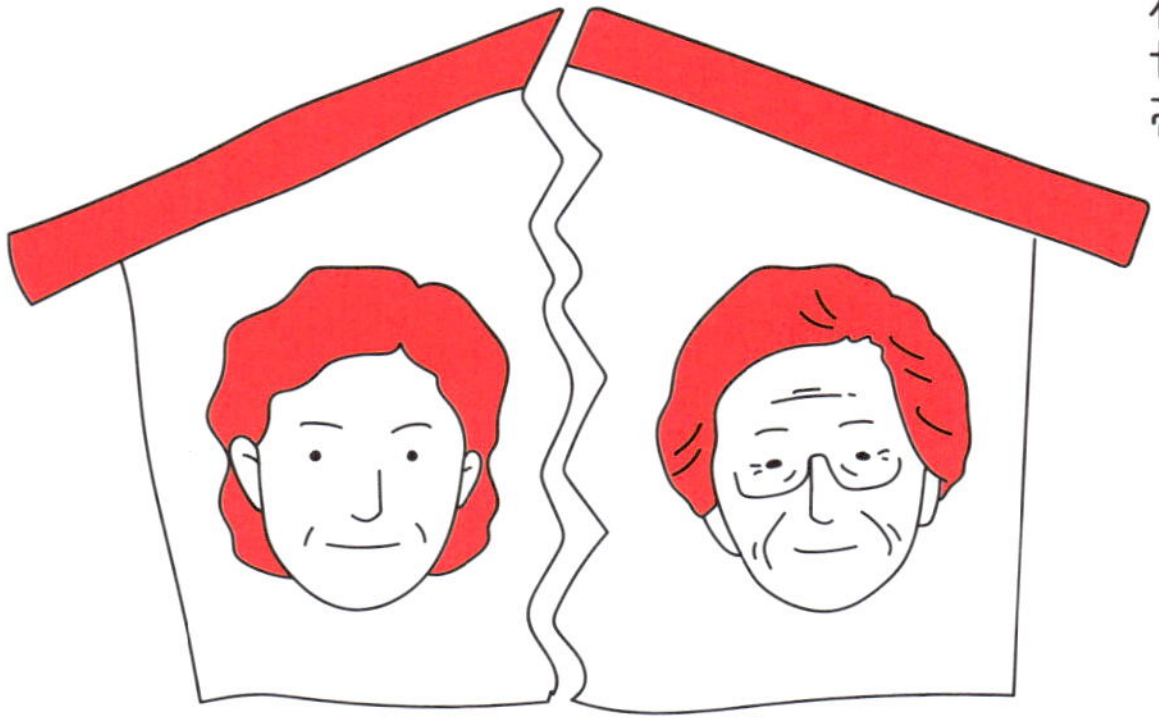

世帯分離とは親子の縁を切ることか？

母との同居が始まるとき、実家から住民票を移したのですが迷わず世帯分離にしました。これから同じ家で暮らしますが、私と夫、そして子どもたちの世帯と母の単独世帯に分けたのです。同じ住所の同じ家に世帯主がふたりいるということです。私は結婚して名前が変わっているので表札には自分の新姓と旧姓の苗字がふたつ並ぶことになりました。世帯分離すると、住民票など証明書類が分かれることになります。

世帯分離するメリット

健康保険料、介護保険料、介護保険サービス自己負担額は世帯所得で決まる場合が多々あります。なぜなら、国の制度は世帯全体で稼ぎがある場合は優遇しなくても良いでしょう、という考えだからです。収入がある現役世代とひとり親の年金世代が同居する場合は世帯分離の検討がお薦めです。親が介護保険サービスを受けている75歳以上の後期高齢者である場合は、一般的には世帯分離をすることで親が住民税非課税世帯となり、医療や介護にかかる自己負担金額を大きく削減できる場合があります。高額介護サービス費の受給、後期高齢者医療保険料、介護保険料の負担減、インフルエンザなど予防接種の無料制度、入院・入居の際の食費居住費の負担減（預貯金額によっては対象外となる）などメリットが多々あります。個人によっては年間40万～50万の違いが出てきます。

世帯分離するデメリット

立場によってはデメリットもあります。親が74歳以下の場合、国民健康保険料が増えてしまう可能性があります。そして、介護保険サービスを利用している親がふたりいる場合、高額療養費の世帯合算ができなくなります。職場によっては家族手当がつかなくなることもあるかもしれません。また、住民票も別々に発行されることになります。いつから世帯分離をするのが良いのか、判断が必要になります。

世帯分離の手続きをする

管轄の役所に出向いて世帯分離の手続きをするだけなのですが、介護保険の負担割合が２０１８年８月から３割負担世帯が出てきたことも一因で、世帯分離をして介護保険料の節約をしようと考える人が増えています。これから世帯分離を申請する場合、「一緒に住んでいるけれども家計は別だから申請に来ました」というのは立派な理由です。くれぐれも「介護保険料の節約のために申請に来ました」などとは話さないでください。余計なことを言うと勘ぐられて根掘り葉掘り質問され、認められないケースもあります。世帯分離は介護保険の負担を軽くするための制度ではないのです。年度の途中で世帯分離をしても即日でメリットを受けられる場合ばかりではありません、翌年度からというものもありますので、いつから適用されるのか確認が必要となります。

世帯分離の考え方

生計が同じか別かは、自己申告となる

25
介護と仕事を両立したい

☑介護離職
☑介護休業
☑介護休暇
☑カミングアウト

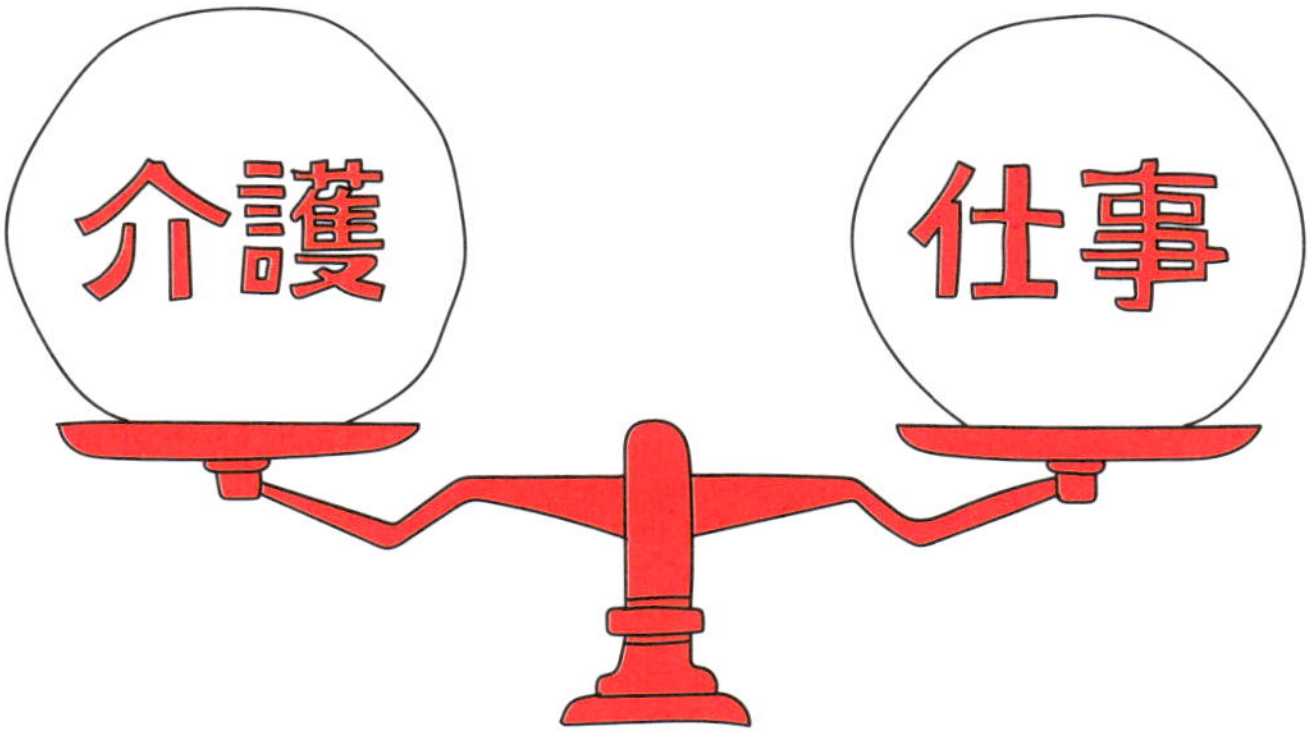

介護離職防止のコツは「辞めないと決めること」

仕事を辞めて自身が介護に専念するか否かは、気持ち、時間、お金という複雑な家庭環境が絡み合います。私は介護離職NGとは思っていませんが、辞めたくないのに離職しなくてはと考えているならば、「辞めないと決めてください」とメッセージを送ります。今は、一昔前のように、親の介護を家族で負担する時代ではありません。これは、10年以上介護を続けてきて本当にそう思えます。簡単です！　辞めないためにどうすれは良いのかを考えるのです。1番目に家族の生活（これ最優先）、2番目が出せるお金、3番目が本人の希望（一番が本人の希望ではない、家族が倒れたら介護は終わり）。親も大事ですが、自分や今の家族も大事です。みんなで幸せになるのが一番なのです。

仕事を辞めて介護に専念しなければならない理由はなんですか？

他人思考（親が原因）と自分思考（自分が決定）があります。前者は親に育ててもらった恩があるから、子には面倒を見る責任があるからなど、親のために辞めるのだという考えです。後者は、自分が仕事よりも親との時間を大切にしたいなど、自分の意思で決定したという考えです。前者は世間体が良いかもしれませんが、もしかしたら本心のどこかで自分が仕事を辞めたいという気持ちが少なからずありませんか？　自分が仕事を辞めたいのに介護を理由にするなど親のせいにしてはいけません。それに自分のために、わが子が仕事を辞めるのを喜ぶ親もいません。同じ離職の道を選んだとしても、自分思考は自分の気持ちに向き合うので納得する分、たとえ困難にぶつかっても自分で決めたことと前向きになれるのです。

介護休業申請は看取りのとき

勤続1年以上の労働者は、通算93日（3回まで分割可）まで介護休業を申請できます。法律があっても中小企業はひとりの欠員が仕事に及ぼす影響は大きく、また大企業であっても分割取得の場合、都度調整が必要で迷惑なことになるのも現実です。介護休業取得者への不利益な取り扱いは禁止とはいえ、リストラや降格が全くないとは言えません。それならば年をとったらリスクを負わないのも選択肢です。介護休業の93日というのは、脳卒中で倒れたケースをモデルに、入院して退院、その後安定するまでの期間を想定しています。適切な介護サービス事業所を探し契約するなど介護と仕事を両立するための準備期間の位置づけだからです。私は、日々のお世話や手続きも大切ですが、それ以上にお別れのその瞬間を大切に考えています。早く言えば看取りです。介護休業は開始日の2週間前までに申し出ます。大方の場合、死期が近づくと食事がとれなくなる、個別部屋に移動になるなど兆候が出てきます。介護休業の取得はサラリーマンの特権です。看取りを自分でと思われるのなら、このときだけは申請検討の価値は大いにあると思います。

職場へのカミングアウトは良い関係の第一歩

私が在宅介護をしていることを職場の仲間にはいち早く伝えました。母が認知症であることも最初から隠しませんでした。それは仕事を調整してもらうためではありません。どちらかというとお付き合いの方です。在宅介護をしていると平日夜間は、親睦会などの飲み会にはほとんど参加ができません。家族に協力をお願いすれば良いのですが、私の場合、自分の親のことなので何となく後ろめたくなるのです。それなら年1回でも忘年会や新年会など大きな行事に参加し、ときには幹事に立候補するなども手です。このときは皆への感謝も込めて精いっぱい、楽しんでもらえる工夫をしてみます。「付き合いの悪いやつだ」などと言われても、気にしないようにしましょう。時間がとれないのだから、その中でできる範囲で良いのだと思います。

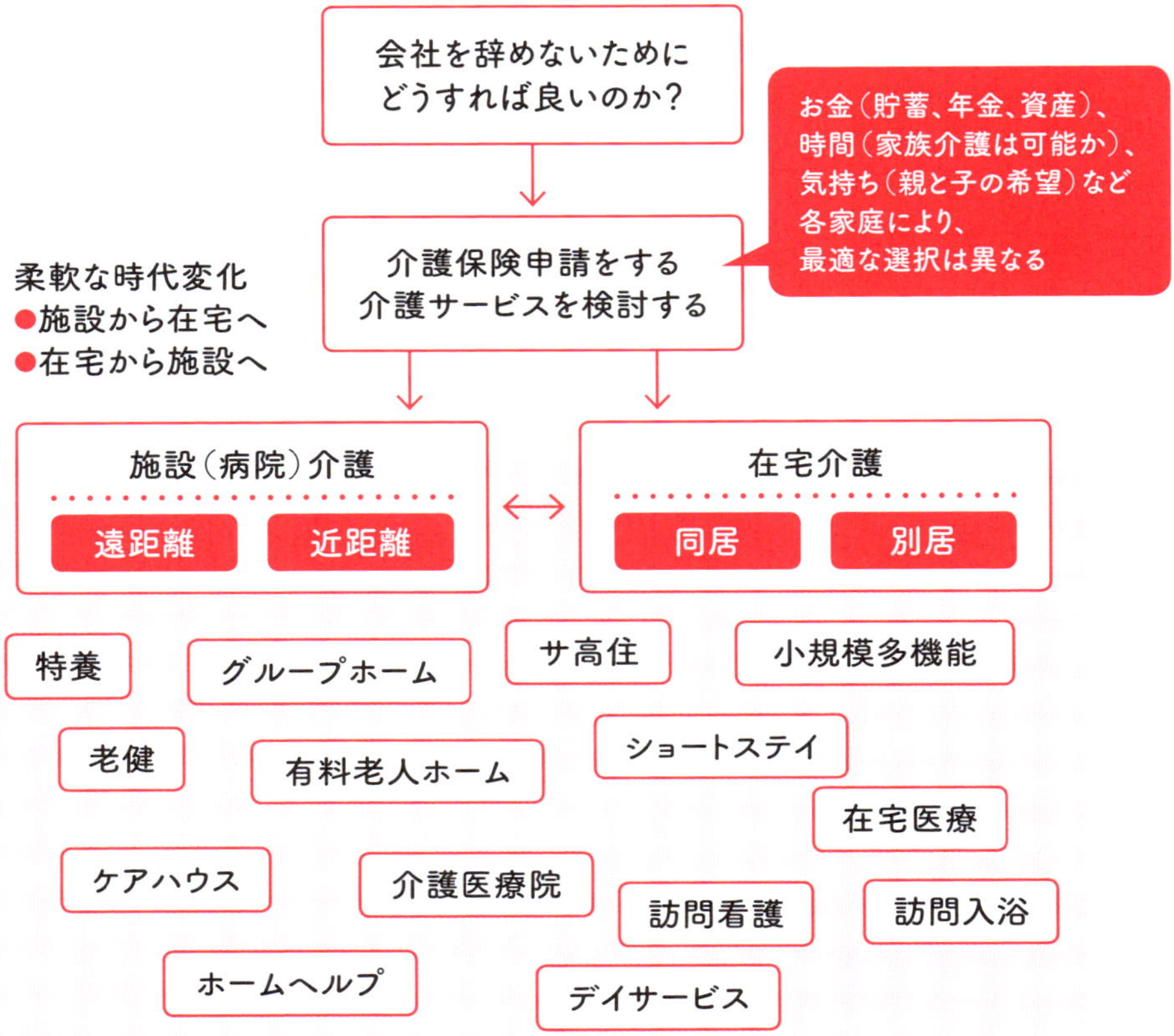

介護のための制度	
介護休業	対象家族１人につき、３回を上限として、通算 93 日まで
介護休暇の半日単位の取得	介護が必要な家族１人につき年５日、２人以上につき年 10 日（半日単位の取得可）
介護休業等の対象家族の拡大	配偶者、父母、子、配偶者の父母、祖父母、兄弟姉妹、孫　（同居・扶養要件を削除）
休業給付	賃金の 67％

エピソード

勤務先の制度を知って、やりくりする

私の勤務先の制度は幸いにも整っている方だと思いますが、これらを積極的に利用している人は私の見た限り少ないです。それなりの頻度で訃報が出ますが、子である立場の社員が介護休職をとっているわけではありません。すべての親が〝ぴんぴんころり〟というわけではないので、入院や介護が必要な方が大多数でしょう。ですが、皆、工夫をして働き続けています。自分の生活を優先しているのが大多数なのです。大手だから、制度があるから働き続けられるというのは誤解で、職場での立場や、それを理由に休むことへの罪悪感、責任感、色々とある中で使わないという選択なのです。介護に専念するため会社の希望退職やセカンドキャリア支援を利用して退職する人はいますが、親と今、一緒にいることを優先したのであり、考えがぶれていません。よく、中小だから、制度がないからと思われがちですが、実際は大企業でも制度があっても使わないのなら一緒なのです。私はといえば、特別なものは使ったことがありません。有給休暇のほかに、学校行事、ボランティア、通院などに使える休暇が別にあるので、その範囲でまかなっています。母の通院や子どもの行事、ボランティアで休むこともちろんありますが、他の従業員より目立って休んでいるとは思っていません。

介護離職

介護者本人が、介護離職ができない理由(ローン、学費など)があればそもそもできません。介護離職に踏みきれる人は、ある意

味、ゆとりがある方なのかもしれません。離職できない人が辞めないためには、自分の生活リズム、介護できない時間、悩み、心配なことを明確にしてからケアマネージャーなどの専門家に相談をしてください。今は介護家族をサポートするサービスが安価で利用できるのです。ひねくれた見方ですが、転職先が決まっている、起業するなど本当の理由が伝えにくい場合、介護を理由にすると辞めやすいかもしれない、とは思います。

介護休業

介護休業は育児休業とよく比較されますが、正直、育児休業の方が手厚いです。当然です。取得者の年齢が違いますから。育児は20~30代、これからの人であり、少子化の日本にとっても子どもは産んでもらわなくては困るのです。介護は40~50代、生産性が下がる世代です。取得期間も育児は最長2年と手厚いのに対し、介護は93日（分割可）です。93日はサービス体制を整える、施設探しなど仕事と介護の両立を準備する期間としての位置づけですが、これが理由だとすると長すぎると思うのです。しかも原則2週間前までに事業者に届け出る必要があります。親が入院中で急な退院もあります。2週間前に手続きをしていられないと思いませんか？　そして、介護のお世話のための取得なら、短すぎます。介護休業をとるなら、看取りというのが私の考えです。2週間前に書類を出すと、なんだか気分的に死を待つようでイヤと思う方もいるでしょう。あとは人間の命が絶えるのは予測ができないというのも難しいところです。

26

介護と家庭を両立したい

☑緊急度判断
☑家族との協力体制

介護と家庭を両立させるコツは緊急度判断

施設入居の場合、定期的な面会と緊急時の応答を意識すれば良いので、家庭との両立もさほど心配はいりません。在宅介護の場合、中でも子育てとの両立のコツは緊急度判断がポイントです。私は長女であり、2児の母でもあります。平日はフルタイム勤務のほか、家事があります。10年以上の遠距離と在宅介護の間には、子どもの受験も数回経験しています。1日という生活サイクルでも人生のライフサイクルでも、今やるべきことは必ずあります。その緊急度を判断し、それ以外のことはある程度目をつぶるだけで良いのです。

1日という生活サイクルの中でのポイント

介護だけの生活ではないので、同時に何かをやらなければならないことがあります。そんなときは優先順位より、今、最も緊急な事態は何であるかを判断しましょう。失禁を例にとると、緊急度高は弄便（便いじり）、緊急度中は便失禁、緊急度低は尿失禁です。結果的にオムツやパンツは替えるのですが、天ぷらを揚げている、出発時間が迫る中お弁当を作っているなど緊急なものが他にあるのなら、それを先に進めれば良いのです。弄便の緊急度が高いのは、親がその手を舐めてしまう、便を他の洋服や壁につけてしまうリスクがあるからです。朝、デイサービスの迎えがきたとき親が朝食を食べていなくても、このときは家から送り出すことが緊急です。タイムアウトになったものや忘れてしまったものは、そもそもやらなくても良かったこと、ほとんど時間が解決するのです。

人生というライフサイクルの中でのポイント

一例として、わが子の受験をあげてみます。目指すべきゴールは楽をして最大の結果を残すことです。私が意識したのは子どもの性格に合った受験スタイルの提案、業務独占資格が取得可能な大学と学部の情報を集めサポートする、この２つです。ふたりの子どもは推薦を利用したので、過酷な受験戦争時期も外野から同級生を応援できました。冬の時期、インフルエンザなどの感染症にも必要以上にピリピリせず、仕事も介護もマイペースでできたのです。

長女　県立の進学校から指定校推薦でＫ大薬学部に現役合格

長男　私立の付属校から学校内推薦でT大建築学部に現役合格

介護をしている家庭は、おのずと時間が限られてきます。受験だけでなくマイホーム購入や転職などライフイベントを成功させるには、長期的視点と情報戦略が欠かせません。

家族に介護の協力を期待できるか

核家族だった家庭に親を呼び寄せる、親の家で同居をするなら、男女関係なく実子が100％介護を担う覚悟をしましょう。それくらいの覚悟がないと同居での介護は難しいと思います。あくまでも覚悟であって、そのくらいの気持ちを持ってくださいというものです。実子が不在のときは、まずお金を払って介護サービスを使うことを検討します。私の場合、出張で遅くなることが先にわかっている場合は、その日は泊まりをお願いしています。どうしても家族にお願いしたいことがある場合は「××をお願いしたい、本当に助かる、ありがとう」と具体的かつお礼の心も伝えた方が気持ち良く生活できます。男性が故郷にひとりで戻り、親の介護をするのは珍しくない光景です。どちらにしても同居してもらえるのは、ありがたいのです。

お金

ここでは、出費を控えることを優先

これからの学費、ローンもあるから、できるだけ無駄な出費は控えたい。奨学金も避けたいところだし…

（進学塾の費用、受験代など）

時間

ここでは、介護・仕事を優先

介護・仕事があるから、限られた時間の中、他の家庭ほど子どもの受験に関われないかも…
（オープンキャンパス、夜食など）

方法を変えてみる。
手段を検討してみる。

子どもには、チャンスを多く与えたいけど、一般受験は乗り切れないかな？

- 大学という４年間を有意義にすごせる学部は？
- 今の模試成績では一般受験は難しいかな？
  だけど、指定校推薦なら受かるかな？
- 付属校だし、大学の学部は選べるな。
  他大へチャレンジするのは大学院から？

第4章

親のお世話

こんなときどうすれば？

介護が
はじまったら
日常の介護を
工夫してみよう

27

認知症に関する悩み

☑兆候
☑受診
☑診断
☑家族会

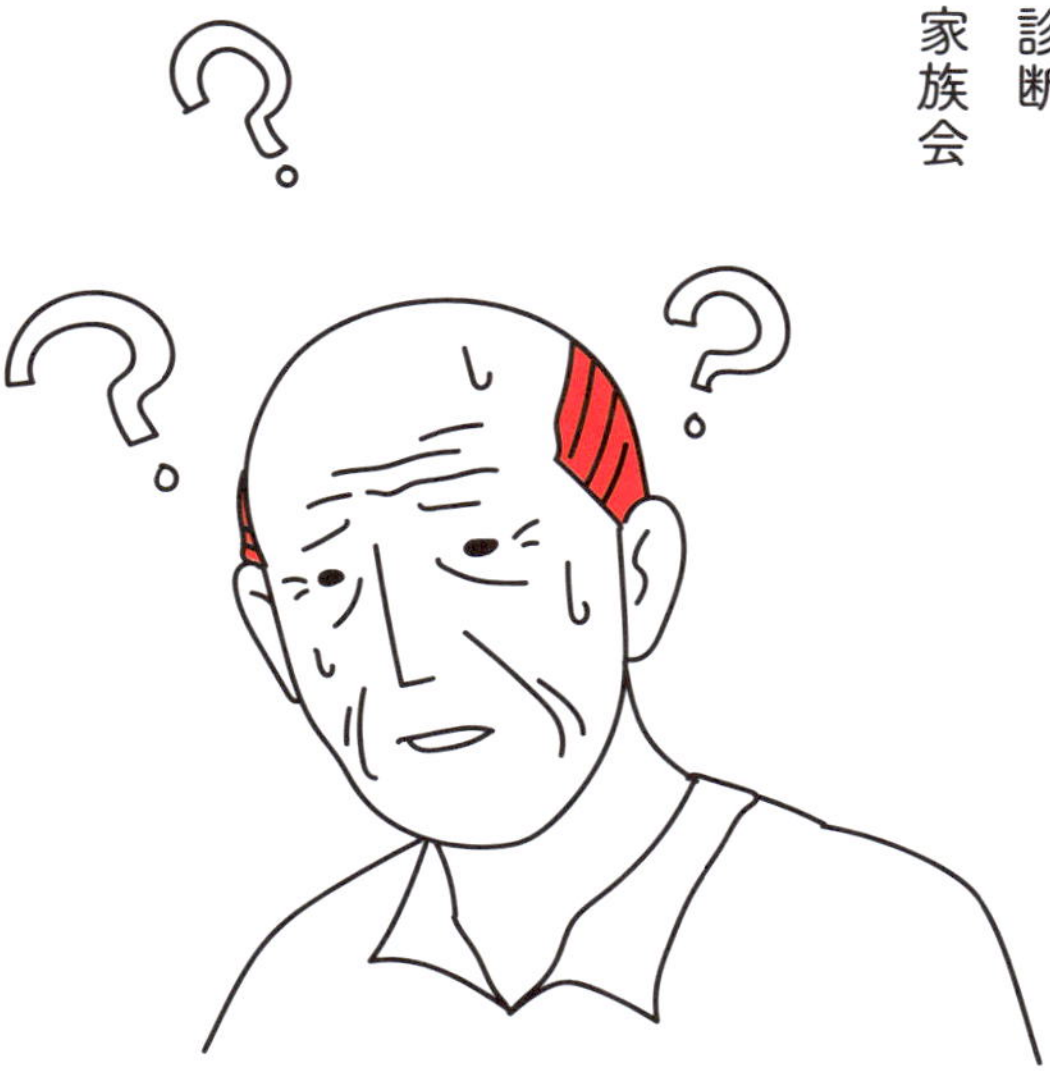

親の様子が何か違う、もしかして認知症？

配偶者や子など近い血筋であるほど、認知症には気づかないものです。たまに会う親戚に、親の様子がおかしくない？　などと言われてから気づくケースも多々あります。認知症の初期は老化による物忘れと判断がつきにくい上、さほど困った症状もないからです。片付けができなくなる、すぐに忘れるなどの兆候が必ず出ますので、おかしいと感じたら早期の受診が重要です。最近は、健常者と認知症の中間に軽度認知障害（ＭＣＩ）という認知症予備軍の状態があることがわかってきました。この段階で治療をすると回復も見込めます。

どうする、認知症の診断と治療

「認知症かもしれない」と疑っても、物忘れ外来を受診するのは、なかなかハードルが高いです。私の場合、母が進行してから気づいたため、病院には拒まれず連れて行くことができました。そして最初から認知症の検査や判断が一度でできるよう、自宅から近い認知症専門医を選びました。ですが、物事の判断ができる親をいきなり、物忘れ外来というのは拒絶される可能性があります。ウソも方便、こんなときは、「70歳以上は脳の検査をすることが義務となった」と伝え、子も付き添うのが安心です。

認知症と診断されたら

最初は認知症の専門医、診断がおりれば、以降はかかりつけ医に変えることをお薦めします。特殊な科は大病院になるので、遠いと交通費もかかりますし、待ち時間が長いため通い続けるのは負担になります。認知症のほとんどは症状が改善することがなく、医師にできることは限られています。診察と言っても最近の様子の確認と処方箋の発行です。ただし、薬は身体との相性があるので合う薬が決まるまでは専門医に任せた方が安心です。

親は認知症になった方が幸せだ、という考え方に発想を転換できないか?

私の母は都合の良いことは覚えていて、悪いことは知らないふりをするか無視しています。そして、感情のまま怒りも表現できています、昔は我慢する人だったのに、認知症のためまるで別人となったかのようです。父や兄が亡くなったことも覚えていませんか。神様が忘れさせてくれているのでしょうか。在宅で同居をしていても、割とその場限りのぶつかり合いなので後腐れがありません。ある意味、楽と考えることもできます。これが、認知症ではない理解ができる親だとしたら確執が起こる、親が孤独を感じ寂しい思いをする場合もあります。認知症になったら困る、どうしよう、と嫌な話ばかり先行するかもしれませんが、良いことに目を向けてみてください。時間はかかりますが、いつか受け入れられる日が来ます。

よくある家族会には参加をしない

心が楽になるから家族会に参加しようと本に書いてあることが多いのですが、参加は向き不向きがあると思います。家族会は平日に実施されることが多いのですが、仕事をしていると参加は難しいです。休暇も毎回はとれないでしょう。そして、注意してほしいのは「共感疲労」です。人の話に入れ込みすぎて疲弊する、周りの人に遠慮して話せなかった人も多くいます。家族会に参加するなら、自分の悩みを話して、ひとりだけつらいのではないという共感が生まれることが大切です。どちらかというと、定年を過ぎた方々が集まる家族会は、必要以上に自分の経験を相手のためと思って悪気なく強制してくるものです。それならばまだSNSなどで知らない人に愚痴ったりする方がはけ口になります。例えば、娘、嫁、妻、夫、男性など立場が同じ人が集まる会であれば参加する価値があります。気持ちの共有は同じ立場でないとわからないことも多いからです。

認知症を現実的に考えてしまうと…

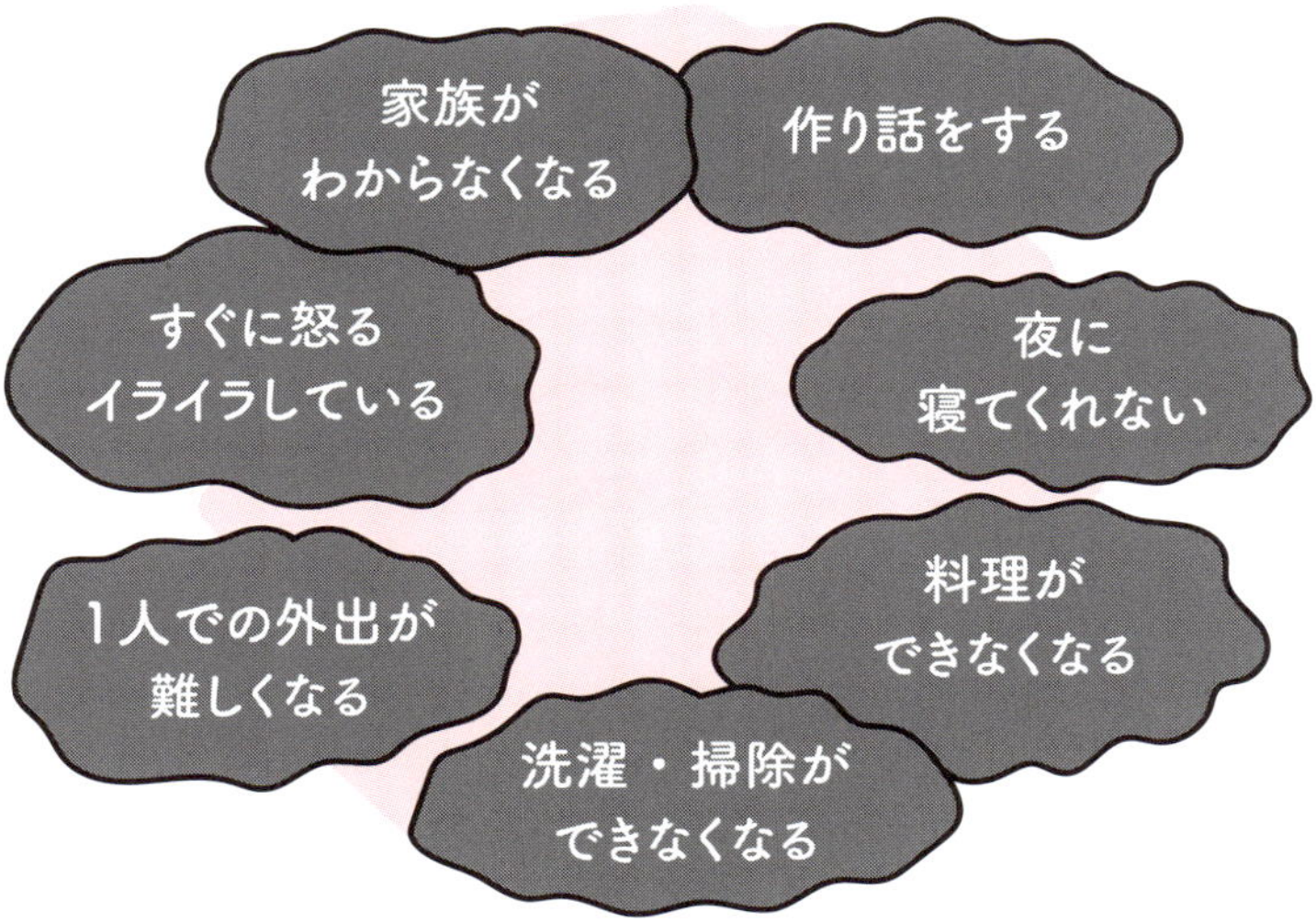

認知症の問題行動を前向きにとらえるなら…

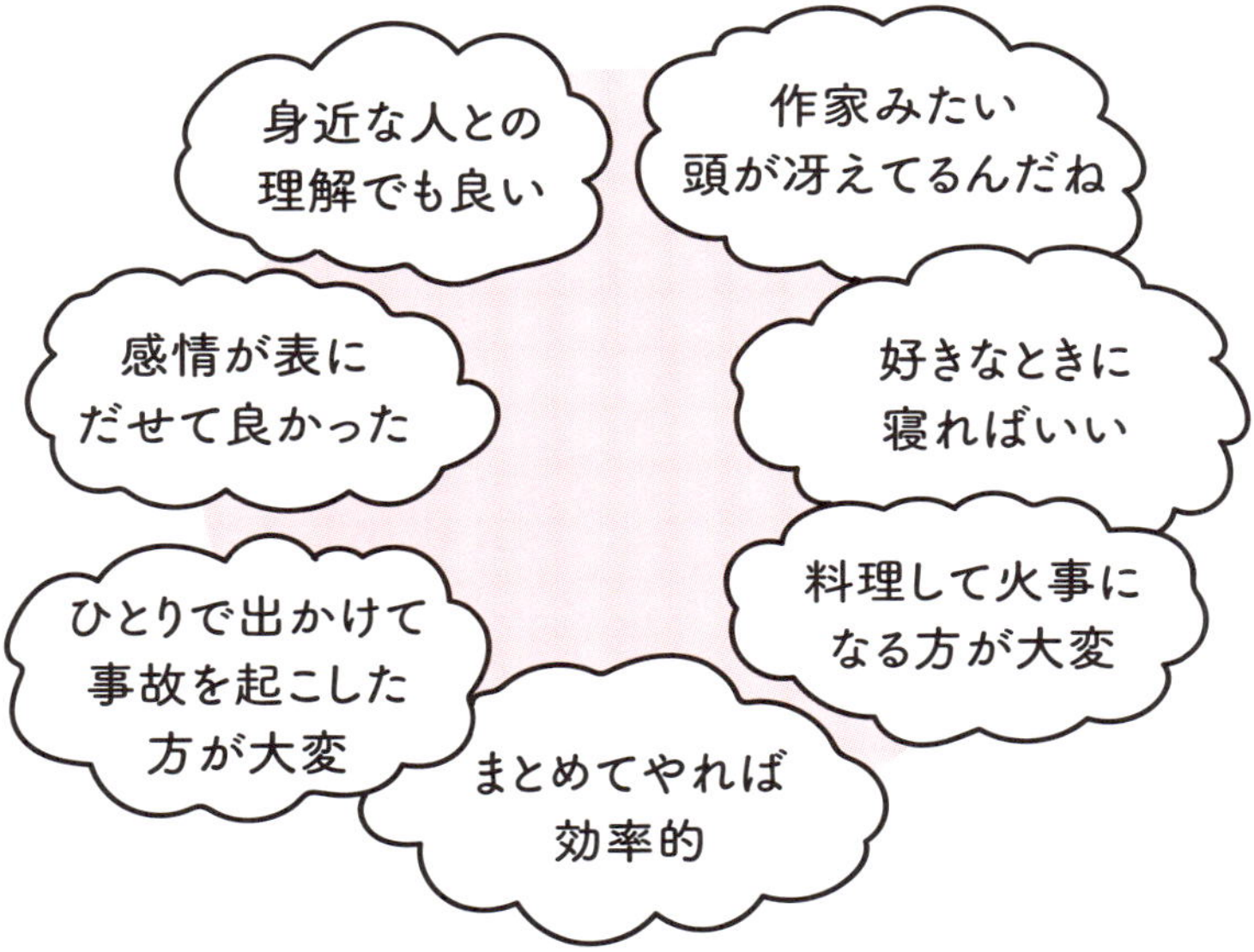

28

食事の提供に関する悩み

☑食器
☑カップ
☑スプーン

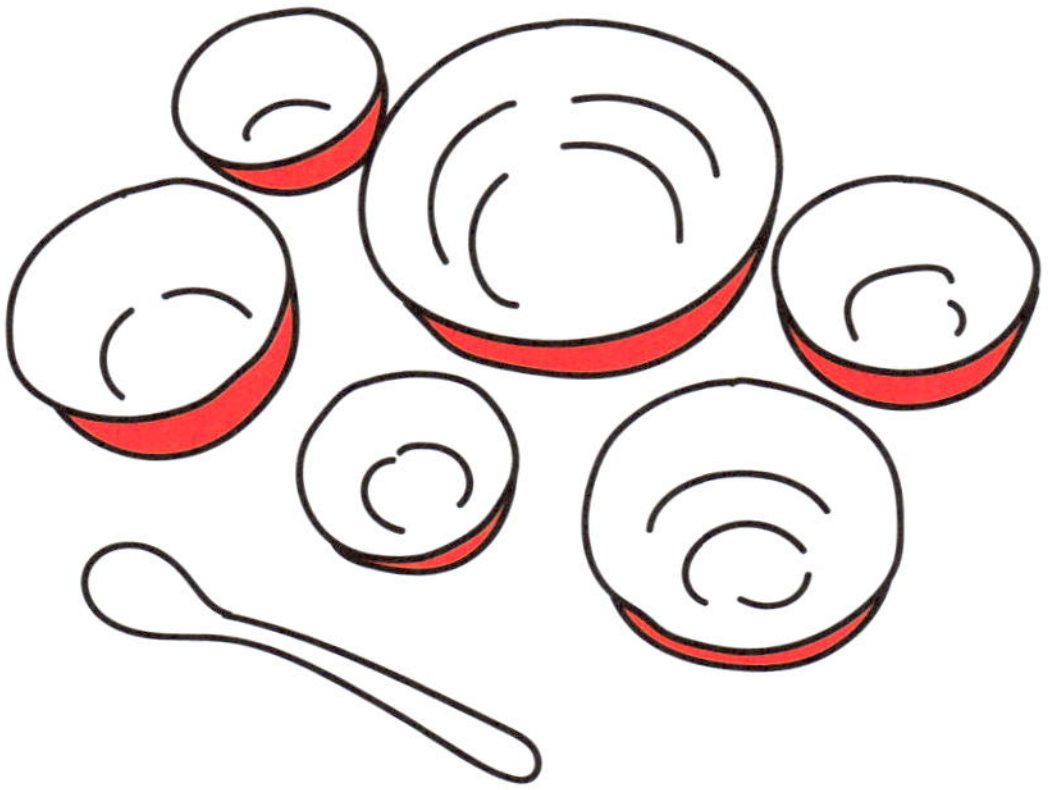

食事はどんぶりで多くの食材を一度にとる

私の母は要介護度により食器を替えています。要介護1はセパレート、要介護3でワンプレート、要介護5はどんぶりです。そして、要介護5で飲み込みが悪く、むせやすくなってからは、味噌汁用のサイズのお椀を複数個利用しています。箸を使用できた要介護1は、ご飯、主菜、副菜、汁物は家族と同じものを取り分けていました。要介護3になり食べこぼしや、これが食べたいという意思表示がなくなったのでワンプレートに取り分けました。要介護5で全介助になってからは、まだ、飲み込みが順調なときはどんぶりにすべてのせることを徹底しました。ハンバーグもどんぶりにのせてロコモコ風です。飲み込みが悪く、食事介助も時間がかかるようになったとき、味噌汁サイズのお椀を複数準備しました。食形状もなめらかな状態のため、どんぶりだと混ざり合ってしまいますし食べる量も少なくなるため、違う食べ物を口に運んで食欲をそそった方が良いからです。認知症は色々なものが出てきても、どうやって食べたら良いのか理解ができず同じものを食べ続けることがあります。その傾向が出てきたら沢山のお皿よりもカレーライス、丼物、おにぎりが食べやすくなります。パンも良いのですが、のどに詰まりやすく、むせたからと水を飲ませると膨らむので注意してください。食事介助は時間がとてもかかりますが1時間が限界です。必要以上に介助者が負担になることは避けましょう。盛り付けよりも食べることが最重要です。作る、食べさせる、洗い物が楽ならそれで良いのです。食べたものはおなかに入れれば栄養は一緒と割り切りましょう。

カップは同じものをふたつ準備する

上口部と底部が同じ大きさの長方形のカップより、上口部が広く底部が狭い台形のカップが本人も介助者も使いやすいと思います。台形なので口に入るタイミングの確認がしやすいのです。このサイズは、お茶やジュースのほか、スープ類にも使えるのでふたつ同じものを揃えることをお薦めします。水分管理をする場合、カップのどこまでが１００cc、１５０cc、２００ccなのか、一度計量カップを使って確認しておくと良いでしょう。カップに絵を描けるペンが販売されているので内部に印をつけておくのも一案です。介助の際、スプーンで口に運ぶのは、固形物だけにしています。液体は全てカップからです。口に入れるまで固形か液体かわからないのは不安です。固形は口を大きく開ける、液体は唇をすぼめてすする。この動作は全く違うのです。介護が始まったら、多くの種類よりも固定の食器を多用途に使用しましょう。

食事介助用品のポイントは赤系色であること

誤嚥性肺炎で入院した人は、絶食期間もあり食べることを忘れかけることもあります。そんなときでもお椀を渡すとスイッチが入り自分で食べはじめることがあります。この動作には食器の色が影響しています。実は、色がはっきりした中面が赤いうつわの方が目に入るので手が出やすいといわれているのです。介助スプーンも高齢者は薄い色が見えにくくなるため、赤系の識別しやすい色で、かつ口当たりが優しくて歯にも優しいシリコーン素材のスプーンが適しています。普通の金属スプーンの場合、咬んでいるときに無理に抜こうとしたり、歯にカチカチとあてすぎると、歯に影響が出て抜けやすくなってしまいます。口を開いてくれないときは、下唇にスプーンの腹をあてると食事と認識して開口しやすくなります。

介護度や身体状況による食器の変化

要介護1

家族と一緒

要介護3

ワンプレート

要介護5

食事介助
（飲み込み良好な時期）
どんぶり

要介護5

食事介助
（飲み込み困難な時期）
お椀複数

内側が赤い電子レンジ対応タイプが良

お薦めのカップ

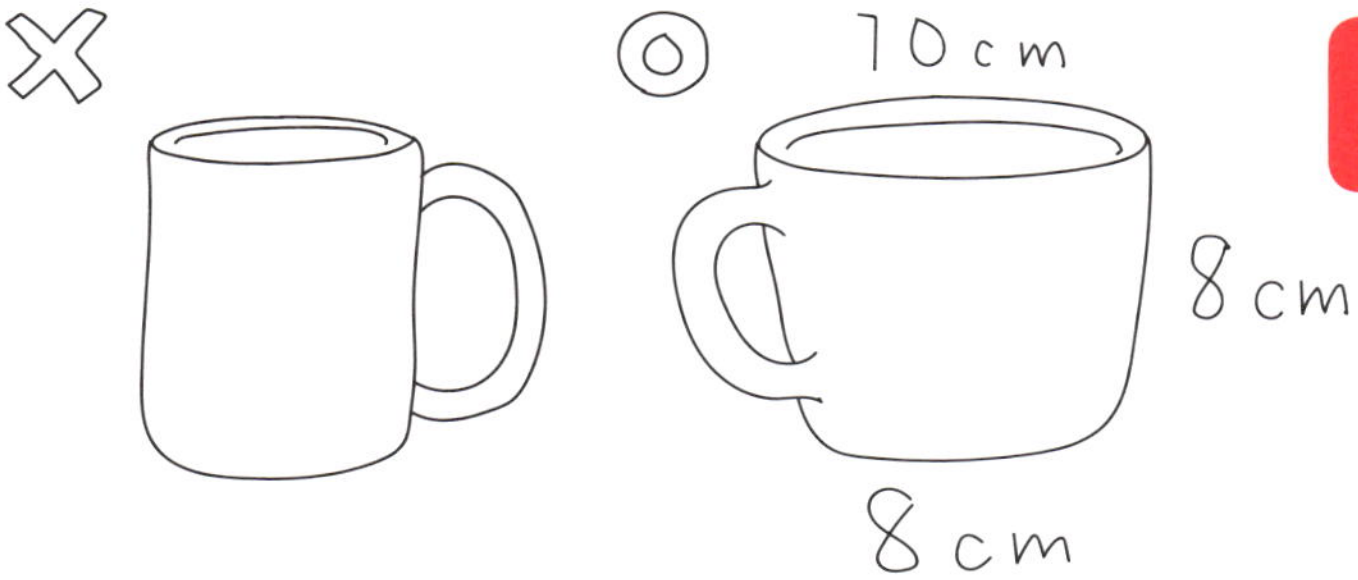

このタイプをふたつ準備する

29

食事内容に関する悩み

☑食物の硬さ
☑下準備
☑栄養バランス
☑水分

高齢者が食べやすいものはなに？

基本的には柔らかいものが中心になります。肉類は冷えると硬くなり噛みきれなくなるので、再度温めて小さくサイズダウンしてください。ひき肉を利用したハンバーグや焼売、ロールキャベツなどもお薦めです。魚は、骨抜きの状態で販売されているものがあります。多少割高ですが高齢者には安心です。野菜は繊維質が多いので食べづらいこともあります。食べやすいメニューを考えることも大切です。同じサツマイモなら蒸らしたものよりスイートポテトの方が食べやすいというイメージです。調理食材は、刻みすぎると口の中に残り不衛生になりやすいので、野菜はみじん切りより薄い輪切りが火も通りやすく適しています。具沢山の味噌汁は根菜や葉物などを軟らかく煮て、入れ歯がなくても歯茎でつぶせるくらいがちょうど良いくらいです。卵豆腐、カレー、ハヤシライス、あんかけも食べやすい献立です。親のために手間をかけるのではなく、家族と一緒の食材で調理を工夫しながら、余計な時間をかけないようにしています。

市販品で栄養摂取も気にかける

私の母は平日の昼食は小規模多機能で、バランスのとれた食事をとっています。一食でも人間らしい食事ができているのは手抜きの逃げ道になります。高齢になると栄養バランスや摂取量を確保することは難しくなります。わが家では母の朝食に豆乳を必ず添えています。大豆そのものは消化の良い食品ではないのですが、豆乳になると消化吸収率は92～98%にもなります。特別養護老人ホームなどではハーフ食というものがあります。食事の量が半分になるのではなく補助栄養食で補うことで1日のカロリーは変えないというものです。家庭でも真似してみてはどうでしょうか。お手軽なのが薬局で手に入る明治のメイグット、メイバランスなどの市販商品です。これらを上手にとり入れてみてください。それでもハードルが高いのであれば、スーパーで手軽に手に入るカロリーメイトや1日分の野菜の栄養素を含んだ高カロリーなゼリー状飲料もお薦めです。動かない高齢者は1日、1200キロカロリーでも十分です。栄養が足りないと感じた日や、都合で食事がとれなかったとき、通院時、診察が長引いて水分がとれないときも、ゼリー状飲料なら食器もいらずそのまま口から吸いこめるので便利です。入院すると、急激に痩せることもありますが、体重1キロ増やすには7000～8000キロカロリーが必要です。これを食の細い高齢者がとるのは容易ではありません。食べる時間と量はコンパクトにしつつ、カロリーは減らしたくないときも高カロリーゼリーはうってつけです。

母が誤嚥性肺炎で入院をしていたとき、お粥も食べられない時期がありました。病院ではご飯の代わりにネスレのアイソカルを使用していました。絶食期間後も、まずはこのアイソカルから始まります。病院でも選ばれている優れものなので、在宅復帰後も通販で購入して、食が進まないときに利用しました。

水分は液体にこだわらない

母の水分量は1日1200ccを目安にしています。昼間、施設で700ccは飲んでいるようなので、家では500ccがノルマです。水分は食べ物にも含まれていますし、一概に液体にこだわらなくても大丈夫です。基本的なことですが、ccとmℓとgは同じということを利用します。実はゼリーは介護現場では水分補給としてカウントされているのです。ということは、100gのゼリーは100ccの水と同じなのです。水分はとても大切で、とらないと脳梗塞の原因にもなります。むせやすく、液体が苦手な場合は、とろみ剤の利用だけでなく、ゼリーで代用もできますので、とくには楽をして変化もつけてみてください。

ゼリー状飲料は、予算やビタミン、カロリー摂取など目的に合わせて検討する

meiji
メイグット
312ml　400kcal

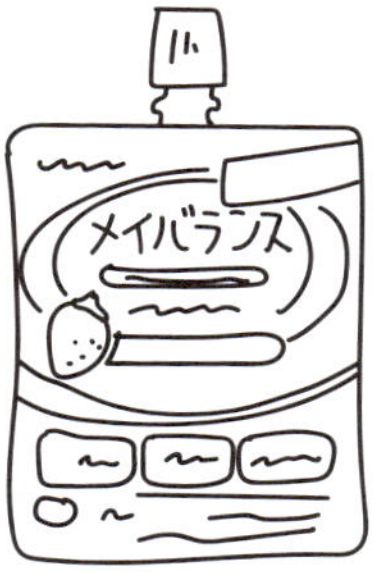

meiji
メイバランス
125ml　200kcal

大塚製薬
カロリーメイトゼリー
215g　200kcal

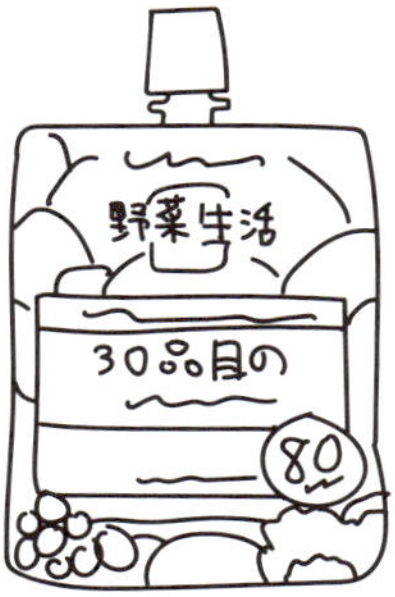

KAGOME
野菜生活 100
180g　80kcal

30

食事介助に関する悩み

☑食事の量
☑温度
☑食欲不振
☑外食
☑食後の寝かせ方

食事の量はちょっと少ないくらいから始める

高齢者には、ちょっと少ないかな？　くらいの量がちょうど良いのです。沢山食べてほしいと思って盛りすぎると、食欲がないときも、むせ込んでいても、もったいない、食べきるが使命となり、お互いに不幸になります。調子が良くもっと食べられそうなら追加するくらいの方がストレスになりません。

食べ物の温度は適温で

その食べ物が一番おいしく感じられる温度にす

ると食がすすみます。冷たくなった味噌汁やコーヒーより、程よく温かい方が良いのです。魚だって冷たくなったものより焼きたてをほぐしたものの方がおいしい。これを意識するだけでむせ込みも少なく、結果的に食事時間が短くなります。食事介助中に寝てしまったら、目を覚まさせるには、体温より低いアイスクリームなどを一口食べさせます。主食→アイス→副菜→アイスの順番もアリです。飲み込みが悪いときは保冷剤などを口や喉に当てながら刺激をすると咀嚼の刺激になります。

ご飯を食べないとき

人間にとって口から食べるか否かはとても大切なことです。好き嫌いでなく、好物でも食べないことが続くようなら、歯が痛い、入れ歯が合わないことが原因の場合があります。内科的な原因ばかりではないので口腔ケアも意識してください。1回の食事で判断するのではなく、2～3日トータルでそれなりに食べているかを意識してください。1食くらいプリンやアイスクリームなどですませたとしても、お腹がすいて次の食事でよく食べるようなら大丈夫。このとき、少し量を多めにすると良いでしょう。空腹期間を経て、久しぶりの食事がきっかけで普通量に戻ることがあります。そして水分補給もとても大切。カリウムを多く含む緑茶は腎機能が落ちている高齢者には控えた方が良い場合があります。麦茶は、カテキンやカフェインは入っておらず、亜鉛・リン・カルシウムなどのミネラル類、食物繊維やタンパク質、リノール酸なども含まれるのでとてもお薦めです。夏の水分補給はスポーツドリンクをと思う方も多いかもしれませんが、これも糖分、塩分が多く含まれているため、飲みすぎると肥満や高血圧などのリスクが上がります。それならば経口補水液がお薦め。風邪やインフルエンザなど急な発熱、熱中症による多量の発汗や脱水症状に便利です。大塚製薬からＯＳ－１の商品名で販売されていますが、沸騰した水をさまし、砂糖、塩、レモン汁を加えてすぐに手作りもできます。

フォアグラ3皿、親にもたまには贅沢を

孫の結婚式でフォアグラが出たのですが、「柔らかいから食べて」と周りの方からお気遣いいただいた3皿を私の母は完食していました。その上、デザートも大量に食べたのです。うちの普段の食事では頑なに口を閉じ受け付けない、むせてワザとのように吐き出すのに、ホテルではなぜか一度もむせないのです。どうやら、おいしいもの、珍しいもの、贅沢なものはむせないようにできているらしいのです。安い肉より高い肉の方がよく食べるし、言葉にはしなくても人間の本能の姿が正直に表れていた出来事です。

食後の寝かせ方

食後は、2時間くらい椅子に座ると良いらしいのですが、不安定でそうもいかない方の方が多いと思います。せめてですが、10分は座らせておくか、ベッド上でも60度くらいをしばらく保たせると食べ物が逆流しにくくなります。そして、体を右側にして寝かせてください。食べ物は胃の中で消化された後、胃袋の右下出口から腸へと流れていきます。胃から腸への移動がスムーズになるというわけです。上向きは舌でのどが塞がり睡眠時無呼吸になることもあります。そして、食後を問わず、嘔吐しているときは逆に左を下にすると良いでしょう。

経口補水液の作り方

一度沸騰させた水
500ml
レモン汁
お好みで
200
150
100
50
混ぜ
合わせる
塩
ひとつまみ
砂糖
さとう 20g
大さじ 2 杯
塩

31

嚥下機能低下に関する悩み

- 誤嚥
- 誤嚥性肺炎
- むせる

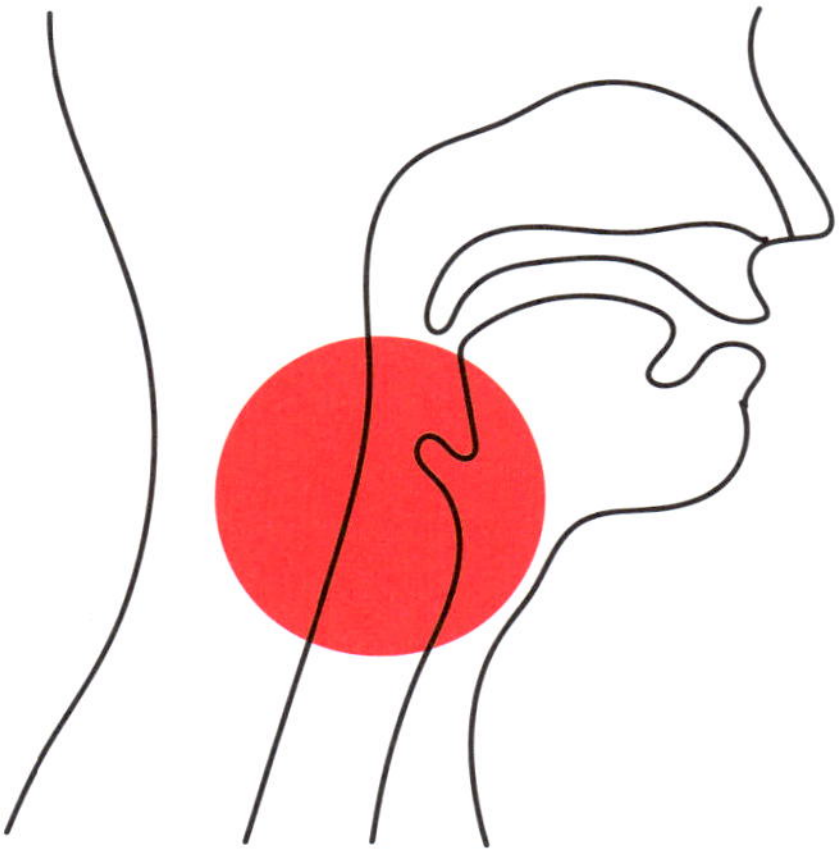

誤嚥してむせている

ご飯を口いっぱい入れて食べたりすると、むせることがあります。これを誤嚥《ごえん》といいます。若いうちは食べ物が気管に入ることはありませんが、高齢になると舌や喉の筋肉がうまく働かず入ってしまうことがあります。こうなると窒息や誤嚥性肺炎のリスクが高まり非常に危険です。むせているときは、思いきりせき込ませてあげるのが正解です。背中を叩いたりしなくても自己回復できるなら本人に任せてください。慌てて水を飲ませるのはNGです。そもそも、嚥下機能が衰えてくると利用する、とろみ剤はなぜ使うのでしょうか？　それは、喉を通るときにゆっくりと通った方がむせにくいからです。ドレッシング、はちみつなど具体的にとろみの濃度を試してみて、どのくらいが適しているのかも確認しておきましょう。ショートステイなど、普段は通っていないような施設だと、とろみを利用する場合に、濃度を質問されることもあります。牛乳などの乳製品は分離するのでとろみがつきにくく、多く入れすぎると溶けずに下にかたまるので注意してください。

誤嚥性肺炎予防はプリンをデザートに

口の中の細菌も誤嚥性肺炎の原因です。食後は口の中をきれいにしておきたいのですが、なかなか思うように歯磨きをさせてくれません。食べたものが残ってしまうことも多く、口臭の原因にもなります。わが家では口の中に残って散らばっている食べかすをまとめる意味で、喉越しの良いプリンなどのデザートと一緒に流し込むように飲み込んでもらっています。力ずくで何とかしようとしてもムダで、この方がよほどスムーズです。お茶には殺菌作用があるので自分でコントロールできるうちは最後に少量を飲ませてぶくぶくとしてもらいましょう。吐き出せれば良いのですが飲み込んでもお茶ならば安心です。食後のうがいは有効ですが、うがい薬では飲んでしまうことが心配です。お茶だとしても何もやらないよりずっと良い、簡単で少しでも効果のある方法を積み重ねれば良いと思います。

ゴボッという咳にはスムージー

母が肺炎で入院する前は、大きないびきと、ゴボッと音をたてる咳をよくしていました。このゴボゴボという音は、唾液が気管に落ちる音で、誤嚥性肺炎の可能性が高いようです。医師の大谷義夫氏が誤嚥性肺炎予防になるスムージーのレシピを紹介しています。これは、私も母が肺炎から退院した後は、真似させてもらっています。スムージーは適度なとろみがあり介護向きだと思います。ひとり分のスムージーが作れるスムージーミキサーが便利です。

材料

・りんご　1個
・ヨーグルト　180g
・バナナ　1本
・はちみつ　適量
・ブロッコリースプラウト　30g

実行機能障害と食事の関係

認知症の症状で計画を立てて順序よく物事を行うことができなくなることを実行機能障害といいますが食事にも表れます。噛まずに次々と食べ物を口に運んだり、周囲に人がいるとついつい嬉しくてしゃべりながら食べてしまうこともあります。

これらが続くと、喉がゴロゴロしてきて、食欲不振、食べこぼし、口の中の溜め込み、むせや咳が多くなる、嗄声《させい》、夜間にむせ込む、食事に1時間以上かかってしまうなどの症状が見られることがあります。もし、このような症状が見られたら、摂食、嚥下障害を疑ってください。あまりにも長く続くようであれば、内科を受診し、痰のきれをよくする薬の処方を相談してください。

入れ歯の洗浄は毎日行う

入れ歯はブラシで汚れを落とし洗浄剤で殺菌してください。誤嚥性肺炎は口の中の細菌が原因にもなります。指にティッシュを巻き、口の中の汚れを食後、就寝前など定期的に掃除してください。これだけでも誤嚥性肺炎のリスクは少なくなるはずです。

むせて苦しんでいたら

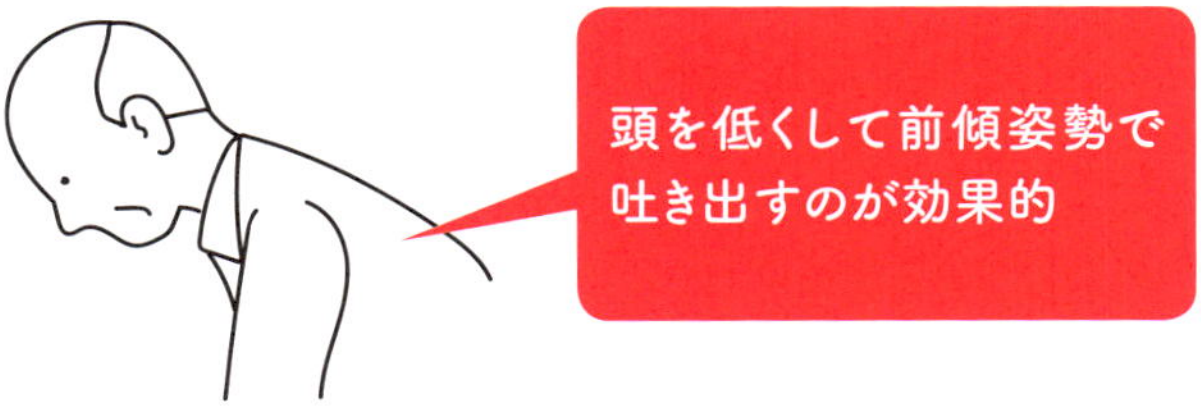
頭を低くして前傾姿勢で
吐き出すのが効果的

誤嚥しにくい頭の位置

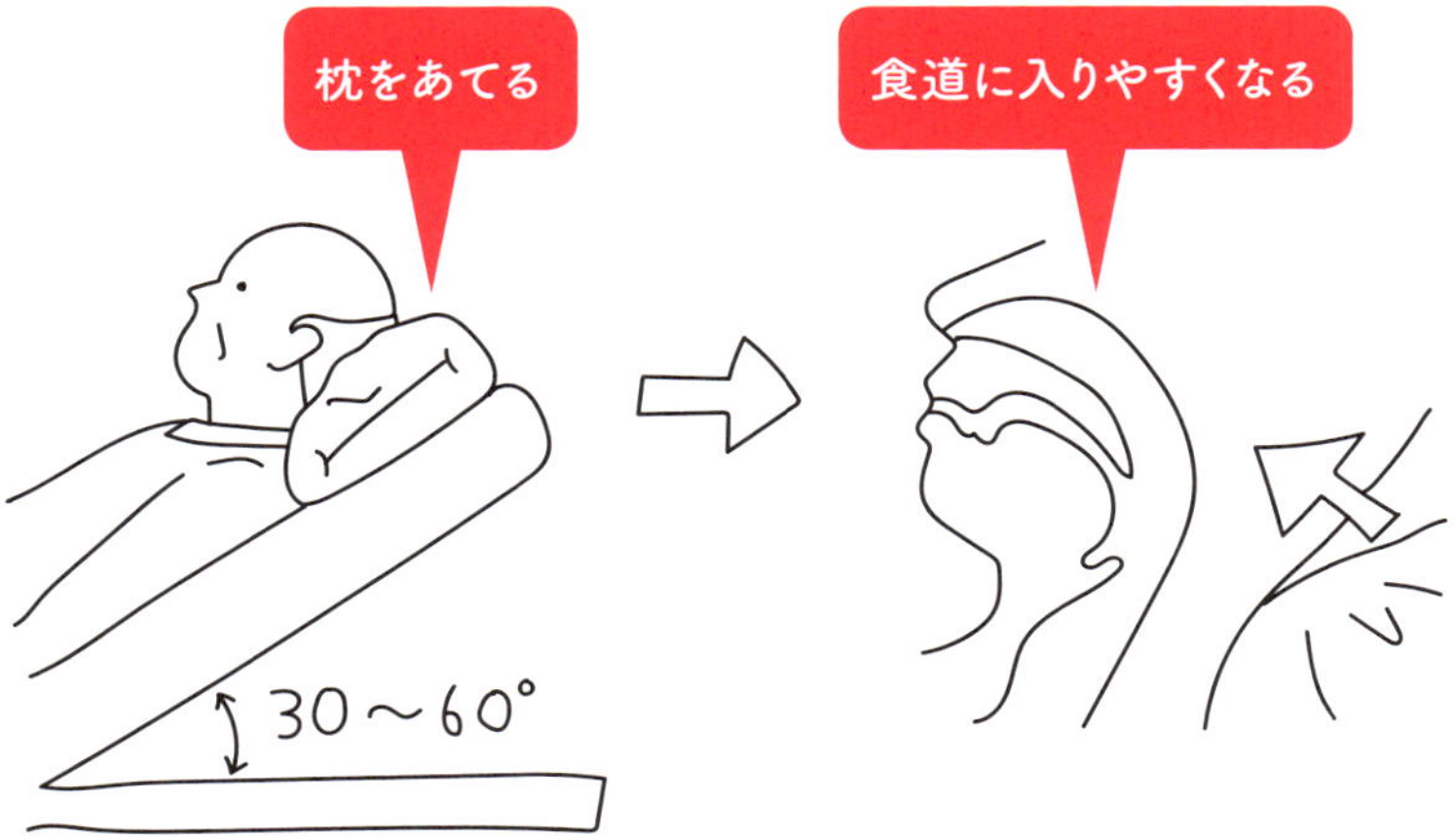
枕をあてる
食道に入りやすくなる
30〜60°

いびき呼吸のとき

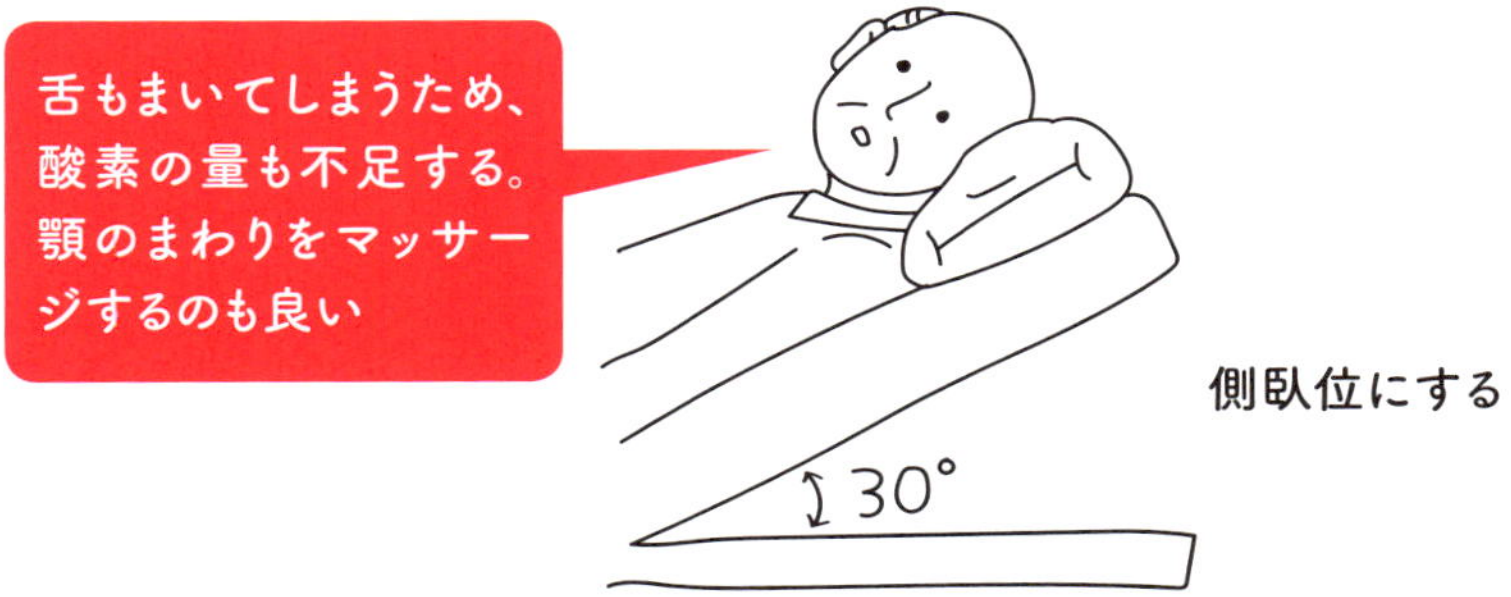
舌もまいてしまうため、
酸素の量も不足する。
顎のまわりをマッサージするのも良い
側臥位にする
30°

排せつは、出ないより出た方が良い

おむつ替えが負担なので尿や便が出ていないと、正直、楽だなと思うこともありました。ですが、尿が出ないと尿毒症、前立腺肥大、尿路結石など重大な病気が隠れていることがあります。便秘が続くとそれはそれで心配になり、出るとホッとします。便秘のとき、摘便といって肛門に指を入れて掻き出す処置がありますが、この行為は医療行為なので施設では看護師が行います。ですが家では家族が対応することもあるかと思います。やはり、定期的に排せつがないと、心労やお世話もより大変になるのです。便秘は、リンゴ、キャベツ、カボチャ、ヨーグルトなど食物繊維でも水溶性のものを意識して食べさせると良いといわれています。少し便が顔を出しているけれど、出きれないとき、大腸に沿って、のという字を書くようにマッサージするのも効果的です。反対に下痢は、脱水症状に注意してください。落ち着きがなく行動がちぐはぐなのは脱水が原因であることも少なくないのです。高齢者は筋肉量が減るので水分を蓄積できない上、尿量が増えるので脱水症状になりやすくなります。

トイレまでたどり着けない場合、部屋がトイレとなる

要介護5まで自立歩行ができていた母は、歩けるけど、トイレの位置がわからなくなっていました。リハビリパンツ（紙オムツ）をはいていたので、間に合わないならそのましてくれても良いものなのですが、ご丁寧に脱いで用を足すため、至る所がトイレとなります。廊下や部屋に便や尿をしてしまうことがありましたが、都合が悪いので自分とは認めません。「あたしじゃないよ。犬だよ」という始末です。わが家には柴犬が

4匹いるのですが、狂犬病の注射に行ったとき恐れのあまり失禁をしました。そのとき、助手さんが「あらあら」と言いながらペットシーツで吸い取っていたのです。これって、うちの母にも使えるよね、とピンときました。尿を絨毯にしてしまうと拭き取りが困難ですが、早く対処すると割と多くをペットシーツで吸い取ることができるのです。廊下などはこれで吸い取り、そのまま捨てられて便利です。歩けてトイレまではたどり着ける親で、間に合わず失禁することが多いのなら、トイレの床に予め敷いておくのも一案です。動物病院の動作を真似たのですが、ペット用と決めつけず、代用して正解でした。

探偵になって汚染物を探し出す

大便も尿も、トイレの便器以外の場所や部屋の絨毯の上、廊下などに失禁したとしても、そのままにしていてくれればまだ良いのですが、洋服で拭いて隠すことがあるのです。まさしく洗濯済みの洋服がトイレットペーパー替わりなのです。臭いのするところを探しますが、なかなか見つかりません。臭い部屋で時間ばかりが過ぎていき、やっと見つけては洗濯の繰り返し。この頃は、私自身、疲れがたまり、苛立ち、何もかも放り出したいほどつらかった時期です。仏壇のご先祖様には「お願いだから母を早く迎えに来てください」と毎日、念仏のように唱えていました。この問題行動を少しでも事前に防ぐためには、タンスに鍵をつけておく、目につきやすい場所に捨てても良い古着や古タオルを置き、使用を誘導するのも一案です。そして、運良くその古着をトイレットペーパー替わりにしたのなら、潔く捨ててしまいましょう。洗濯の手間が省けます。

排泄処理はやりたくないもの、すぐに捨てられるもので代用しよう

敷布団には防水マットを必ず利用

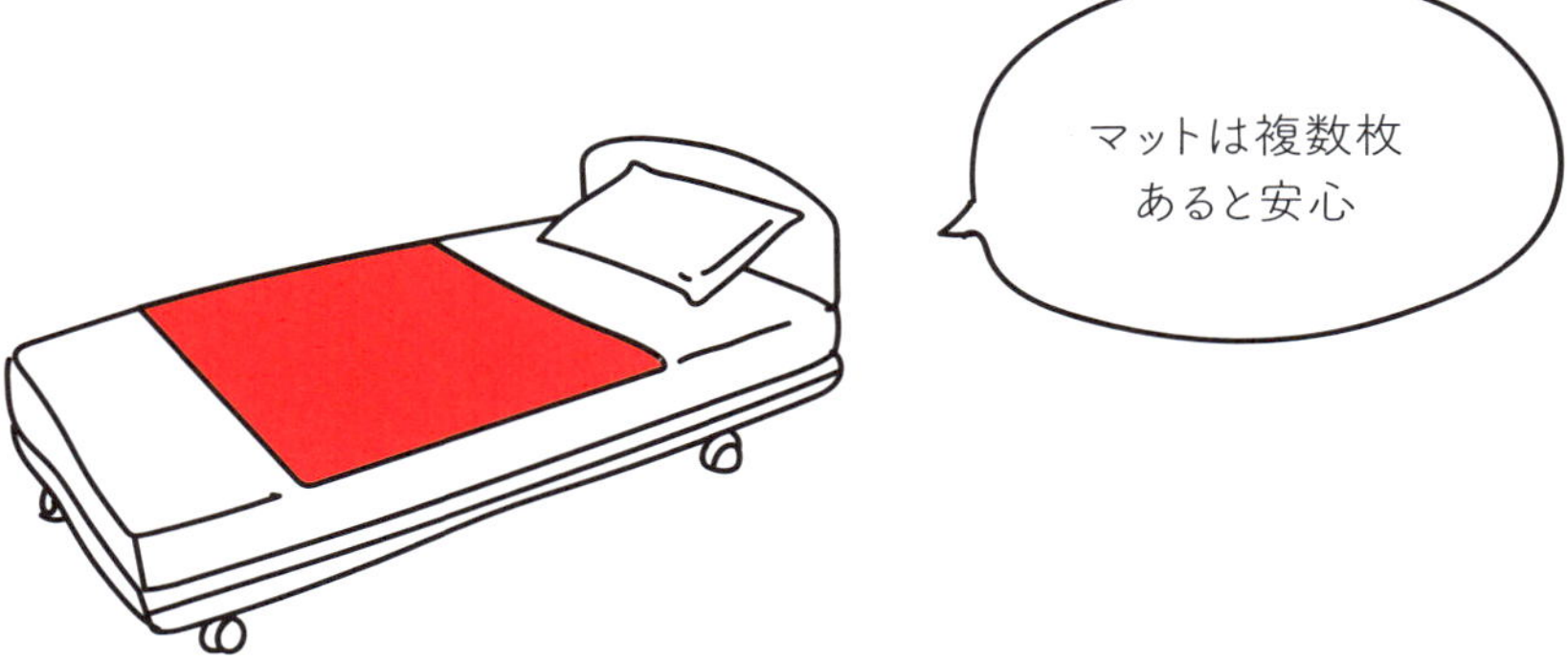

32 洗濯に関する悩み

- ☑衣類の悪臭
- ☑大便対策
- ☑感染症

衣類についた便の臭い

便がもれて、衣類やタオルに付着してしまったときはもちろんですが、直接ついていなくても、どうしても異臭がとれないことがよくあります。加齢臭という言葉もありますが、脂っぽかったり、甘ったるかったりと個人で差はありますが、高齢者には独特の体臭があります。せっかく、洗濯をするのですから、臭いも退治しておきたいところですが、良く洗ったつもりでも、何となく便の臭いがとれていないように感じることがありました。柔軟剤を使ってその香りでごまかすこともできますが、高齢者に使用するとかぶれることもあります。洗剤も介護専用のものが売られていますが、他の家族のものと一緒に洗濯をするので、できるだけ、あれこれ購入することはやめたいと思っていました。そんなとき、良い方法があったのです。とても気になる臭いは重曹水（水２００㎖に対して重曹小さじ1杯）につけ置きしてから洗濯をするようにしてみました。これは、臭いに対し安心で効き目がある方法だと思います。

失禁（大便）対策の古着

便秘が続いていると思ったとき、私の休日である土日に、小児から服用できる液体便秘薬（ミルマグ内服液：エムジーファーマ製造販売）を使って意図的に排便を促すこともしました。母の通っていた病院では、下剤は外科にかからなければならず処方されにくかったこと、大人用の便秘薬を使用することには抵抗があったからです。もしも、薬の使用に抵抗があるのなら、マグネシウムを多く含んだ、にがり水がスーパーで手に入るので薄めて飲んでも効果があります。すぐに出るという保証はありませんが食物繊維入りの飲料などで排せつを促すのも手です。便秘になると、気持ち悪くなる、嘔吐する、嘔吐物が詰まって誤飲性肺炎になる、なんてことも実際にあるので侮れません。私の使用した便秘薬ですが、小児から服用できるとはいえよく効くため、少し軟らかくなって大量に出ます。こういった軟便は、衣類につくと色が染みつきやすく洗濯も大変ですし、漂白も面倒です。一回で完結すれば良いのですが、数時間おきに出ることもあり、何回もおしりを拭いたり、洋服を替えていたことがあります。そのたびに洗濯で大変な思いをしていました。思いついたのが、こういう日のために、リサイクルショップで古着を買っておくことです。安ければなんでも良いのです。1枚50円くらいでズボンが手に入ることもあるので、親のサイズに合う手頃なものを見つけたら、迷わず購入です。捨てようと思っていたズボンがあるなら、この日のために保管しておくのも良いでしょう。そして、便秘対策日に利用し、便で汚れたら捨ててしまいましょう。自分がしたくないことは、徹底的に避ける方法を考え抜いてほしいと思います。そして、後始末は大変ですが、便が出たことを喜びましょう。喜べるようになるには、介護者が楽をしてください。

感染症の消毒には、次亜塩素酸ナトリウムを含む塩素系漂白剤

冬になると、インフルエンザやノロウィルスが高齢者を悩ませます。親も家族も予防接種は必ずしてほしいのですが、気を付けていても、感染する場合があります。もしも、洋服が下痢や嘔吐で汚れた場合は、次亜塩素酸ナトリウムを含む塩素系漂白剤などにつけ置きしてから洗濯をしてください。次亜塩素酸ナトリウムは、高温で分解しますので、熱湯では用いないようにしてください。色落ちしても気にならない洋服も何枚かほしいところですが、色落ちが気になり漂白剤を使いたくない場合は、何もいれないただの熱湯で消毒をしても滅菌の効果があります。

衣類についた嫌な臭い対策

衣類に染み込んだ嫌な臭いは天気の良い日に、まとめてつけ置き洗いしましょう

次亜塩素酸ナトリウムを含む塩素系漂白剤の市販品の例

メーカー名	商品名（次亜塩素酸ナトリウムを含む塩素系漂白剤）
花王	ハイター、キッチンハイター、キッチン泡ハイター
ライオン	ニューブリーチ

※花王　ワイドハイターは酸素系漂白剤です。

33

入浴に関する悩み

- 入浴回数
- 入浴サービス、ヒートショック
- 浴槽
- 身体チェック

入浴回数に必ずはない

毎日の入浴が習慣の家庭は多くあります。ですが、入浴介助は体力も時間もかかります。親の身長、体重や症状によっては、ひとりでは難しく数人で対応することになり制限が出てきます。あまりにも負担を感じたら、「垢で死んだ者はない」ということわざを正当化しましょう。施設での入浴は平均して1週間に2回が基本です。母の場合、圧迫骨折で自宅での入浴が困難になる前は、1日おきでした。正直なところ自分でこのルールを決めておきながら、入浴介助の日は苦痛でした。便が付着していることも多かったため、家族が全員入った後、洗い流す前のお湯に入れていました。

まず外で股間を洗い流し、湯船に入れる。そして湯船では髪の毛も身体も一気にその中で洗うのです。荒っぽいですが、これで良いと割り切りました。時間を問わずトイレを失敗して、例えば大便まみれになったときは、すぐにシャワーをします。そのままさっぱりさせて、その日の入浴は終了にしました。とにかく、何がきっかけであれ身体を洗えれば良いのです。現在は車いすになり機械浴対応なので、週に2回、施設で専門家にお願いしています。今さらですが入浴は負担が大きかったので早く施設に相談すれば良かったと思っています。自宅のお風呂を使って入浴の補助をする訪問介護の入浴介助サービスや、持参した浴槽で寝たきりの人などを入浴されてくれる訪問入浴介護もありますので、これは積極的に利用しても良いサービスかと思います。

冬は気を付けたいヒートショック

家の中でも、暖かい居室から寒い風呂場への移動は、急な温度変化で身体に影響を及ぼします。高血圧、糖尿病、動脈硬化、不整脈、肥満、無呼吸症候群を患っている人はより注意をしてください。リスクがある人は一番風呂はやめること、食後は1時間以上あける、水分を補給するなど予防を心がけるだけでも防ぐことができます。

浴槽は贅沢なものほど危ない

温泉施設にあるような全埋め込み型の浴槽はつかまるところがなく介護向きではありません。半埋め込みは良いのですが、またぎにくい場合は、すのこ、などを敷いて高さを調整してください。ゆったり脚が伸ばせるサイズは贅沢ですが、高齢になると体勢が保持できず身体が下にズレてしまい溺死する事故もあります。少し膝を曲げて入るくらいの窮屈な大きさが本当は丁度良いのです。介助者がずっとついているなら良いのですが、独居など親がひとりで入浴する場合は浴槽のタイプも注意してください。

あざ、褥瘡など身体チェックも入浴時に

ちょっとぶつけただけでも、すぐにあざになるのが高齢者。血管がもろく内出血するのです。私は、せっかく裸になるのならと、この機会に身体をチェックしていました。おばあちゃんの知識ではありませんが、あざやたんこぶには、砂糖を粘り気があるくらいに水で溶いて患部に当てておく、たんこぶには馬油も効果があるといわれています。褥瘡には、アバンドという清涼飲料もお薦め。少し値が張りますが、オレンジフレーバーで250ccくらいの水で溶いて飲むものです。疲労回復に良いのですが褥瘡にも効きます。母には退院後、少し皮膚が赤くなって体力もない頃に続けて飲ませていました。また、高齢になると皮膚が乾燥するので、かゆくてかきむしる人もいます。母の入浴日は保湿クリームを持参していますが、アロエタイプ、メンソールタイプなど種類も豊富にあります。保湿目的なので、安価なもので十分です。施設や訪問サービスで入浴を依頼する際は、こちらからクリームを渡して、湯上がりに手足につけてくださいとお願いすることも可能です。是非相談してみてください。

浴槽タイプをチェックしよう

浴槽が長い洋式タイプは
身体がずれても脚を突っ張ることができず
おぼれてしまうことがある

多少狭くても、背中と脚がつく
大きさは溺死のリスクが下がる。
手すりの設置も検討する

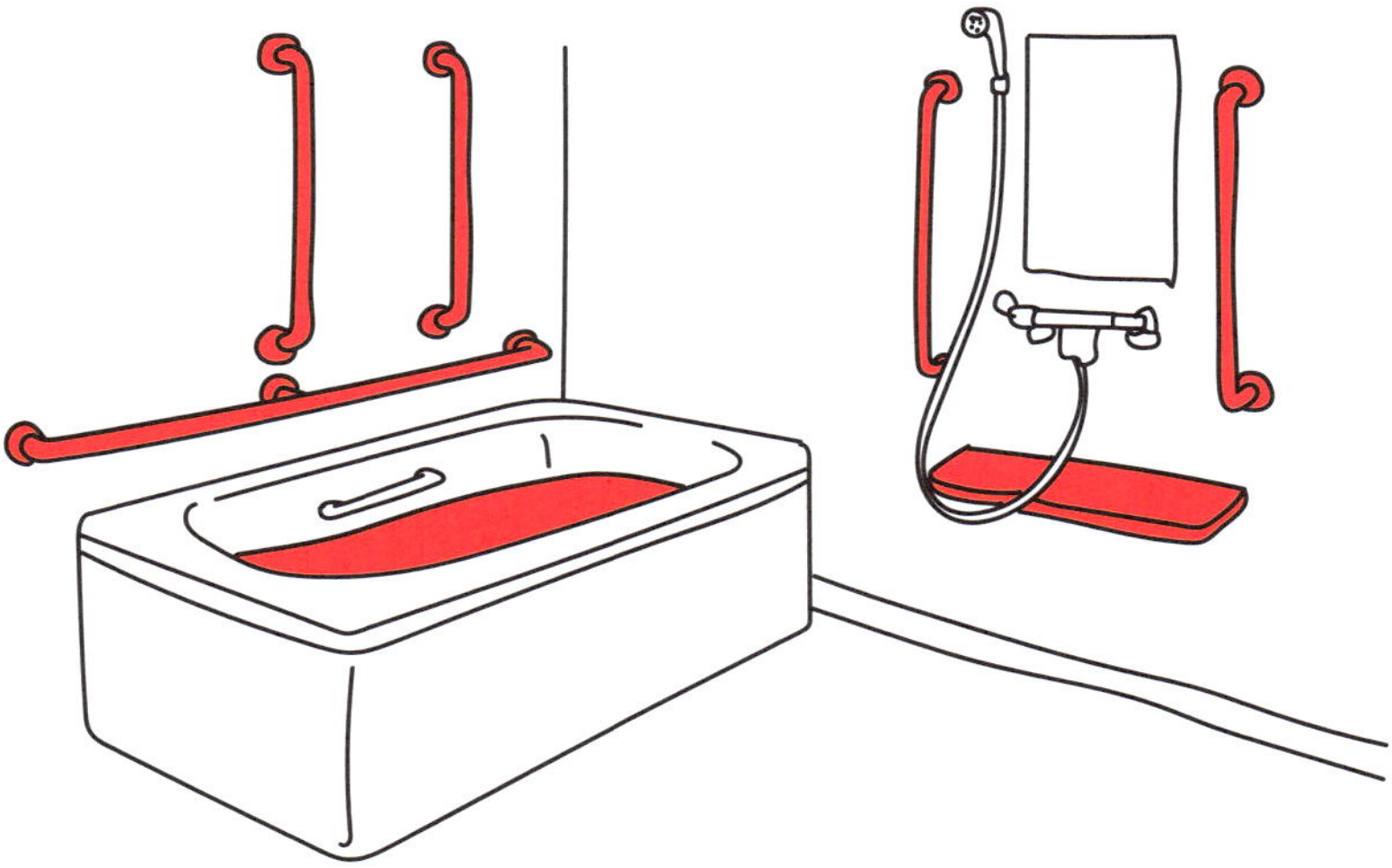

34

徘徊に関する悩み

☑屋外徘徊
☑自宅内徘徊
☑夜間徘徊
☑帰宅願望

屋外徘徊に備えて先取り準備

ウロウロとさまようことを徘徊と言います。本人には目的がある場合もありますが、方向がわからなくなると、とにかく歩いて進むという感覚です。徘徊した人の中には車や電車の事故で亡くなるケースもあり、家族としてもこの終わりかたでは悔いが残りますし自分を責めてしまいます。そして何より親本人も気の毒です。対策としては、洋服に名前と電話番号を書いておく、GPS付きの靴を購入するなど身につけるものに工夫をするか、出入り口に、外に出ないでくださいと書いておくことも有効です。出ていくところを目撃しているのなら、後からついていき、適当なところで偶然を装って連れ帰るなども効果的です。要は、外に出たくて仕方がないので、犬の散歩に誘うなど先手を打って外出させておくと、少し頻度が減るように感じました。とはいえいつも目を光らせるのには限界があるので、わが家は早々に鍵穴にサムターンガードを付け、道具がないと出られないようにしました。徘徊防止鍵も今は多く売っています。風鈴や鈴など音が出るものをドアに付けておくと気づきにもなり効果的です。認知症の徘徊は年間1万人以上といわれます。家に戻れず施設で保護されている場合もありますが、ごく一部です。皆が、「誰か優しい人に保護されて税金で施設に入れてもらえたら」などと考えたら日本は破産してしまいます。不明なままの人はどこで何をされているのでしょうか？　繰り返しますが、人身事故も多いのです。加害者となる人も出てきてしまうのです。家族や社会のためにも未然に防ぐようにしましょう。

自宅内でも落ち着かないでウロウロする

まだ自立歩行ができていたのに、外に自由に出られなくしたので、家の中を歩き回ることが増えました。毎日午前3時に靴をはいてガチャガチャと外に出ようとします。夜は廊下も見えにくいのでセンサー付きのライトを設置し、私もその頃から母の部屋横のリビングに布団を敷いて寝ることにしました。たまに夜中に入ってくることもあり、廊下もすり足で歩くのですが、私の方が徘徊に敏感になっていたようで、そのたびに何故か目が覚めていました。仕事を続けていたので昼寝もできず、明らかに寝不足です。以前は7時間睡眠でしたが、この頃は5時間でした。今、母は車いすになり徘徊はしないので皮肉にも夜は寝むれるようになりました。ですが、自分が起きたタイミングで様子を見にいくので、今でも私の寝る部屋はリビングです。部屋がないから在宅介護はできないと思うのは早いかもしれません。どこでも生活はできます。介護が始まったら家族が最優先。リビングにベッドを置くのでも良いと思います。とにかく雨風をしのげれば、他人からどう見られるかとかどうでも良いのです。

帰宅願望はどこの家にいても起こる

「どこに行くの？」「家に帰ろうと思って」。この会話は親が認知症の場合、割とよく聞かれます。帰る家はどこなのでしょうか？　母は私の家に呼び寄せたので、実家なのかもしれません。ですが、実家にいても、他に帰る家がある人もいます。生家だったり別宅だったりするのでしょうか。とにかく「家に帰ろうと思って」を口実に外に出たいので、玄関まわりのあらゆるものを触ります。一度、母がチェーンをかけてしまったことがあります。これを外してもらうのに1時間はかかりました。それ以降、チェーンは触らせないようにテープで留めました。部屋の窓も注意が必要です。自分で開けることができた頃、窓越しに話をして宗教に勧誘される直前だったという事件や庭に出て柵をまたいでいたこともありました。とにかく、行動の予測がつかないのです。それ以降、部屋の窓の鍵も親が自分で開けられないよう、上下のどちらかに簡単な鍵を追加しました。何かあるごとに対応をしましたが、それだけでもかなり安心して暮らせるようになりました。

鍵を開けて徘徊、防止対策

玄関の例

キー付きサムターン

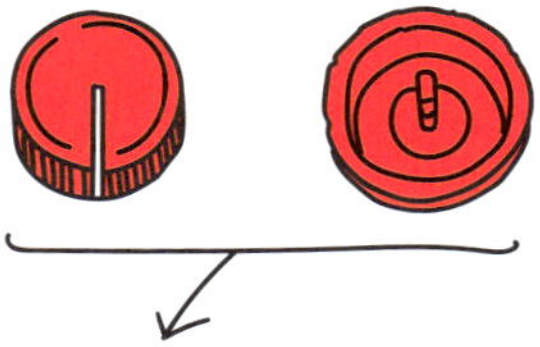

開閉はキーつきサムターンを利用する。取り外しできるが保管場所は親には伝えない

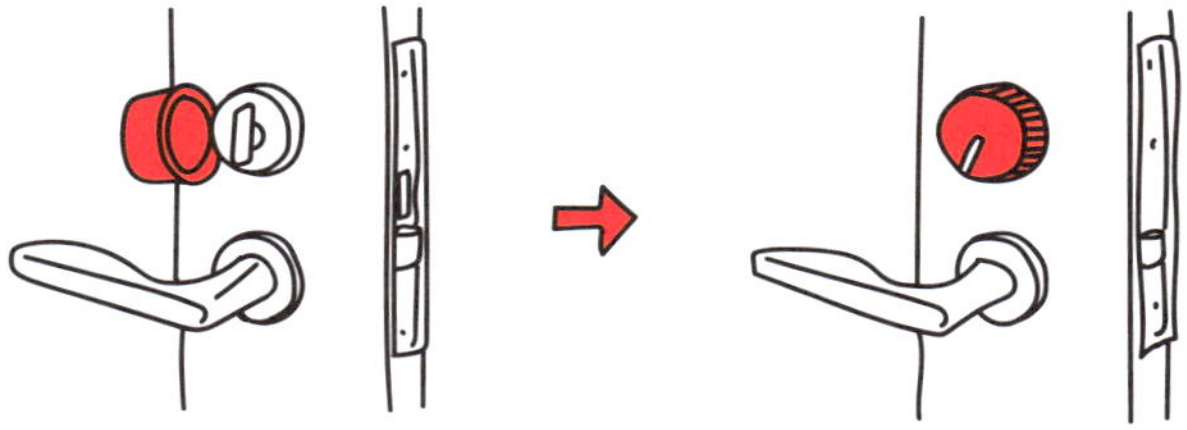

キー付きサムターン装着時

窓の例

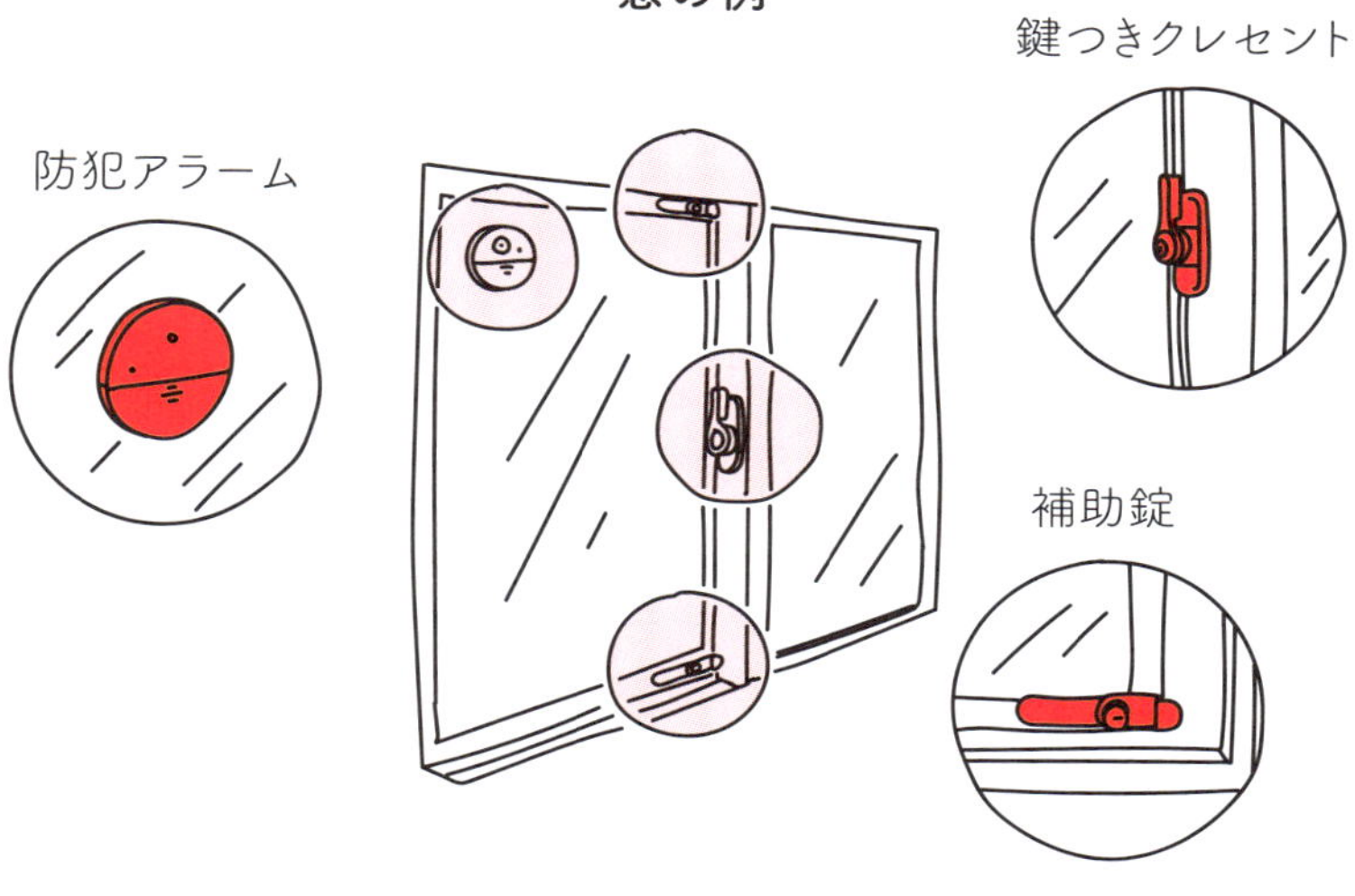

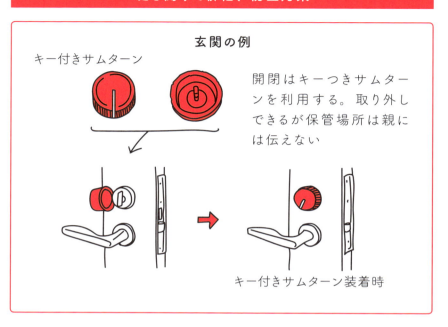

35 着替えに関する悩み

☑着衣困難
☑季節はずれの衣類着用
☑コーディネート
☑むくみ

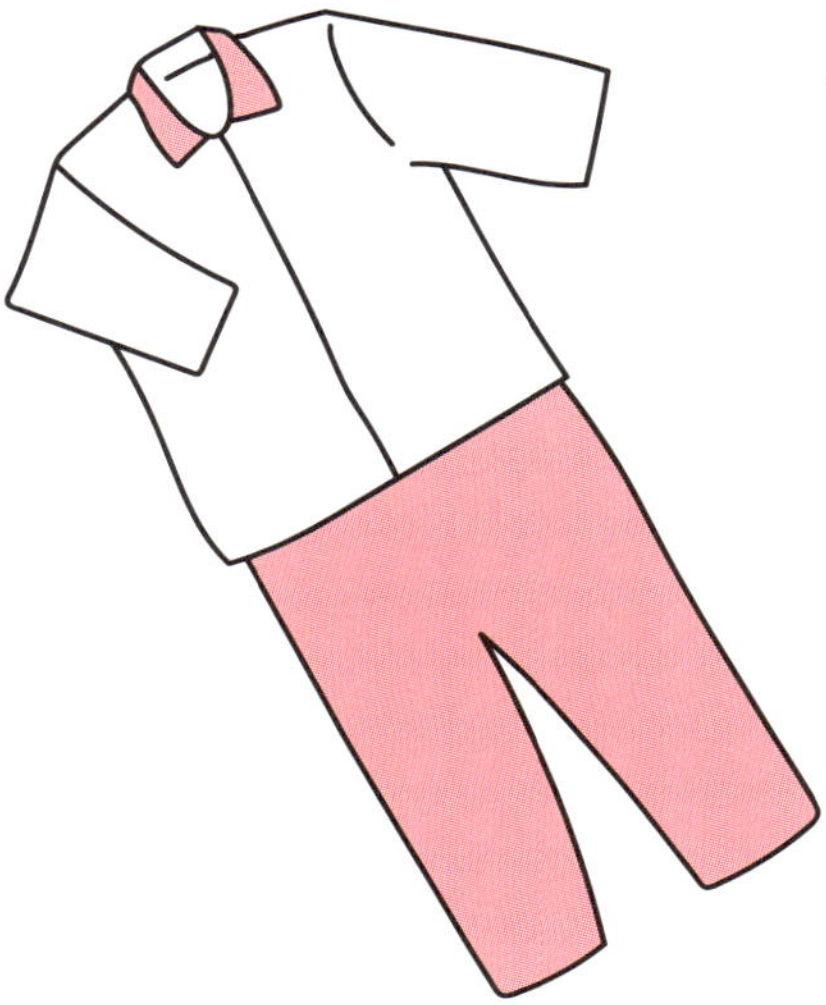

洋服は見栄えより機能性や素材を重視する

麻痺などで介助がしにくいことがありますが、洋服は介護用のものでなくても、洋品店で購入できるもので十分対応できます。オムツ使用になったら、ズボンはウエストゴムの2サイズ上くらいの方が着脱がしやすくなります。私の母は女性用の3Lを購入していますが、とても介助が楽です。イメージはモンペです。リハビリパンツ＋パッドは体積がありますし、高齢者は便秘で腹部パンパンになりやすいのです。上着も下着も若干、大きめにすると硬直時でも着脱がしやすくなります。腕が動かしにくい人で車いすを使用しているのなら、上着は背を前にして腕を通し保温するのでも寒さがしのげます。そして、洋服の素材はポリエステル混などの伸びる布が良いと思います。しわにならず、よく乾き、汚れも落ちやすいからです。反対に綿素材は伸縮性がなく、便などがつくと色が染み込みやすく汚れが落ちにくくなります。介護のときは機能性が一番、その上でおしゃれをすれば良いと思います。

季節を感じさせないコーディネート

親が認知症の場合、自分で着替えができることは喜ばしいのですが、温度や季節に無頓着になるため、季節はずれの衣類を着用していることがあります。上着が花柄、ズボンがチェックなどのコーディネートも平気なようで、トレンドは自分で決めるという勢いです。今後、新しい洋服を買い揃えるのなら、例えば上着かズボンやスカートのどちらかを無地と決めておくと、親が自分で着替えてもチグハグな取り合わせにならなくなります。素材も、春や秋を意識したものを購入しておくと、夏や冬など温度が極端なときでも、上着で調整ができて、さほど極端に季節はずれのものを着用することが防げます。

パジャマを着なくても1日1回の着替えで十分

若者でも、最近はパジャマを着ないで部屋着で過ごす人も多くいます。介護に突入したら夜寝るときはパジャマという考えは不必要です。想像してみてください。施設でも100人以上の高齢者を毎日パジャマに着替えさせているとは思えません。とある施設で聞いた実際の話、夜、パジャマへの更衣介助希望があっても日に1～2名が限度、それ以上の人に要求されると、コール対応や排せつ介助ができなくなると聞きました。私の母の場合も、夜に次の日の洋服に着替えて寝て、朝、失禁がなければそのまま小規模多機能に送り出します。冬はインフルエンザやノロウイルスが流行るので、感染症予防のためにも、夜の着替えだけは確実に行うと良いと思います。

むくみが出たら、靴は圧迫させない程度のものを

靴は昔のサイズで選ぶと危険です。足首やふくらはぎだけでなく、足の指もむくみますので、幅広になるのです。介護シューズを選ぶのなら、マジックテープ付きのタイプだと、その日のむくみ具合によってベルトで調整できます。ファスナータイプもありますが、少し厚手の靴下をはいたときなど、閉まりにくくなります。私のお薦めはベルトタイプです。またメーカーによっては、片足だけや左右違うサイズでの購入もできます。むくみ対策としては、横に寝かせると下の手がむくみやすいので、むくみを感じたら向きを変えてみましょう。そして、手足の先から心臓に向かってマッサージをすると血流が良くなってむくみの改善に効果的です。

洋服のコーディネート対策

どちらかが無地だとコーディネートが無難。
少し大きめのサイズだと介助がしやすくなる

使いやすかった介護シューズ

私はつま先が広めのベルトタイプがお薦め

36 薬に関する悩み

☑薬を飲まない
☑薬の管理
☑親の薬を誤飲した

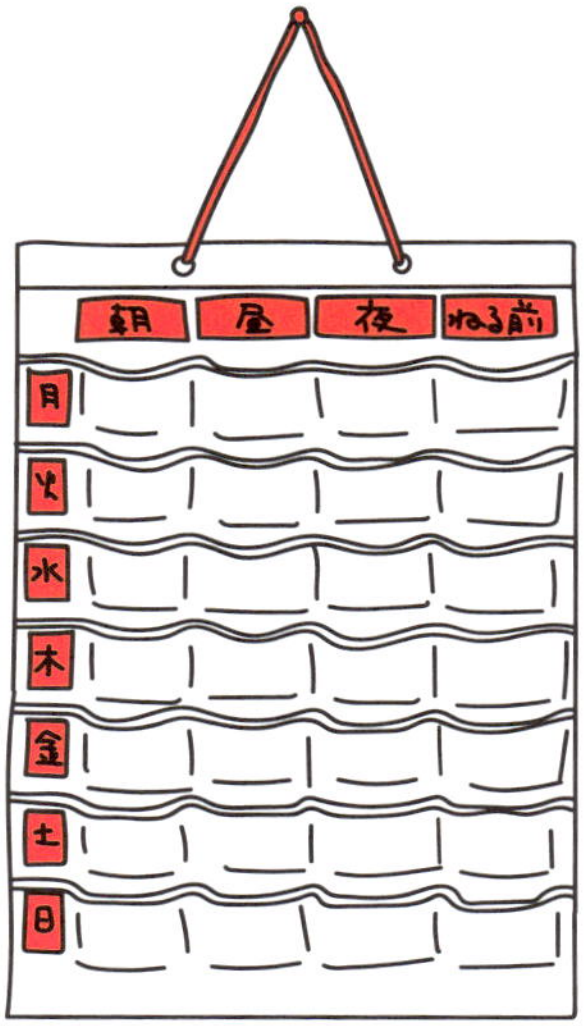

薬は飲みにくいもの

高齢になると、嚥下機能が衰えるので粒のものを飲み込むのは大変です。母はアルツハイマー型認知症の症状進行を抑制するアリセプトという薬を服用していますが、とにかく苦い。母は認知症とはいえ、この薬が口の中に残ったらたまりません。後々トラウマになり服薬拒否にもなりそうです。一気に飲み込んでしまう方が絶対に良いのです。実際、口の中に残ってしまうと母は必ず舌を使って吐き出します。認知症は一般的に甘いものを好むといわれますが、母は以前からケーキが大好き。わが家は母の朝食に、まるごとバナナ（山崎製パンの洋菓子）を食べさせることが多くあります。この中に混ぜ込んでいるのです。バナナは一般的に朝食べると体に良いという情報もあるので、一石二鳥です。食べ物に薬を混ぜるなんて非常識、など価値観の違いもあります。更に薬には食前、食後など飲むタイミングがあることも事実です。ですが、私は薬を飲むことを優先させます。朝は、慌ただしい上、母を送り出す時間は決まっている。すなわちゴールがあります。自分が出社する時間も決まっています。この時間にはここまでの作業を終わらせるという指標があるのです。そして大好きなミルクティーを飲んでもらい機嫌をとります。食事時間はなかなかゆっくりとれないもの、こういうときは、嫌なものは好きなものに混ぜるのも一案です。

薬はまとめて管理する

母は通常、1種類の薬ですんでいますが、多くの高齢者は何種類も処方されていることでしょう。病気によっては、飲み忘れが身体に大きく影響することもあります。家族が服薬介助できない場合は、工夫が必要です。

①服薬ボックス・お薬カレンダーを利用する
②調剤薬局で一包化してもらう
③薬は飲んだかと時間に電話する
④薬は飲んだかと紙に書いて、目立つところに貼っておく
⑤介護サービスを使って、服薬をお願いする

母はアリセプトを朝、服用していますが、もし飲み忘れた場合は夜でも良いと医師に確認をとっています。とにかく1日1回、朝昼晩問わずでも良いそうです。ですが、決められたときに飲めないのなら飲まない方が良い薬もあります。処方さ

れた薬を飲み忘れた場合の扱いを医師に確認しておくと安心です。錠剤が難しくなったら、液体や貼り薬など、他の形態に変えてもらうなども相談をしてみてください。

親の薬を誤飲した

私と愛犬は、アリセプトの誤飲をしたことがあります。この薬が苦いと感じたのもこの経験からです。自分の薬と間違えて、朝の忙しさもあり母のものを飲んでしまったのです。一応、出勤はしたものの9時30分くらいにものすごい吐き気に襲われフラフラと化粧室に向かい、その後しばらくモヤモヤが続きました。夕方には治まっていましたが内科を受診したところ、害はないが、念のためと吐き気止めが処方されました。そして愛犬は「まるごとバナナ」の盗み食いで薬も一緒にペロリ。こちらは吐くこともなく元気でしたが、私は家族から叱られ反省する出来事でした。この犬はその後、母の部屋に隙をみて入ろうとします。薬の置き場所にはくれぐれも注意してください。

服薬管理が難しくなってきたら、正しく飲むための工夫をする

個数など複雑なときは
一包化を依頼すると安心
（別料金）

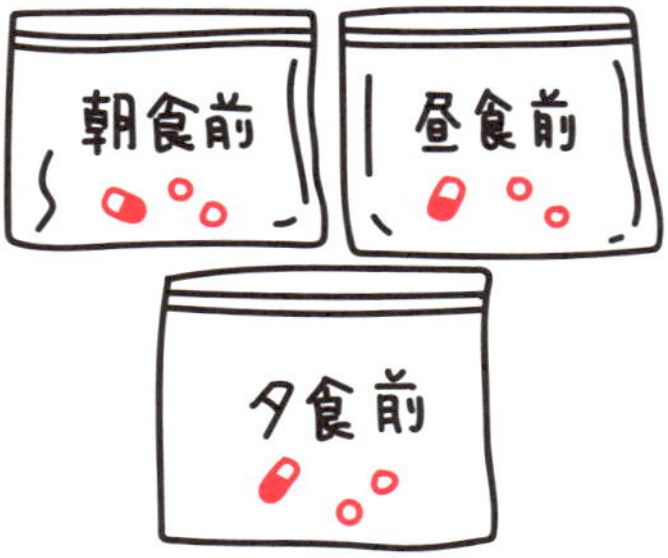

お薬カレンダー
なども活用

電話で確認

37 買いものに関する悩み

- 詐欺
- 188（消費者ホットライン）
- 通信販売
- 成年後見人
- お札での支払い

訪問販売・電話勧誘は高齢者を狙っている

詐欺師は、オレオレ詐欺、シロアリ駆除、羽毛布団、電気計測器、ガス感知器など、巧妙な手口で親しげに近づいてきます。話し相手になり気を許したところを見計らって、あなたのためとのスタンスで商品の紹介をします。電話詐欺を撃退するのなら「この電話は録音させていただきます」と流れるサービスを利用するのも効果ありですが、いっそのこと固定電話を解約しても良いかもしれません。しっかりしている親でも、良い商品だからと、安易に契約することがあります。実家に帰って羽毛布団や、シロアリ駆除の偽物の納品書を見つけたら、親のお金とはいえ、子にとっても多大なストレスです。私が遠距離をしていたとき、近所の人に何かあったら連絡してほしいと頼んでおいたところ、「この前、変な人が門を覗き込んでいたから、この家に何か用ですか？ と言ったら逃げたわよ」と知らされました。空き巣はグループでの犯行が多く、何日か下調べをすると聞きます。玄関まわりに8～17などと書かれているのは、この時間が留守という合図です。１８８（イヤヤ）は、悪質商法で被害を受けたとき、市区町村の消費生活センターや消費生活相談窓口を案内してくれる消費者ホットラインの番号です。被害は遭わない方が良いのですが、備えに覚えておいてください。

適切な通信販売や金融商品も要注意

詐欺でなくても、テレビショッピングや継続して送られてくる通信販売も曲者です。また、牛乳や証券会社などの営業も要注意です。父は、強く頼まれると断れない性格の上、お金や健康の話に弱いという最もカモになりやすいタイプでした。私の実家には、証券会社の営業担当者がよく出入りをしていたのですが投資信託など理解せぬまま契約していました。あるとき、知識もないのに「株をやろうと思う」と言うので大反対しました。父母はグルメな上、テレビショッピングが大好き。毎月継続の有名なおかずセットを頼んでは、冷蔵庫に入らずに、わが家に流れてくることも。契約解除を面倒がるので永遠と続くのです。食べ物はまだ良いのですが健康食品は真贋が定かでないものも多いと聞きます。副作用もあるので注意してください。

成年後見人制度は安易に契約せず、本当に必要かを再確認

認知症の人などの権利や財産を保護し支援する仕組みが成年後見人制度です。後見人は親族のほか、弁護士、司法書士など専門職が選任されるケースがあります。以前は、親族後見人が多かったのですが、使い込み、着服などの不正が問題となり、最近では第三者後見人の方が多くなっています。ですがこの場合、預貯金の引き出しや買い物もこの第三者後見人（他人）の許可が必要となり、なんで自分の家の財産を他人に操られないとならないのかというジレンマが起こります。成年後見人の委託は月々費用がかかりますし、一度契約すると、余程の不正行為がその後見人にない限り解約ができません。成年後見人制度は必要な制度ではあるものの、まずは理解が大切です。安易に契約する前に、自治体や専門家ではなく、信頼できる個人に相談してみてください。

※成年後見人にできること

財産管理（預貯金や金融商品・不動産の管理／収入や支出の管理／税務処理など）

身上監護（医療、介護施設との契約／生活や療養看護の契約など）

すぐに1万円札を出す父

遠距離介護のとき、訪問介護が入らない日は、私がインターネットで日用品や食料品を注文して、指定の日時に届けてもらうようにしていました。その際、父の支払いは毎回1万円札です。小銭をすぐに用意できないのと、時間がかかっては申し訳ないと思っているのでしょう。これは高齢者によくあることです。お金に関することは他人に依頼するとトラブルになりがち、家族で対策を決めてください。

防犯対策をしよう

玄関にモニター付きのインターフォンを設置する

出入り口に人感センサーライトをつける

外から入りやすい窓は、防犯フィルムや鍵を二重にする

防犯ブザーを準備しておく

電話は迷惑電話防止機器にする
※（公財）全国防犯協会連合会のウェブサイトで推奨機器が確認できる

表札や玄関に不審な記録がないかチェックする
※犯行グループの合図（8-20や○×など）があったら警察へ

成年後見人制度が必要であるかの目安

付けた方が良い人	付けない方が良い人
相続人が多い（資産トラブルになりやすい）	一人っ子（相続の問題は少ない）
詐欺の被害に遭ったことがある（何度も騙されやすい）	資産が多くある（節税対策に支障が出る）
身内がいない、資産が少ない（市長申し立てを検討する）	中小企業経営者（事業継承に支障が出る）

38

会話に関する悩み

☑幻覚
☑作り話
☑同じ話
☑暴言
☑被害妄想
☑独語

錯覚を明らかに超えている幻覚

高齢になると認知・身体機能の低下や不安から幻覚が出てきます。私の母には大好きだった母親（私の祖母）が見えているようで「お母ちゃん」とたまに涙を流します。興奮して手がつけられないのは困りますが、多くは時間がたてば落ち着きます。振り回されずに、「へぇ見えるの」「へぇ聴こえるの」と否定も肯定もせず、話を合わせていれば良いのではないでしょうか。母は地獄耳で悪口には鋭いです。本当に言ったことを聞き逃さないのはアッパレです。イライラして放った言葉に「誰が、訳がわからんやつだって」と激怒します。怒ってもすぐに忘れてくれるのですが……。これは私の気のせいかもしれませんが、うまく幻覚と現実を使い分けているように思えてきます。

作り話と同じ話は武勇伝

大体が自分の自慢や楽しかった話を、大げさにしながら何回も話します。笑顔が出るのなら、気分が良い証拠。どんどん話してもらいましょう。高齢者施設でも男性は仕事の成功話、女性は自分や子どもの自慢話を毎回のように話してくれます。母は小学生のとき、優等生賞状を毎年もらったという話が定番です。同じ話を何回聞いても、自分に余裕があればイライラしません。イラつくのは何かに追われるなど、心も時間も余裕がないときです。それならば、その場を静かに立ち去った方がお互いのためかと思います。

暴言吐かれた、一緒に怒ろう

若い頃は制御がきいて、ある程度、忍耐・理性というものがあっても高齢になると良い意味で自分の気持ちをストレートに表現できるのですね。排便介助の際、「このバカたれ。あたしゃ、帰せてもらうよ」と便を触りながら暴言を吐いて、汚い手で叩かれたらどうでしょう？　高齢者だから敬意をなんて無理な話です。これは、普通に人として失礼な行為です。ここは、家族なら対等に怒っても良いのではないかと思うのです。よくある例で、お金を盗られた、愛人がいるなどの被害妄想が出たとき疑われて悪者になるのは一番世話をしている身内です。怒りたいときは一緒に怒って、無理に我慢をしないでください。母は他人には爆発することはなく、身内にはストレートに言葉や態度で表します。何でも言いやすい、この人なら許してくれるのがわかるのです。ここは、家族の良いところでも難しいところでもあります。

夜な夜な続く独演会

母はもともと無口なタイプではないのですが、一時期、夜中ずっとひとりで話をしていました。笑ったりもしているので、幻覚で見えている人と話をしているのでしょうか。その後、手術と入院を繰り返し認知症が一気に進んだとき、言葉がなくなりました。独語も困るけど話さないのはもっと心配です。そのときの主治医から「独語でも良いから、話をしていた方が何かと活性化されるよ」と言われたことを思い出します。最近はまた独り言が増えて安心しています。独語は不安や苦痛が原因だから取り除こうとか教科書的な回答もあるかもしれませんが、そういう情報に振り回されず親本人が自然体でいるのが一番です。夜の独語は寝ていないのでは、と心配になりますが、そこは自由な身分、昼間の居眠りなどで結構長い時間、睡眠をとっている場合も多いのです。

錯覚	幻覚
ゴミが虫に見える	幻視 （亡くなった人が見える）
誰かに呼ばれた気がする	幻聴 （自分の悪口が聞こえる）
木陰を人影と見まちがう	体感幻覚 （原因なく身体が痛い）
壁のシミが人の顔に見える	幻味 （変な味がする）
雲が別の物体に見える	幻臭 （変な臭いがする）

エピソード

要介護3、母に昼夜逆転がよく起こったのはこの頃です。隣の部屋から、朝の5時くらいまでずっと独語が呪文のように聞こえてくるのです。何を話しているのかはわかりません。なにをそんなに話し続けることができるのか不思議です。止めようとしても無理。下手に部屋に入っていこうものならエスカレートするのです。母は小規模多機能に昼間は行くのですが、その連絡帳に昼寝しましたとは書かれていません。認知症は3日くらいなら、徹夜でも大丈夫な人がいるのは事実です。誰にも迷惑をかけないならまぁ良いかな、というのが私の正直な気持ちです。脳外科の先生に質問をしたら、「話さないより話した方が良いですよ。言葉が出るのは良いですよ。話させておけば良いのではないですか」と言われ、とても気が楽になりました。それからは、BGMだと思って私も気兼ねせず寝ることにしたのです。入院時は毎日夕食後、睡眠導入剤を服用していました。病院も夜勤体制なので認知症の高齢者が騒ぎ出すと大変なのでしょう。この悩みを重く受け止めて相談していたなら、数日分は睡眠薬を処方してもらえたかもしれませんが、わが家は、自然とそのままにしていました。

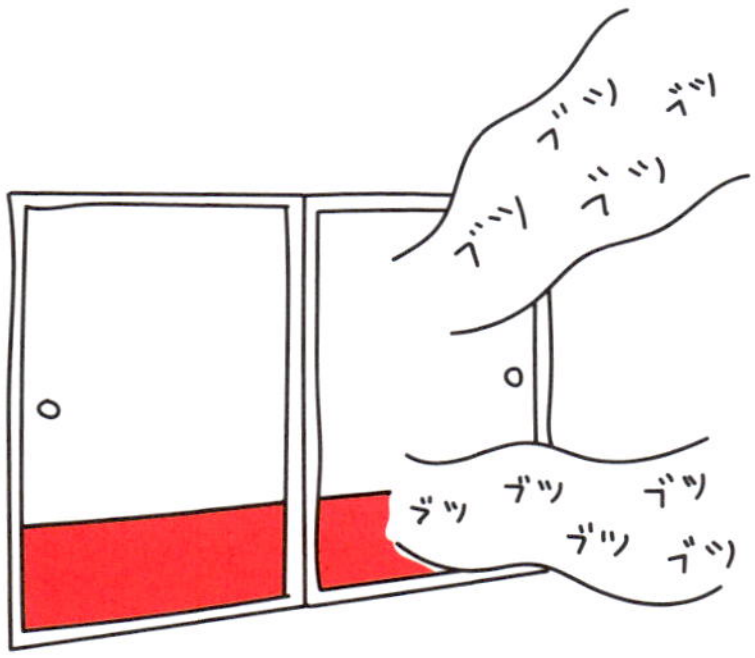

39

生活に関する悩み

☑風呂嫌い
☑引きこもり
☑収集癖
☑火の始末
☑臭い

高齢者になると入浴を嫌がるようになる

施設やデイサービスの入浴回数の目安は週2回です。少ないように感じますが、日本も昔はこれが普通で毎日の入浴などは贅沢でした。私が育った家庭では入浴は日課で、もちろん、それは親である両親の意思でした。それなのに晩年ふたりで暮らしていたときは、いつ入浴をしたのか見当がつかないほど無計画でした（そんなこともあり、デイサービスを利用することになったのですが）。危ない、面倒など理由は様々ですが、あまりにも拒むようなら、湯船に入らずともシャワーやタオルで丁寧に拭いても汚れはとれます。足湯も気持ちの良いものです。高齢者はひとりで入れる人の方が事故は多いのです。溺死は足が伸ばせる長い浴槽であるほど多いのです。転倒や低温やけどにも注意が必要です。入浴しなければ事故も起きません。神経質にならず、大らかに考えると気も楽になります。

外出がおっくうになり引きこもる

身体の自由が利かない、身支度が面倒、目的がないなど、そんな気持ちになると自宅は居心地良く引きこもりがちになります。しかしながら、これが続くと高齢者は廃用症候群につながります。そして、寝たきりになりがちな親を外出させるのは一苦労、介護者も気分転換になるのはわかるけど、特に理由でもない限り後回しになりがちです。私も日々のお世話が優先で、自分の時間を割いてまで優先して外出の機会をつくることはしませんでした。ですが、そのままにしておくと外出をしないという選択になってしまいます。そこで、わざと医師に依頼して土曜日のリハビリを習慣にしました。通院も外出です。その帰りに時間があれば買い物や神社に立ち寄り刺激をつくります。目的をわざとつくるのもひとつの策です。難しい場合は、庭先、玄関先、ベランダで外の空気に触れてリフレッシュするところから始めてみてはいかがでしょうか。

収集癖で家の中が不要物で溢れている

もったいない、いつか使うなど親世代はミニマリストと真逆な考えです。新聞やティッシュなどの紙類は大人気！　オイルショックのとき紙不足の経験が生きているのかもしれません。何かを集めるのには理由があるようです。捨てると騒ぐこともあるので許容範囲なら放っておきましょう。

火の始末が危うくなったら独居のリスクは高くなる

ガスコンロ、電気カーペットの漏電、たこ足配線など、火事のリスクは生活の至る所にあります。魔法瓶を火にかけた、宅配弁当の容器を火にかけた、これは実際に私や知り合いの親が起こした事件です。ガスは危ないからとIHに取り換えますか？　高齢になると新しい製品はハードルが高く使いこなせないものです。もしこれに変更をするのなら、ある程度理解できるうちに手を打つのが得策です。意外ですが単純な電子レンジ機能だけのものが私のお薦めです。親だけなら、お湯が沸かせて、お弁当が温められるだけでも十分と割り切るのも大切。コップ1杯のお湯なら、ガスより電子レンジの方が1円安い。1日10円としても、ひと月300円安いのです。注意したいのは、電子レンジとオーブン機能があるものです。レトルトや冷凍商品が楽だからと、買い置きすることもあります。ですが商品の中にはオーブン不可、電子レンジ不可というものもあります。間違えたばかりに爆発や火を噴いたら大変です。いちいち商品ごとに、レンジ対応だよとか、これはオーブンねとか言ってもわかるはずがありません。それならば、レンジ機能だけの家電製品に買い替えて、レンジ機能だけの食品を買い備える方が安心です。

香りで介護を快適に

香りというのはダイレクトに海馬に入り込むほど強い影響力があります。在宅介護は体臭や便臭など独特の臭いがつくので母の部屋は定期的にアロマをたいています。一時期、朝昼はローズマリーとレモン、夜は、ラベンダーとオレンジの香りが認知症予防に良いと評判になりました。これらを初めからミックスしている精油があるので、それを利用すると便利です。冬は加湿器の代わりにもなり重宝しています。興奮して大声を出すといった認知症特有の症状まで、和らぐ人も見られたという報告もあります。どのくらいの効果があるかは不明ですが、部屋が居心地良くなったのは事実です。

介護生活を豊かにするための工夫（私の愛用品）

アロマミストディフューザーYUN

生活の木　https://www.treeoflife.co.jp/

ブレンドエッセンシャルオイル
（昼・夜用）

40 介護用品に関する悩み

- オムツの種類
- 清拭用品
- 100円ショップ商品代用
- ココナッツオイル

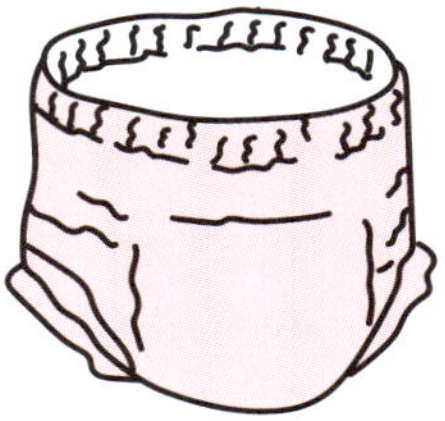

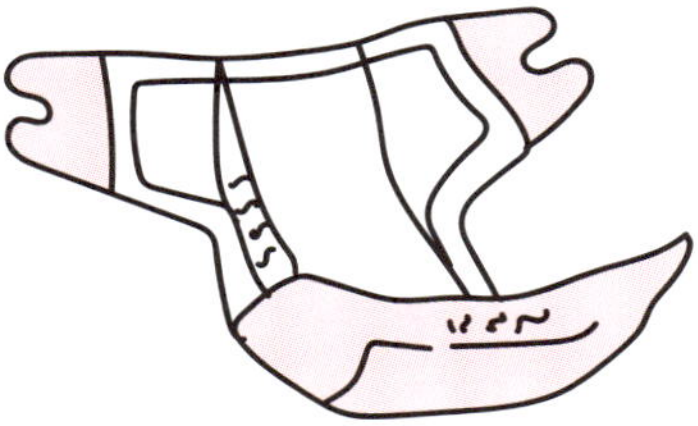

オムツにアウターとインナーがある理由

オムツは紙パンツやテープ式オムツなどのアウターとパッドなどのインナーを組み合わせます。尿は1日に複数回出るため、その都度紙パンツなどを替えていたら1袋すぐに使い切ってしまい費用もかさんでしまいます。パッドだけ取り換えた方が経済的で手間もかかりません。大まかですが、紙パンツとテープ式オムツは1枚80~100円、パッドは30~50円と考えてください。種類やサイズも豊富ですが、使ってみて理想的な商品があったら、パターン化しましょう。例えば、紙パンツとパッドの組み合わせなら、パッドの吸収量を充実させるのなら紙パンツの吸収量は重視せず薄型でも良いということです。オムツ類は吸収量によって値段が変わってきます。購入する商品名が決まっていれば家族に買い物を依頼するときも迷いません。施設は、定期的にトイレ誘導があるので大容量のものよりコスパを重視、自宅では夜間も安心の6回吸収タイプなど、生活リズムに合わせて選ぶようにしてください。

清拭用品はおしりふきよりからだふきを選ぶと良い

便失禁でおしりを拭く際、自宅では市販のおしりふきを使う場合が多いかと思います。薬局で購入できる商品はトイレで使うことを想定しているため流せるのですが、部屋で清拭をするときは別に流せなくてもよいのです。紙オムツと一緒に捨てるので、これだけを抜き出す方が面倒です。それならば私は、何にでも使えるからだふきがよいでしょう。サイズも大きくて厚みもあり広範囲に拭けて破れにくいのです（お薦めはピジョン・「さっとさわやかからだふき」230㎜×200㎜）。この大きさはクイックルワイパーのウエットシートの代わりにもなり、顔やからだにももちろん使え、一石二鳥以上の便利品です。商品名にこだわらず使い方は自分で決めれば良いと思います。からだはおしりを含むのです。

介護用品は100円ショップ活用

介護用品は便利なものが沢山ありますが、専門店で購入すると少し値段が高いのです。100円ショップには、うがい受けや入れ歯ケース、舌ブラシなどが揃っています。こだわりがない場合はこれで十分です。高齢者の目に入りやすい中面が赤いお椀も売っています。とろみ剤を利用する場合、小さな泡だて器を使うとダマになりません。
私が100円ショップで調達しているからだふきは、食事介助のときや、目やになど顔を拭くときは薄くて柔らかくて安心な上、70枚の大容量、サイズも220㎜×200㎜と十分な大きさ、これは大変重宝しています。

ココナッツオイルと中鎖脂肪酸

一時期、認知症が改善するともてはやされたココナッツオイル。わが家も是非試したいと思いましたが、分量が多く香りが気になっていました。そもそも、ココナッツオイルが良い理由は、含まれている中鎖脂肪酸が認知症に効果があるからのようです。それならばと検索してみたところ、日清オイリオのプロキュアZにこの成分が入っているのを知りました。認知症に良いと言われカロリーや水分もとれて、このような補助食品は助かります。母も残さず飲んでいるのでおいしいのだと思います。少し値も張るのでこぼさないように介助に気を付けています。

紙オムツは基本的にアウター＋インナー

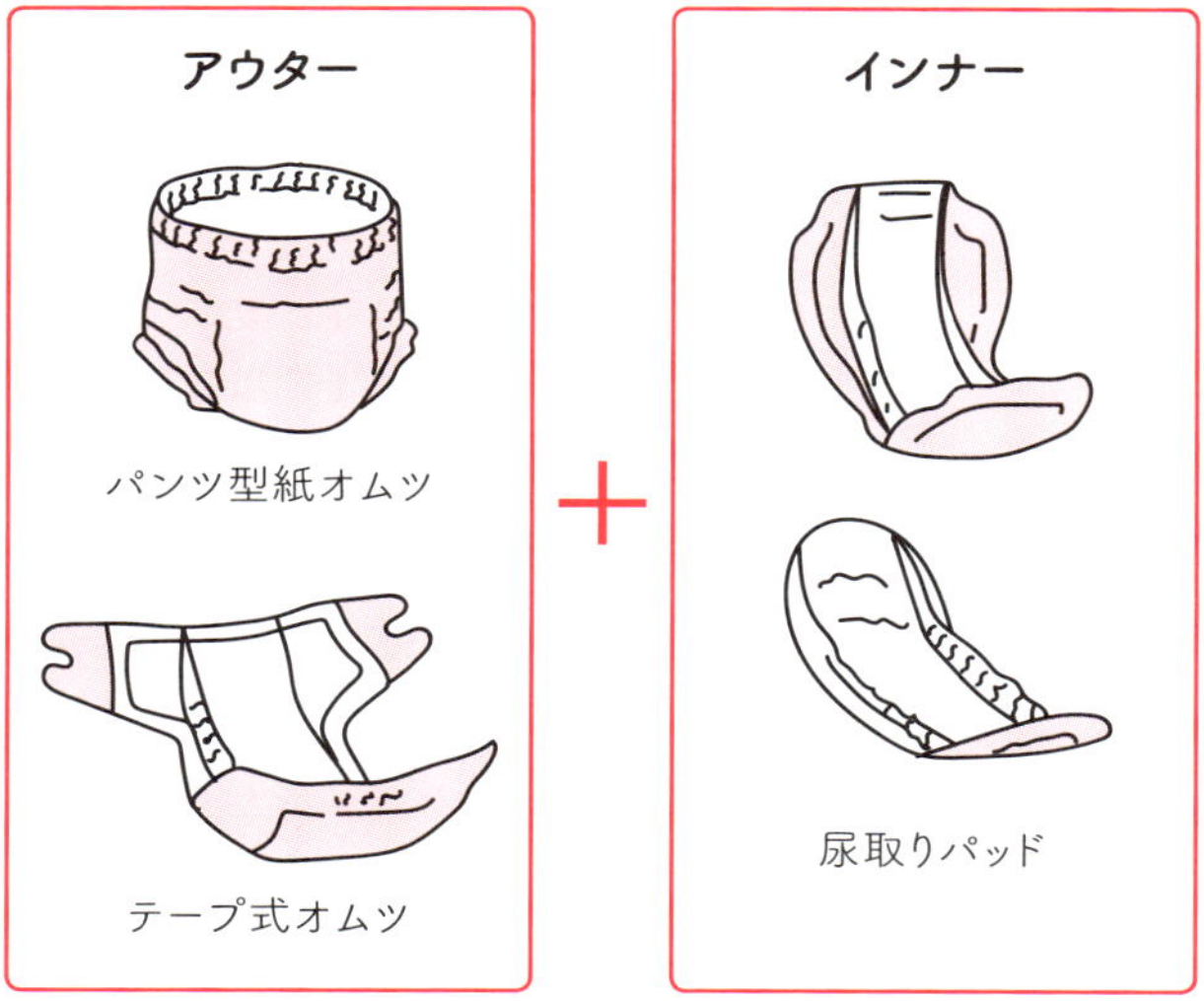

わが家で購入している紙オムツのタイプと商品名

親の症状	施設に持参	自宅で使用
排せつがトイレで可能なとき	**①アウター** ・うす型軽快排尿2回分（ユニ・チャーム） **②インナー** 大パッド　32×63cm ・アテント夜1枚安心パッドふつうタイプ（大王製紙） 小パッド　32×49cm ・あんしん尿とりパッド排尿3回分（ユニ・チャーム）	**①アウター** ・リフレはくパンツレギュラー（リブドゥコーポレーション） **②インナー** 大パッド　32×63cm ※夜利用 ・夜1枚安心パッド6回吸収（大王製紙） 中パッド　31×60.5cm ※昼利用 ・リフレパッドタイプビッグ（リブドゥコーポレーション）
排せつ介助がベッド上になったとき	**①アウター** ・アテント背モレ・横モレも防ぐテープ式（大王製紙） **②インナー** 大パッド　32×63cm ・アテント夜1枚安心パッドふつうタイプ（大王製紙）	**上記と変更なし** ※私にとってテープ式よりも紙パンツタイプの方が介助がしやすいため

100円均一の店には
両方売っているが…

入浴
できないときに

からだ
ふき

おしり
ふき

オムツ替えや
介護のときに

→ 成分に違いがないのに…
使用目的が違うのはなぜ？

↓

入浴できないのなら、顔拭きにも使いたいが、オムツ替えを顔に使うのは抵抗がある。からだふきの方が、万能である！

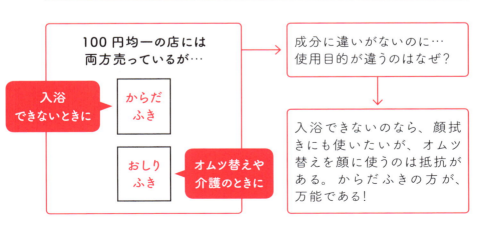

自分の介護うつに関する悩み

☑7割介護
☑身体的疲労
☑自由時間の確保
☑良いこと目線

なぜ介護は精神的にイライラしてしまうのか？

それは余裕がないからです。次にやることがあるから、「早くしてくれ」と怒りは最大限に。毎日の介護は、気持ち、時間、お金の駆け引きです。介護で自滅する人は全てにおいて完璧で何かを捨てられないのです。どれかひとつを少しだけ見切ってみる……。介護は3割の余裕をつくるとうまくいきます。この駆け引き介護のことを私は7割介護と考えます。介護だけの生活も仕事だけの生活もどこかむなしく感じませんか。介護と仕事と自分の時間のバランスがとれれば最高。そのために7割介護を心がけるのです。

介護度が上がるほど増す身体的疲労

個人差もありますが、要介護2までは、認知症だけど自立歩行ができる、認知症ではないけれど日常動作が不安定という場合が多々あります。徘徊、昼夜逆転、便失禁、転倒など事件も多く介護者にとって精神的に疲れる時期です。要介護3以上になると他人への依存度が高くなるため、排せつや入浴の介護が必要になります。私は母の介護なのでひとりでも移乗は何とかできていますが、これが父だったら身長が私よりも高いので支えることも難しかったと思います。在宅介護で毎日、支えたり移したりの介助を続けると、どんなにうまくやっていると思っていても腰や膝に負担がかかります。いつの日からか、急に膝に激痛が走り正座もできなくなったので母の整形外科への通院に便乗して自分も膝にヒアルロン酸の注射を打ってもらっています。私はギリギリの線で在宅介護を続けられていますが、精神的、身体的に「もう無理」と感じたら、次の一手に移るときです。頑張ることを続けると自分が要介護状態になるのが早まります。

ほんの少しで良い、自由時間を自らつくる

介護サービスを利用し、介護を全て自分で担わなくても、それ以外の時間が家事や仕事に追われていては自由時間がなくストレスが溜まります。一例ですが私の実践している息抜き方法をご紹介いたします。

①職場仲間とサイゼリヤほろ酔いツアーで1時間だけリフレッシュ（隙間時間）

②月に1回の水彩画教室！　その時間だけは心が無になりリフレッシュ（強制時間）

③年に1回、郷ひろみコンサートで若返りリフ

レッシュ（ごほうび時間）

親が19時20分に自宅に送られてくるので、それまでに帰宅する必要があります。逆算すると18時30分までは残業ができます。それならば、その時間までは職場近くのサイゼリヤで1時間ちょっと職場の大好きな仲間（大切なのは付き合いではなく息抜きなので嫌いな人は呼ばない）と食事ができるのです。ここで考えたのが、ひとり1０００円以内でのオーダー。ワインも安くて十分に楽しめます。空いた時間があれば、ひとりでも楽しめるストレス解消があると更に良いですね。誰かと一緒でないとできないようなことは、都合が合わないと何もできない人になってしまうからです。

つらいことも良いこと目線

介護が始まると憂鬱になります。これは逆らえない本心で、ほとんどの人がそう思うので心配はいりません。ですが、悪いことばかり考えると更に気が滅入ってしまうもの。悪いことの中にも考え方次第で良いことが見つかることがあります。介護には、この視点が重要だと思うのです。私は遠距離介護をしていたとき、毎週末、静岡に出向くとき新幹線ではなく東海道本線を利用しました。たまに国府津駅と沼津駅間を御殿場線でもっと遠回りもしました。ゆっくり本を読めるし、季節ごとの景色も楽しめて思いのほか良い時間でした。考え方次第で毎週の帰省も楽しいものです。小旅行だと視点を変えれば良いのです。自分の感じ方で介護は良くも悪くもなるのかもしれません。

強制時間

月に１回で可
美容院や趣味の教室など
自分が心地良いもの

隙間時間

読書や散歩やスーパー銭湯など
１時間でも楽しめるもの

ごほうび時間

年に数回で可
好きなアーティストの
コンサートや
ホテルの食事など

42

介護に行き詰まりを感じはじめたら？

☑発想の転換
☑5つの視点

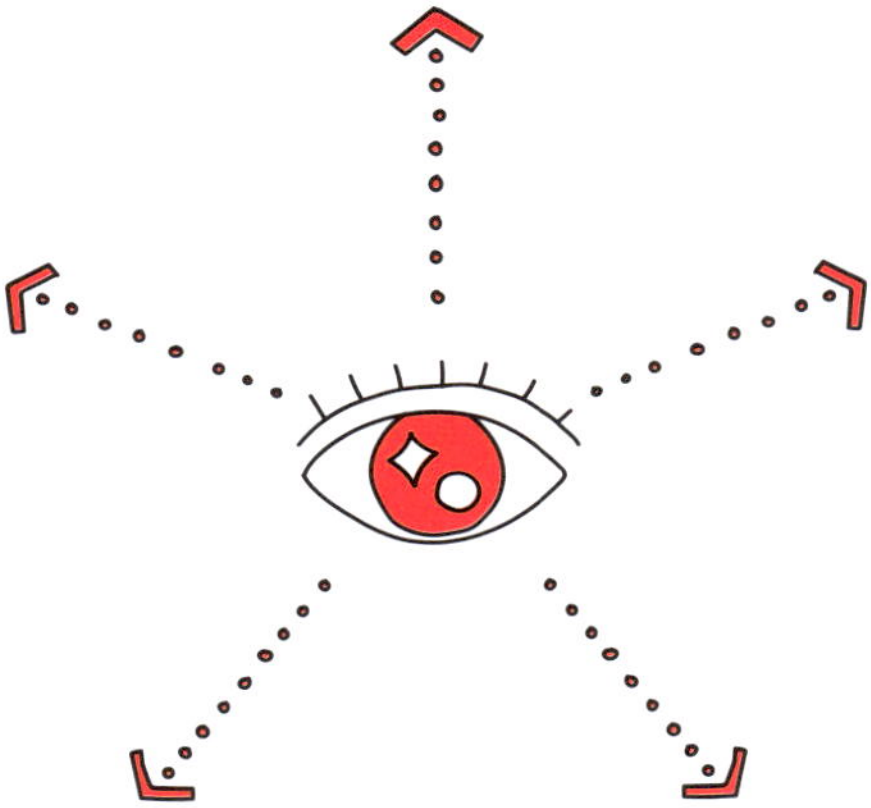

仕事をしながら完璧な介護は絶対にできない

仕事を持っている人は、毎月お金が入ってきますが、その対価として労働をしているわけで、介護の時間が限られています。母に軽い褥瘡が見られたとき、夜間、2時間おきに定期的な体位変換をしてくださいと看護師から助言されました。もちろん、正しいのですが、私はいつ寝ればよいのでしょうか？　昼間は仕事で夜は在宅介護で夜勤者の役目。それを求めるのは酷というものです。好きで飼っているので文句は言えませんが、私は犬4匹の散歩で早起きもしているのです。そこで色々と考え、私は就寝時間が遅いため、23時以降にオムツ替えをして、体位変換をすることに生活リズムを変えました。5～6時間くらい放っておくのを許してください。マットも褥瘡予防にしたので悪化や再発も防げています。尿も長時間用のパッドに替えておけば、朝までモレの心配も少なくなります。介護の常識の通りにしていては自分が早死にしてしまいます。介護ルールは自分に合ったものを考えてみてください。

介護に発想の転換をしてみる

はじめに、に書きましたが、ポイント3の方法の工夫に関して補足します。介護をする上で、医療に影響するお世話は良い加減にはできませんが、影響のないものは介護の手本通りでなくても良いと思っています。ただ、その方法を考えるには慣れが必要です。私は、仕事でアイデア発想の研修講師をすることがありますが、漠然と考えるよりもチェックリストを使うと発想がしやすいことをお伝えしています。それが、介護にも当てはまるのではないかと考えていたところ、あるルールに気が付きました。

5つの発想の視点を身につけて、幸せな介護生活を手に入れる

それは、ポイント3の、方法を工夫するときの5つの発想の視点です。

①先取り（未来を考え先に準備する）
②逆転（反対側からヒントを得る）
③変更（あえて違うモノにかえる）
④抽出（複数の中から選び出す）
⑤結合（組み合わせることを考える）

介護の方法を、あえて当たり前から脱出してみ

るのです。同居初期、平日、母は日中ひとりでお留守番の日がありました。昼飯を準備して母の部屋のテーブルに置くのですが、なぜか作っておいたチャーハンには手を付けず、仏壇のお供えを食べ、水を飲んでしまっているのです。最初の頃は、「これはご先祖様のものだから」といちいちイライラして怒っていたのですが、あるとき「だったら、食べさせたいものを仏壇に置いてみよう」という発想に至りました。それが大成功！　これこそ先取りの法則です。ご先祖様も仕方ないなと、嬉しく見ているのではないでしょうか。

方針
- 気持ち・時間・お金の優先度

3つの視点
1. 必要なサービスやモノにはお金を使って手抜きする、介護はお金で買う時代
2. 時間をかけるもかけないも結果的に得するかを判断して手抜きする
3. 介護に完璧はない！良いことを考えながら気持ちを切り替えよう

手段
- 情報収集と選択
- 法律・制度、介護の行為、施設、サービス

方法
- 工夫

5つの視点
1. 先取り（未来を考え先に準備する）
2. 逆転（反対側からヒントを得る）
3. 変更（あえて違うモノにかえる）
4. 抽出（複数の中から選び出す）
5. 結合（組み合わせることを考える）

方針	視点	方法	効果
気持ち	**【逆転】** できない、をできるにしてみる	クルーズを利用することで、難しいと諦めていた海外旅行に、要介護3の認知症でも可能となった。	徘徊しても、所詮、船の中なので、注意力の負担が軽減された。
	【変更】 介護をすでにしている人の真似をしてみる	自分は介護職員になったつもりでお世話をする。「はい、オムツかえますよ」などとわざと優しく語りかける。俳優を楽しんでみればいい。	内面と外面というものがある。感情的になったらひとまず逃げたほうがいい。身内だとどうしてもお互いに甘えが出たり、本性が出る。他人になりきることで、コントロール可能になる場合も。
時間	**【抽出】** 休暇をとる価値があるかを基準にする	後期高齢者健康診査の受診券は、項目が限られている。問診には答えられない。尿検査もトイレが難しい。身長も測れないし体重計にものれない。診察、血圧はいつもの定期的な病院通いでやっている。血液検査くらいしかやれるものはない。病気が見つかっても誰も喜ばないので、行かないという判断にした。	緊急性のない通院は医療費の無駄遣いだ、仕事を自ら増やさなくても良いこともある。
	【逆転】 就寝時から逆に遡ってみる	20時すぎたらレトルト食品を活用するようにした。残業などで遅くなる時もあるだろう。頑張りすぎないようにする。	食事はいつもすべて自分でつくらなければならないと思わなくてもよくなり、気が楽になった。高齢者向けのレトルトは味が良いのか、母も食が進んでいて安心して食べさせことができた。
お金	**【結合】** 介護をセットで考える	施設と在宅は中間思考が福を呼ぶ。小規模多機能は、施設と在宅の中間的位置づけともいえる。	介護の予算も抑えながら、仕事も可能な時間を預かってもらえる。母の気持ちの負担も軽減できていると、良い方向に思えている。
	【先取り】 知らない、を理由にしない	介護保険や行政独自の得する取り組みを確認する。オムツの支給など、メリットが大きいのでケアマネージャーに、何か利用できるサービスはないかを確認する。	市区町村によって異なるが、1か月5,000円くらいまで、オムツなどの介護用品の補助を受けられるため、介護費用の削減ができる。

第5章

介護と施設

こんなときどうすれば?

介護はどこでする。
家庭にあった
方法を選ぼう

43

在宅介護を検討する（介護に専念、短時間で働いている人にお薦め）

☑訪問介護
☑デイサービス
☑短期入所（ショートステイ）

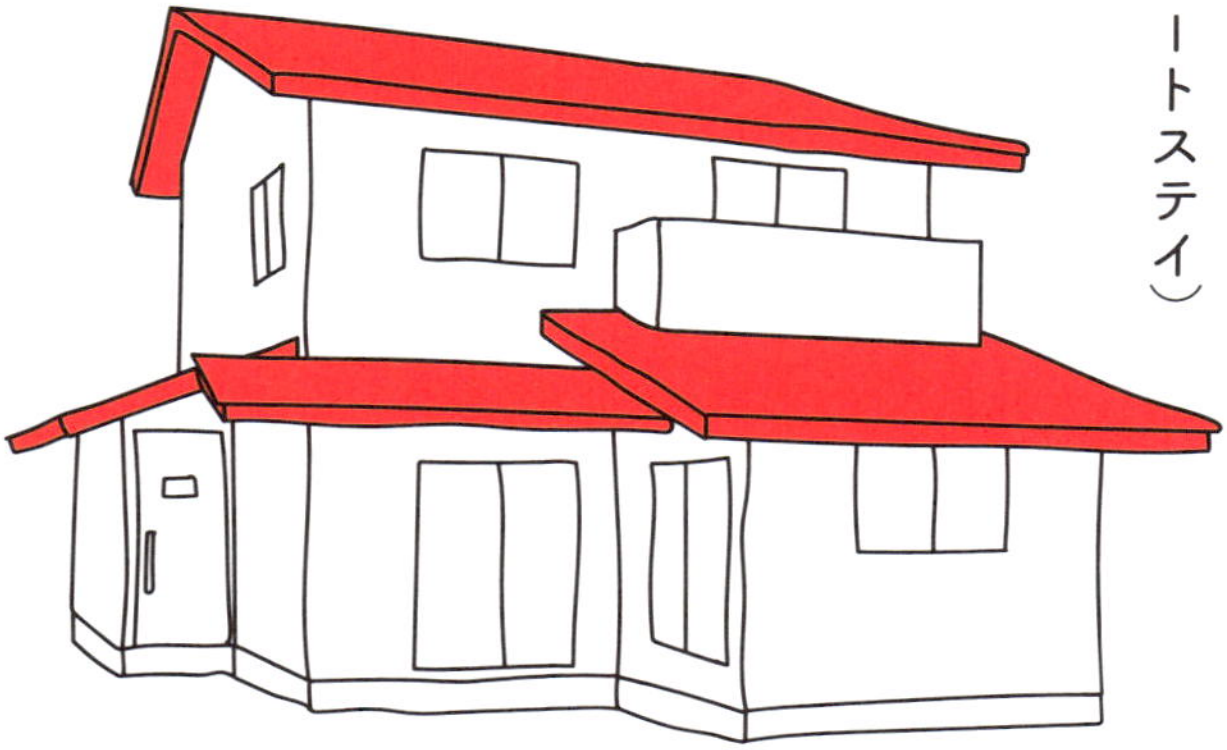

在宅での生活を続けたいと思ったら

在宅と一言でいっても大きく分けて4つのパターンがあります。選択は家庭状況によって変わりますが、要介護2までを目安に、別居や独居でも在宅で生活が続けられるのではないでしょうか。

●同居
①親の家に子が入る（Uターン）
②子の家に親が入る（呼び寄せ）

●別居
①近距離（徒歩、自転車圏内と想定）
②遠距離（交通機関を利用と想定）

要介護の認定を受けたということは、親は他の人の支援や介助が必要である状態と判断されたということです。高齢の親、家族だけで支えていくことは本当に大変です。バランスをとれば良いのです。親や配偶者の介護は他人には任せたくないという気持ちならば、それを実行しつつ、100％自分が対応しなくても良いのではないかということなのです。

通常はさまざまなサービスの組み合わせとなる

第2章の繰り返しになりますが、要支援1、2であれば地域包括支援センター、要介護1〜5であれば居宅介護支援事業所のケアマネージャーにケアプランの作成を依頼（無料）します。担当ケアマネージャーと家族は、親の身体状態、家族の状況、希望、限度額、その家庭が1か月にかけられる介護予算などを総合的に判断し、様々なサービスの中から必要なものを選択・組み合わせることで最適なプランを双方で話し合いながら決定することになります。

ずっと親が家にいることが在宅介護ではない

高齢者の生活機能が低下する原因は、歩かず足が弱る、義歯を放っておいたら硬い物が食べられなくなる、閉じこもり人と会うのが面倒になる、配偶者との死別　ペットロス、災害、転居、疾病（風邪、入院、手術）、事故（骨折、転倒、打撲）などが考えられます。日本では寝たきりという言葉をよく使いますが、福祉の進んでいる北欧には寝たきりという言葉はありません。日本の寝たきりは、寝かせきりにしているからではないかと思うのです。家にずっと一緒にいると、寝ていてもらった方が介護者は楽なので、そのようになりがちです。介護サービスを利用して家から出れば親も刺激を得られます。身体機能を維持するためにも、ベッドからたまには出て、他人と少し関わることも大切です。ずっと家で家族だけでお世話を続けることだけが在宅介護ではないのです。訪問介護で、他人と話をするだけでも親も家族も気分転換になります。不安なことは相談もでき、一石二鳥なのです。

在宅介護の一番良いことは帰る家があるということ

介護サービスに出かけると色々な人がいます。ある行事で家族として参加したとき、認知症の母のことを悪く言う人がいました。私に向かって「あの人は、何もわからない。ここでは一番年寄りのようだ」と言うのです。私が娘だとわかると、ばつが悪そうな顔をしています。このとき、いつも嫌な思いをしているのではないかとつらくなりました。ですが、私も会社勤めを続けるに当たり、相性が良い人ばかりではありません。私だって愚痴も言えば大嫌いな人もいますし、逆に私の悪口も言われているかもしれません。そう、社会参加するということは良いことばかりではないのです。デイサービス、ショートステイは多くの他人と関わるのでイヤな気持ちになることがあるかもしれません。ですが、いずれも共通点は、帰る家があるということ。家に帰ることで、ホッと一息。そこで気がまぎれれば良いのです。嫌いな人とずっと一緒にいるのはつらい、在宅介護の良いところは帰る家が必ずあることです。

相性が悪い人と、昼夜問わず、
ほぼ一生同じ建物で暮らすことはつらい
（一時的な社会参加と割り切る）

↓

自宅でリフレッシュ
付き合うのも気の合う人

44

在宅介護を検討する（フルタイムで働いている人にもお薦め）

☑ 地域包括ケアシステム
☑ 地域密着型サービス
☑ 小規模多機能型居宅介護

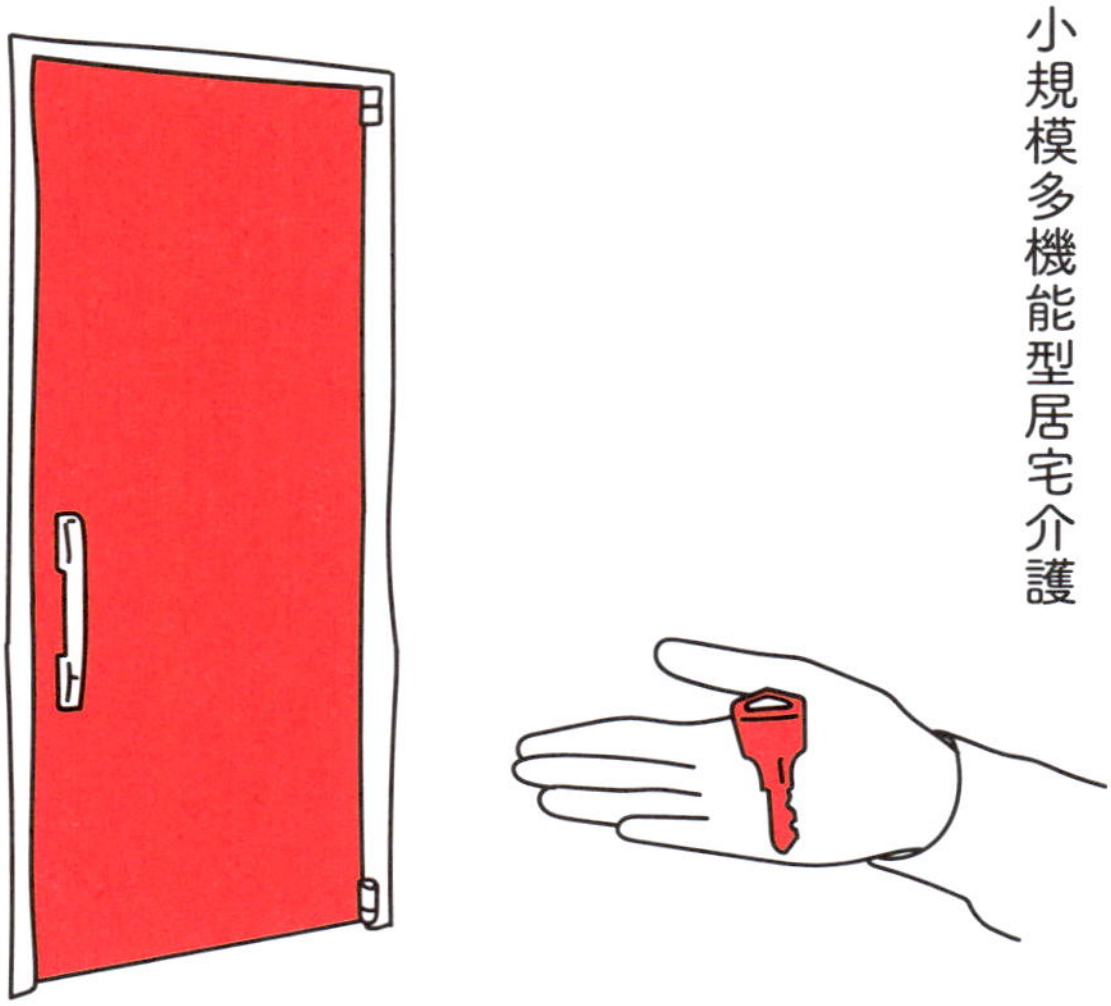

在宅介護は今後増加傾向となる

今、日本は「介護は在宅で」という考えにシフトしています。高齢者人口が増えるからと、入居型施設をたくさんつくっても、いずれ供給過多となるときがきます。介護が必要になっても自宅で住み続けることを支援する環境（地域包括ケアシステム）が必要で、すでに、その地域に住民票がある人を主な対象にした地域密着型サービスが広がっています。このサービスを利用すれば、同居であれば、要介護5であっても在宅介護が可能となります。

在宅介護の救世主＝小規模多機能型居宅介護

在宅介護を希望すると、ケアマネージャーがサービス計画書を作成します。ですが、訪問介護、通所介護、短期入所（ショートステイ）など利用サービスごとで事業所が変わるのが通常です。通所介護は、Aデイサービス事業所、短期入所はB特別養護老人ホームなど、複数の施設職員に関わるのは親も家族も負担が大きくなります。私が働きながら在宅介護を続けられる一番の理由は小規模多機能型居宅介護施設と契約をしたことです。自分の生活に合わせたものを選ぶことができたということが大きな理由だと思っています。ここは、訪問（訪問介護のイメージ）・通い（デイサービスのイメージ）・泊まり（短期入所・ショートステイのイメージ）が同じひとつの施設で受けられ、同じ職員がお世話してくれるため親も安心ですし、家族にとっても窓口が一本化され単純明快です。送迎時間、急な泊まりにも比較的フレキシブルに個別相談にのってくれます。在宅介護をしようと決めたなら小規模多機能をまず検討！　ちなみにわが家の利用は、月曜日から金曜日の平日は、迎えが7時15分で送りが19時20分です。土日は基本的に休みで泊りは月1回でお願いしています。勤務時間に合わせて利用ができ、とても助かっています（※要介護1のときは、週に3日、要介護3で週に5日利用に変わりました。迎えの時間も9時から始まり、徐々に早くなりました。当初から今のようなスケジュールではなく年月を重ねて現在に至っています）。

事業所に家の鍵を預ける勇気はありますか

在宅介護の場合、介護サービス事業所に合鍵を預ける必要性が出てくることがあります。実は、小規模多機能型居宅介護の利用初期の頃、私はお迎えの時間に自宅にいながらリビングで悪意なく、うたた寝をしていました。そんなことを知らない施設の職員は鍵を開けて母の部屋にそのまま入り、優しく声をかけて母を連れ出しました。ですが、その方が特別良い方なのかもしれません。数日後、故意に隣のリビングに再度、息を殺しながら潜んでみました。別の職員でしたが、同じようにテキパキと数分で事はすみました。隠れるなんて卑怯でしょうか？　考えてみてください。白バイ、覆面パトカーだって隠れているではありませんか。そして、何かあったら御用！　それと一緒です。安心ができ、１００％事業所を信頼することができれば、結果オーライだと思うのです。

メリットとデメリット

小規模多機能型居宅介護は利用料が要介護度に応じた定額制です。利用が少ないと元が取れずデメリットになりますが、私は費用のめども立ち、且つサービスにも満足なので定額制をメリットと受け止めています。１日の利用定員が決まっているため譲り合いも必要となり、利用者数や身体状況によって差が出やすいというのは事実です。ですが、小規模多機能型居宅介護の良いところは、介護職員も家族も本人も仕事とプライベートが比較的明快で、ずっと一緒にいないこと、関わる人すべてに帰る家があることです。介護サービスの中でも小規模多機能型居宅介護の職員は虐待が一番少ないと聞きました。介護者も仕事をして、趣味、自己啓発もすることは悪いことではありません。人に任せる勇気も必要です。自分のしたいことを諦めないで是非、近くに地域に密着したサービスがないか探してみてください。

小規模多機能型居宅介護施設の利用イメージ

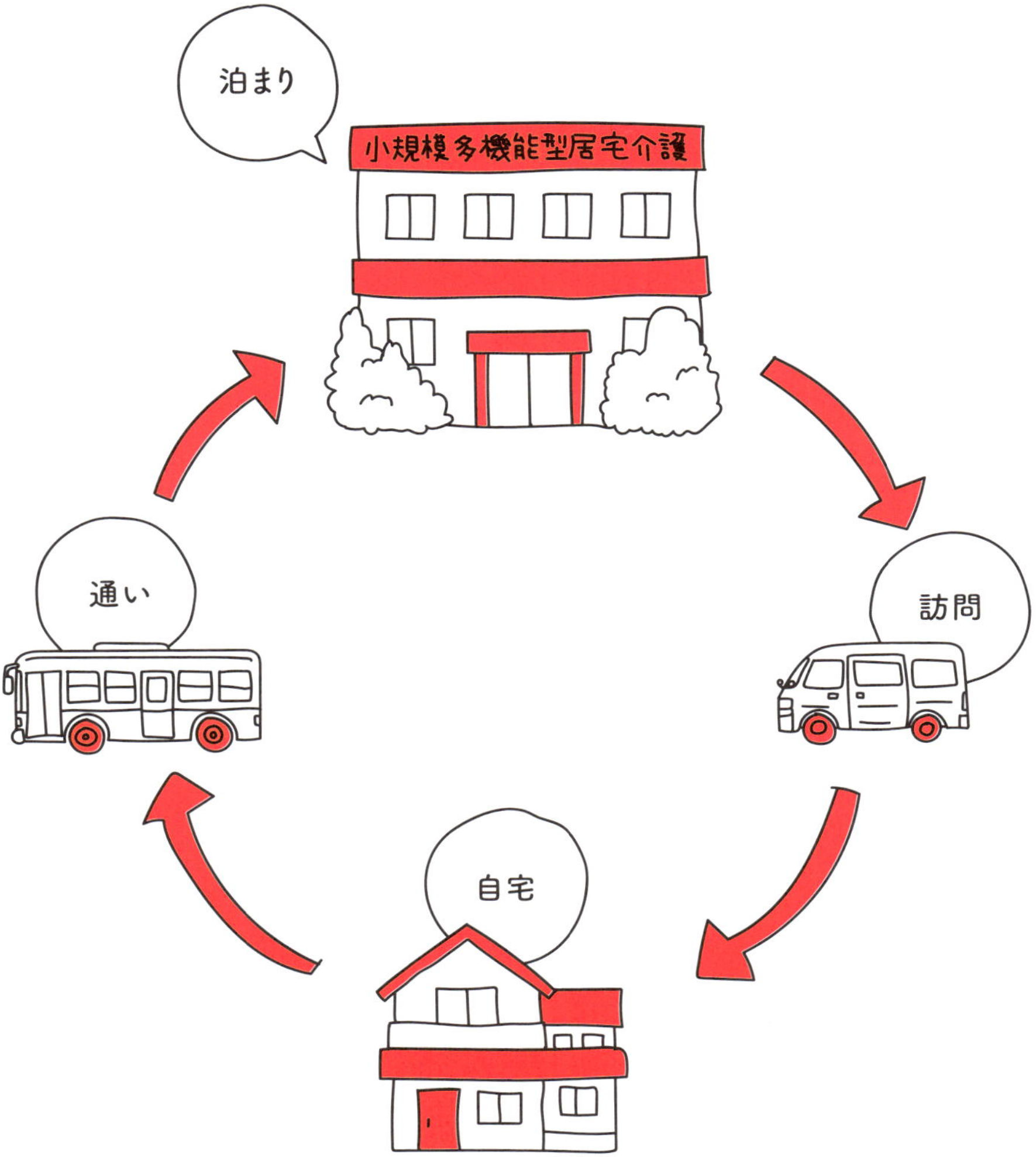

小規模多機能型居宅介護利用料の例

要介護５の親が、平日毎日通い、週１回の泊まりを利用したと想定
（負担額は１割とする）
総支払額：¥81,100
高額介護サービス費の支給対象の場合、住民税非課税世帯の支払い上限は¥15,000
介護保険適用範囲内差額¥23,000 が後日指定の口座に振り込まれる

目安は、¥50,000 ～¥60,000
※親の様態や施設ごとに食事代や宿泊費は異なる。

介護保険適用範囲内

小規模多機能型居宅介護
利用料加算込　¥380,000
１割負担　¥38,000

小規模多機能を平日通いと月４回の泊まりで利用した場合の費用
※要介護5　1割負担

小昼食、おやつ代
１日　¥700 × 23 日＝ ¥16,100

お宿泊加算（朝食・夕食込）
¥5,000 × 4= ¥20,000

おむつ・とろみ剤など
¥7,000

全額自己負担

定額制サービスの例

	小規模多機能型居宅介護	看護小規模多機能型居宅介護（複合型サービス）	定期巡回・随時対応型訪問介護看護
サービス内容と利用者層	通いを中心に、利用者の様態や希望に応じて訪問や泊まりを組み合わせたサービス	小規模多機能型居宅介護と訪問看護を組み合わせ、利用者のニーズに応じた柔軟な対応を行うサービス	日中・夜間を通じ、定期巡回や緊急時など必要に応じて随時訪問するサービス
要支援1	3,703円		介護予防訪問リハビリテーションの対象 ※1回20分　329円
要支援2	7,483円		
要介護1	11,229円	13,427円	9,180円
要介護2	16,502円	18,788円	14,342円
要介護3	24,004円	26,411円	21,891円
要介護4	26,493円	29,954円	26,986円
要介護5	29,212円	33,882円	32,692円

＋

実費負担
食費・宿泊費・オムツ代・日用品費等

金額は負担割合が1割の場合です。事業所によっては、この金額に加えてサービス内容や人員体制に応じて加算をしています。小規模多機能型居宅介護を利用している場合であっても、訪問介護、訪問リハビリテーション・居宅療養管理指導、福祉用具貸与、住宅改修の利用ができます。

川崎市高齢者福祉のしおりを参考に作成

小規模多機能型居宅介護の利用例

① 同居家族が就労中（9:00-17:30 定時の場合）
認知症状が出ているが自宅で生活したい。日中ひとりは心配だ。

<table>
<tr><th></th><th></th><th>月曜日</th><th>火曜日</th><th>水曜日</th><th>木曜日</th><th>金曜日</th><th>土曜日</th><th>日曜日</th></tr>
<tr><td rowspan="3">早朝</td><td>7:30</td><td></td><td></td><td></td><td></td><td></td><td rowspan="3">泊まり</td><td rowspan="24">自宅</td></tr>
<tr><td>8:00</td><td></td><td></td><td></td><td></td><td></td></tr>
<tr><td>8:30</td><td></td><td></td><td></td><td></td><td></td></tr>
<tr><td rowspan="8">午前</td><td>9:00</td><td rowspan="18">通い</td><td rowspan="18">通い</td><td rowspan="18">通い</td><td rowspan="18">通い</td><td rowspan="18">通い</td><td rowspan="18">通い</td></tr>
<tr><td>9:30</td></tr>
<tr><td>10:00</td></tr>
<tr><td>10:30</td></tr>
<tr><td>11:00</td></tr>
<tr><td>11:30</td></tr>
<tr><td>12:00</td></tr>
<tr><td>12:30</td></tr>
<tr><td rowspan="12">午前</td><td>13:00</td></tr>
<tr><td>13:30</td></tr>
<tr><td>14:00</td></tr>
<tr><td>14:30</td></tr>
<tr><td>15:00</td></tr>
<tr><td>15:30</td></tr>
<tr><td>16:00</td></tr>
<tr><td>16:30</td></tr>
<tr><td>17:00</td></tr>
<tr><td>17:30</td></tr>
<tr><td>18:00</td><td></td><td rowspan="2">延長</td><td></td><td></td><td rowspan="5">泊まり</td><td></td></tr>
<tr><td>18:30</td><td></td><td></td><td></td><td></td></tr>
<tr><td rowspan="3"></td><td>19:00</td><td></td><td></td><td></td><td></td><td></td></tr>
<tr><td>19:30</td><td></td><td></td><td></td><td></td><td></td></tr>
<tr><td>20:00</td><td></td><td></td><td></td><td></td><td></td></tr>
</table>

Aさん（86歳　女性　要介護２　長男と同居）

夏場に脱水症状になりかけ長男が就労している平日の昼間が心配。また長男が仕事の都合で帰りが急に遅くなることがある。通いは９時から17時半までの利用。夕食は長男と食べるが、急な残業がある日は、利用時間を延長して夕食までの利用をする。また、月に１、２回長男が金曜日出張となった日は泊まりの利用をしている。土日は自宅で家族とゆっくり過ごしている。

利用時間の延長

小規模多機能の特徴として急な利用の変更に対応できることがあります。突然親族に不幸があり、葬儀に行かなくてはならないが、ご本人を一人置いてはいけない。そんなとき当日でも利用時間の延長、通いや泊まり、訪問のサービスの追加が可能です。通いの定員や職員配達の都合で受け入れが難しいケースもありますが、小規模多機能のケアマネージャーに相談をすれば、調整してもらえます。

② 同居家族が就労中（勤務が不規則、残業や夜勤も多い場合）家族が就労で帰りが遅く介護の負担が大きいが、休みの日は自宅で一緒に過ごしたい

<table>
<tr><th></th><th></th><th>月曜日</th><th>火曜日</th><th>水曜日</th><th>木曜日</th><th>金曜日</th><th>土曜日</th><th>日曜日</th></tr>
<tr><td rowspan="3">早朝</td><td>7:30</td><td></td><td rowspan="26">泊まり</td><td rowspan="26">泊まり</td><td rowspan="26">泊まり</td><td rowspan="22">通い</td><td rowspan="26">自宅</td><td rowspan="26">自宅</td></tr>
<tr><td>8:00</td><td rowspan="25">泊まり</td></tr>
<tr><td>8:30</td></tr>
<tr><td rowspan="8">午前</td><td>9:00</td></tr>
<tr><td>9:30</td></tr>
<tr><td>10:00</td></tr>
<tr><td>10:30</td></tr>
<tr><td>11:00</td></tr>
<tr><td>11:30</td></tr>
<tr><td>12:00</td></tr>
<tr><td>12:30</td></tr>
<tr><td rowspan="12">午前</td><td>13:00</td></tr>
<tr><td>13:30</td></tr>
<tr><td>14:00</td></tr>
<tr><td>14:30</td></tr>
<tr><td>15:00</td></tr>
<tr><td>15:30</td></tr>
<tr><td>16:00</td></tr>
<tr><td>16:30</td></tr>
<tr><td>17:00</td></tr>
<tr><td>17:30</td></tr>
<tr><td>18:00</td></tr>
<tr><td>18:30</td><td rowspan="4"></td></tr>
<tr><td rowspan="3"></td><td>19:00</td></tr>
<tr><td>19:30</td></tr>
<tr><td>20:00</td></tr>
</table>

<table>
<tr><th colspan="3">Bさん（85歳　男性　要介護 5）</th></tr>
<tr><td>脳梗塞後遺症により右半身まひがある。自宅は車いすで入れるようにスロープを設置。居室を畳からフローリングに改修済み。</td><td>長女家族と同居。主介護者は長女。長女は仕事が朝早く帰宅も遅くなることが多い。父親は体も大きく介護が常に必要な状態で介護者の心身にかかる負担は大きい。父親のBさんは出来る事なら自宅で暮らしたいと希望し、孫と話すことも楽しみだという。長女も父の意向を受け入れ自宅で一緒に暮らしたいと考えている。小規模多機能のサービスを利用しながら家族の仕事が休みである土日は自宅で過ごし、外出をすることもある。</td><td>小規模多機能の宿泊は、定期的に利用することが可能です。宿泊の際は介護保険外の費用として宿泊費がかかります。宿泊費は事業所によって変わってきます。Bさんの様な利用をしていて、例えば主介護者長女が体調を崩してしまった際、宿泊定員に空きがあれば、金曜から土日も宿泊の連続利用が可能です。介護されているご家族が倒れてしまっては在宅生活の継続は困難となってしまいます。ご家族の休息時間がとりやすいようサービスの組み合わせが出来るのが小規模多機能の特徴です。</td></tr>
</table>

③ 親が独居の場合　独居だが必要な支援があれば何とか生活できる　自分のペースで過ごしたい

		月曜日	火曜日	水曜日	木曜日	金曜日	土曜日	日曜日
早朝	7:30							
	8:00							
	8:30							
午前	9:00							通い
	9:30							
	10:00	泊まり			泊まり			
	10:30							
	11:00							
	11:30							
	12:00							
	12:30							
午前	13:00		通い			通い		
	13:30							
	14:00							
	14:30							
	15:00							
	15:30							
	16:00							
	16:30							
	17:00							
	17:30							
	18:00							
	18:30							
	19:00							
	19:30							
	20:00							

Cさん（70歳　男性　要介護1　一人暮らし）	
親族が遠方で身近に頼れる身内がいない。腰部脊柱管狭窄症の持病があるが、最近まで身の回りの事は何とか自力で行えていた。ここ最近、足の痺れや痛みがひどくなり外出もままならないことが増えた。買い物や掃除、洗濯などの生活支援を希望。もともと社交的だったが外出が億劫になり、孤独感も感じてきている。大好きなカラオケや麻雀もやりたい、アパートのお風呂は入りづらく怖いから見守りの元で安全に入浴したいとの希望がある。ただ半日くらいの短い時間での支援で十分という希望もある。薬は自己管理が可能な方である。	訪問でも通いでもCさんをよく知る馴染みの職員が関わります。このプランでの訪問は、主に部屋の掃除、買い物、コインランドリーでの洗濯、薬の受け取りです。通いでは週2回の入浴（火曜・金曜）とカラオケや麻雀などのレクリエーション、体操を行います。ただ、予め予定されているプログラムはなく、利用者から職員へ「今日は何しようか？」と声をかけ職員から提案してレクリエーションを行います。参加は強制でなくお話が楽しい人はそのペースで過ごせます。Cさんに火曜と金曜は夕食を食べて帰ります。日曜日は昼食後の帰宅ですが、帰りに職員とスーパーに寄り、買い物をします。自分で選ぶ楽しみや荷物も重いためとても助かっています。通いの利用時間も時間の区分がないため、利用したい時間帯で通う事が出来ます。職員体制や利用枠にもよりますがその方にとって必要な支援をオーダーメイドのような形で実現できるのも小規模多機能ならではの特徴になります。

ケアプラン協力：社会福祉法人馬島福祉会　ケアマネージャー櫻井健史
（実在するプランではありません）

45

自宅での介護が難しいと判断するサインとは？

☑日常生活
☑外出時
☑医療
☑住まい

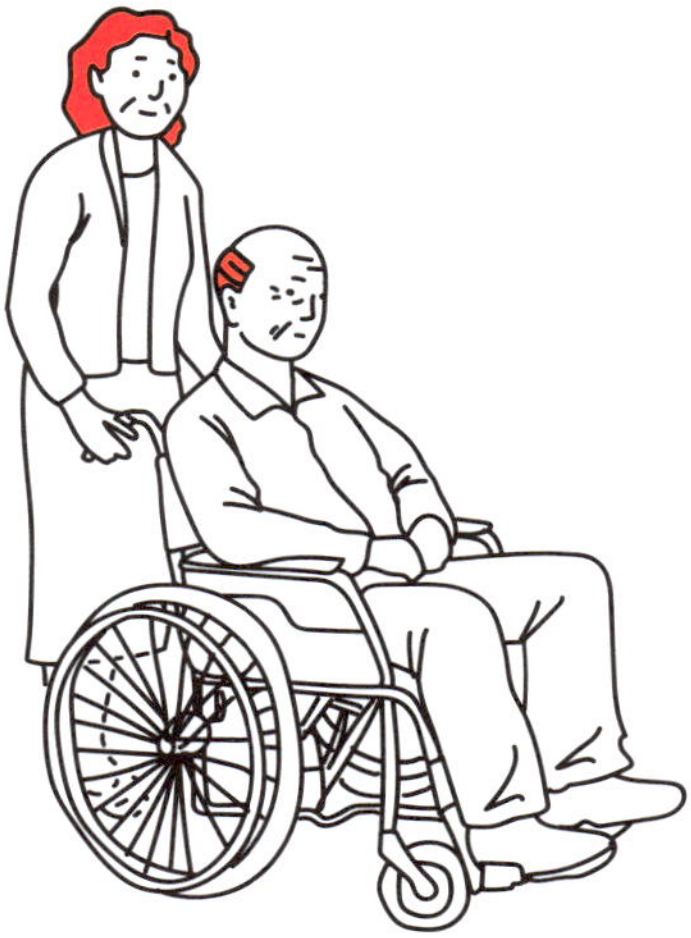

施設入居を検討するとき

介護者の体調、仕事上の問題、また家の立地条件から在宅介護が難しい方もいるでしょう。離れて暮らす親に火の始末や徘徊などで、ご近所に迷惑をかける行動が目立ったときは施設検討の時期です。また、親子関係が複雑であるとか、関係が良くても親の介護が難しい、と拒否したい方もおられるでしょう。そんな状況であるならば、最初から施設入居を選択した方が賢明です。24時間完全介護の施設に入居すれば、衣食住に関する介護の負担は大幅に削減されます。無理して在宅介護をして万が一ですが、虐待や介護殺人になっては不幸すぎます。施設＝介護放棄ではありません。

家庭により選択が違うというだけです。

日常生活の危険サイン

食事や入浴、排せつや着替えなど、日常生活に必要なことを親は自分自身で行えていますか？　リモコン操作高齢になると温度に無頓着になり、の冷房と暖房を間違えても、気が付かないことがあります。夏に暖房、冬に冷房など私たちはすぐに間違いに気づきますが、そうはいかないのが高齢者。また、掃除、洗濯も行き届かず、食器も洗われずにシンクに溜まっていることもあります。栄養管理や水分補給も大切ですが、そんな状況では確実にどうでも良いことになっているはずです。不衛生にしていると、害虫が寄ってきます。火の始末は命にも関わります。親の様子が明らかにだらしなくなってきたら要注意です。

外出時の危険サイン

通いなれた道であれば帰れる確率は高くても、横道に入った途端に戻れなくなることもあります。道に迷うことが多くなったら要注意です。警察から保護の連絡がきたのなら、その時点で在宅は難しいと考えてください。知り合いで川崎が自宅なのに、親が池袋で見つかったという例があります。本人はどうしてそこにいるのか説明ができません。川崎から池袋まで、実は経路って沢山ありません。最短のルートを使っているとは限らないのです。まだ首都圏内で発見されたから良かったものの、大阪まで行っても不思議ではありません。その後、その家庭は、在宅は限界と判断し、特別養護老人ホームに入居されています。

医療の危険サイン

定期的に通院ができていますか？　きちんと薬が飲めていますか？　通院忘れや薬の飲み忘れ、反対に一度に沢山飲んでしまうなど病状によっては命に関わります。医療面で必要なことが自分でできているかも大切な要素です。家族が毎日管理できれば良いのですが難しいと思います。訪問介護を毎日、服薬の時間にお願いするというのも合理的ではありません。定期的な医療に関する管理が必要な場合は、場合により施設の方が安心でもあります。

住まいの危険サイン

高齢になると身体機能が低下し、転倒リスクが高まります。手すりがついていても、階段昇降が難しくなる場合が多くあります。玄関の段差もチェックしてください。私の父も晩年、実家では2階は全く使わず、全て1階で暮らしていました。家の中に目が行きがちですが、アパートやマンションの住まいが2階以上である場合も注意してください。転倒をきっかけに入院すると、退院後、住み続けることができないリスクがあります。エレベーターがあれば問題はありませんが、ない場合、通所デイサービスの送迎に、時間や人数を要してしまい症状によっては契約を断られる場合もありますので注意してください。

火の消し忘れ、
夜中に近所の家のドアチャイムを押す、
時間に関係なく電話をかけてくるなどは、
危険信号

火の消し忘れを防ぐ工夫（私の愛用品）

電池式LED回転灯をキッチンに置き、
ガスコンロ利用時に同時に使用すると、
目に入りやすく、消し忘れ防止になる

エピソード

要介護2くらいまでなら、入浴や食事は介護保険や行政、民間のサービスで乗り切れると思います。盲点は、体調不良時の対応です。介護のサービスも利用計画に沿っての実施のため、日時が限られています。誰かが気にかけて訪問しないと、倒れたままのことも多いのです。

家族と同居の場合、日中はひとりでも民生委員などの訪問が対象外になります。見守りサービスも呼ぶことができなければ契約の効果が半減してしまいます。もし、頻繁に体調が悪くなることが増えてきたと感じたら、施設を検討する時期かもしれません。また、同居すると認知症でない限り、親が露骨に邪魔者扱いされているのではと感じることがあります。ひとりだけ別の食事、仲間に入れない会話、汚いモノ扱い、死ねば喜ばれると思う被害妄想をする場合もあります。認知症でない高齢者は家族内孤立がつらいのです。ひとり暮らしや施設がラクという高齢者を何人も見てきました。私は、認知症の母の在宅介護を続けていますが、最初から在宅と決めていたわけではありません。その当時、ある医学書に認知症の余命は3年から5年と記されていました。あと数年しか生きられないのなら、せめて最後は一緒に暮らそうと思ったのです。わが家の場合は認知症発症後10年たちますが生存中です。予定外といえばそうなります。ただ、感じるのは母が認知症であったから同居ができているという点です。ときにはバトルになりますが、数分後には笑っていますし、こちらも認知症だからと割り切れます。在宅介護のメリットは、家族と一緒の生活ができる、介護サービス費用が抑えられること。デメリットは、家族の負担が大きい、夜間も介護など心身両方の自由が減る、生活スタイルの変化に家族間トラブルになることがあるかもしれません。いずれにせよ、在宅介護を選択したのなら、食事は手づかみも許す、歩けないなら這っても良い。そのくらい気楽な気持ちでいることが大切です。同居での在宅介護はいつまでできるのかという質問もよくあります。要介護いくつだからではなく、重くても軽くても家族が在宅を続けられなくなるときが限界です。子もギリギリまでやりきったと思えれば、親を施設にお願いしたことを後悔することも少ないかもしれません。当然ですが、良い施設は沢山あります。自宅で喧嘩や罵り合うより良いかもしれません。在宅介護か施設介護かは、家庭の事情それぞれだと思います。介護保険制度ができて在宅介護はしやすい環境になったとも思います。お金があるから、すぐに施設に入れようで良いのかとも思います。世間一般の言葉に流されないで、自分がどうしたいのかを考えてみてください。

46

施設入居を検討する

☑介護保険サービス対象施設
☑民間施設
☑自宅に変わる居宅施設

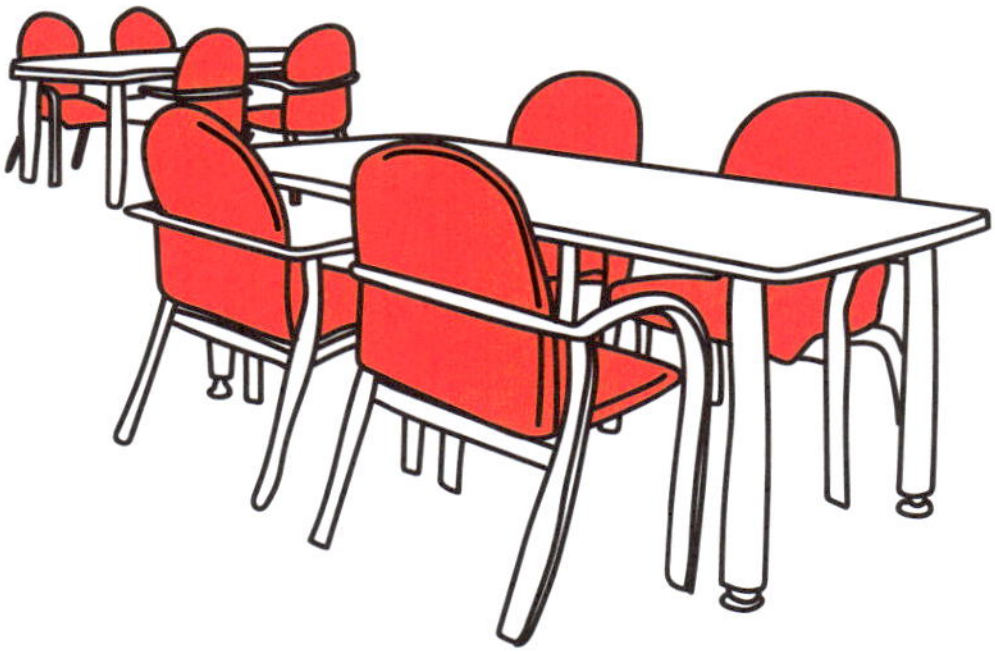

施設入居のスケジュールを把握する

お金に問題がない家庭の場合、選択の幅が広く思い立ったら入居がしやすい施設に介護付き有料老人ホームがあります。それでも入居までの期間は約2か月、急いで1か月を目途にしてください。手続きは、見学、仮予約から入居申し込み、本人面談、受け入れ審査となります。健康診断書も必要となります。入居を急ぐ場合は、複数の工程を同時に進めていくので、初めてのときはひとりでは難しいかもしれません。その場合、施設探しを無料で相談にのってくれる会社もあるので相談してみましょう。特別養護老人ホームは入居調整を年2回行っており、前期、後期の日程ごとに申し込み期間が決まっているので、注意してください。

施設での生活を受け入れていく高齢者たち

私はボランティアで介護相談員として活動していますが、入居している方にお話を聞くと、「住み慣れたとはいえ自宅で心細く暮らすより、ここにいて必ず誰かがいる状況は、安心でもある」と多くの方が話しています。自分から希望して施設に入居する人は少なく「仕方なく」「子どもに迷惑はかけたくない」というケースでの入居が多いのですが、時間の経過により受け入れに変化していくようなのです。現在80歳代以上で特に女性は、義父母を自宅で自分が介護をしていたという人も多くいます。そんな方にとっては、施設は一種の姥捨て山の印象があったのかもしれません。ですが、今の施設は日々の食事やレクリエーションに工夫をして、楽しく生きることを応援しているところも沢山あります。

施設の種類

施設の種類は非常に多く、判断に困惑するかもしれません。公的施設は、介護保険施設とも呼ばれ、特別養護老人ホーム、介護老人保健施設、介護療養型医療施設（令和5年度末廃止）、介護医療院がそれに当たります。これらの施設は要介護以上の認定が必要で、所得による軽減措置もあり比較的低コストで入居ができますが、皆が入居したいと思っているため、入居まで時間がかかる場合があります。それ以外は、民間施設の位置づけで、各施設に特徴があり、自立の方も受け入れています。サービス付き高齢者向け住宅という60歳以上であれば、元気な方、要介護状態にある方も入居できる賃貸住宅もあります。有料老人ホームには自立して生活できる人も暮らしていて、ここから仕事に通っているという場合もあるのです。極端かもしれませんが親と一緒に有料老人ホームに入居して、子は日中仕事に通い、親はそのまま施設で介護を受けるという方法もとれるわけです。今までは想定されなかった暮らし方も選べる時代になってきました。

メリットとデメリット

お金がなければ介護付き有料老人ホームは難しいし、特別養護老人ホームに入りたくても運・不運があり、ここに入りたいと思った施設があっても空きがなければ入れません。あまり理想を追わず、入居できた施設とは縁があったと受け入れることも大切です。施設のメリットは、他者との交流ができること、家族の負担が減ること。デメリットは、金銭的負担が増えること、自分に合った施設に入居できるとは限らないこと、集団生活が苦手な人にはストレスになることなどがあげられます。

高齢者施設の種類と入居基準

公的施設	特別養護老人ホーム	要介護度が高く、経済的、家庭環境などに問題がある人が優先的に入居できる場合が多い。待機者が多いため、入所に時間がかかる。	要介護3以上
	介護老人保健施設	本来は、在宅復帰を目指すために利用する。入所期間の目安は3か月。	要介護1以上
	介護療養型医療施設 介護医療院	長期療養を必要な人が医療ケアを受けられる。療養の必要がなくなると退院となる。	要介護1以上
民間施設	介護付き有料老人ホーム	食事、入浴など生活上のサービスを提供する。介護サービスは施設職員が行う。終身利用ができる。	自立～要介護5
	住宅型有料老人ホーム	食事、入浴など生活上のサービスを提供する。介護サービスは外部のサービスを利用することも多い。	自立～要介護5
	認知症対応型共同生活介護 グループホーム	認知症の高齢者が共同で生活をする施設。アットホームで人気があるが、地域によっては提供がない。	要支援2以上
	ケアハウス（軽費老人ホーム）	まとまった入居金もなく月々の利用料も安いが、自立が困難になった場合、退去することになる場合もある。	自立～軽度の介護度
	サービス付き高齢者向け住宅	安否確認と生活相談サービスが義務付けられている。医療と介護は外部のサービスも利用可能。	自立～要介護3

47

どの施設が親に合っているのかを検討する（自立〜認知症）

現時点で介護が必要でない自立の人にお薦めの施設

- ☑有料老人ホーム
- ☑ケアハウス
- ☑サ高住
- ☑グループホーム
- ☑ユニット型

●有料老人ホーム

有料老人ホームは、自立の人から重度の方々まで幅広く、終身住むことができる施設です。介護付き、サービス付きと明記できるのは、特定施設の指定を受けているところのみで、人員面や設備運営に基準があります。基本的に費用が高めですが、食事や浴室、居室に各施設の特色があり比較的手厚い介護が受けられます。入居時費用が必ず必要なところと、月額で上乗せして支払えるところなど様々です。入居時費用は先の見通しが難しいので、私は月額利用料が多少高くなっても入居金のないところがよいでしょう。それでも月額が平均30万以上は確実にかかるので、ある程度余裕のある家庭向きではありません。最近は独身寮などを買い取って有料施設にしているところも多いため、エレベーターにストレッチャーが入らなかったりするところもあるので注意しましょう。見学のときにチェックしたい項目のひとつです。有料老人ホームは特別養護老人ホームなどの他の形態に比べて、施設によって費用がピンきりとなります。特に住宅型有料老人ホームほどその差が大きいので、1か所だけでなく複数の施設の条件を比較し決めるようにしてください。

●ケアハウス（軽費老人ホーム）

自立～軽度の介護度の人が入居できる施設です。まだ元気だけどひとり暮らしが不安なときに利用するとよいでしょう。ただし、身内からの介護が期待できないなど条件があります。数が少ないため地域によっては提供されていないところもあります。

●サービス付き高齢者向け住宅（サ高住）

60歳以上であれば、元気な方、要介護状態にある方も入居できます。一般的な賃貸住宅だと高齢者は大家さんから避けられ契約がしにくい状態ですが、ここは高齢者専用賃貸住宅なので安心です。他の入居施設で見られるような、長期入院を理由とした一方的な解約もありません。一定の広さがあり、バリアフリーで廊下などには手すりが設置されています。生活相談や安否確認のサービスを受けることができ、訪問介護や通所介護、クリニックが併設されているところもあり、地域の介護、医療サービスを受けやすいよう配慮されています。離れて暮らす場合、親の独居は心配の種です。有料老人ホームはまだ早いかなと思ったら、ひとつの選択肢にしてみましょう。月ごとの賃料は20万～30万が必要になりますが、入居時の一時金は通常の敷金礼金レベルです。

認知症の親ならグループホームか特別養護老人ホームのユニット型個室を

介護相談員として色々な施設を訪問していますが、個人的な推しは、グループホームか特別養護老人ホームのユニット型です。ここは、1ユニット定員9人制でスタッフにもゆとりが感じられます。個室でゆったりしている上、慌ただしさが少ないように思います。認知症の症状があってもマイペースで過ごせている印象です。特別養護老人ホームでもユニット型は、多床室よりも居室代が高いので、全ての施設ではありませんが外出もユニット型の利用者を優先する傾向もあります。グループホームは看取りを行う施設が増えた関係で介護度が上がってきていますが、以前はある程度の自立が入居の条件にあったため、車いすの人が利用する機械浴を備えていないところもあります。その場合、重度の人はシャワー浴になってしまいます。湯船に入る入浴は楽しみのひとつでもあるので、この条件が譲れない場合は、見学の際に設備を確認しましょう。有料老人ホームは高額で、特別養護老人ホームはいつ入居できるかわからないため、中間的な位置づけのグループホームへの希望者が増えています。ここは、看護師の設置義務はないので毎日はいませんし、台所、食堂、浴室は基本的に共同です。それでも、個室がありプライバシーが守られるのは、毎日の生活の中では高ポイントで人気があります。

医療依存度が低い場合の施設選択の目安

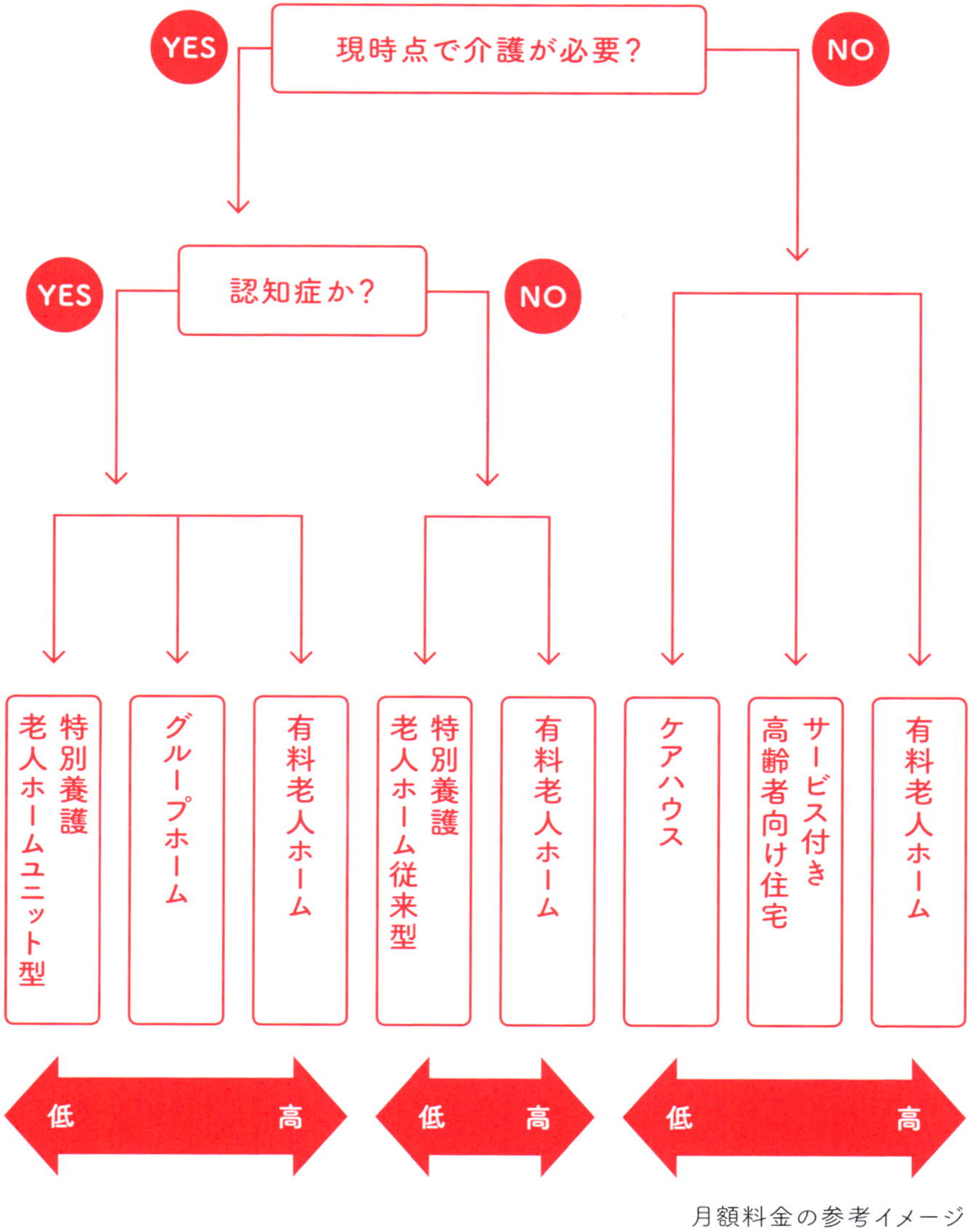

48 どの施設が親に合っているのかを検討する（医療ケア）

- ☑ 療養病床
- ☑ 老人保健施設
- ☑ 特別養護老人ホーム
- ☑ 介護付き有料老人ホーム

医療ケアの必要が高い人が入居できる施設

インスリン注射や痰の吸引、経管栄養など医療のサポートの必要性が高い人は、療養病床の対象になります。ここはあくまでも医療機関なので、回復期までの寝たきり患者のケアが中心です。医療ケアと機能訓練が充実していますが、介護施設ではないのでレクリエーションなどはほとんどありません。また療養の必要がなくなると退院を求められることもあります。

介護老人保健施設（老健）は、在宅復帰を目的とする施設

老人保健施設は入院治療を終えて症状が安定している人が、在宅復帰を目指すための施設です。基本3か月ごとに在宅復帰ができるか検討をしますが、介護保険上の期限はないため、必ず退去させられるわけではありません。実際、老健に10年近く入居している方もいるのが実情です。とはいえ、在宅復帰率は高いので比較的回転が速く、入居の目途がつきやすいのも特徴です。特別養護老人ホームが決まるまで複数の老健を転々とする、一度在宅に戻って1週間もしないうちに再入居などの方法で利用をしている人がいるのも現実です。理学療法士などの機能訓練は期待しているほど多くはありません。普段の暮らしを生活リハビリとしていることもありますので、毎日、器具を使って指導を受けられるなどの、過度の期待は禁物です。

特別養護老人ホーム（特養）は、より困った人が優先となる

以前に比べ入りやすくはなったものの特別養護老人ホームは待機者が多く、特に設備の良い施設は入居に数年かかるといわれます。ひとりで複数の施設に申し込みができるため、実際の利用希望者はその数よりも少なくなります。施設の入居待ち・待機者数を確認したい場合は、一例として、キーワード【かいごDB 川崎（ここに市区町村名）特養 待機】で検索してみましょう。このサイトは目安ですが、地域ごとに人気のある施設がわかります。また、他の介護施設の種類が選べるので便利です。特別養護老人ホームは要介護3以上で申し込みができますが、先着順で入居が決まるわけではありません。個人や家庭の環境に点数をつけ、より緊急度が高い人を選び出す優先入居制度があります。加点基準の一例は次のようなもの

があり、在宅でのサービスを広げることで引き続き生活可能と考えられると加点がありません。

●主介護者の介護力低下（病気や障害、認知症、死亡）

●社会生活の困難（近所トラブル　徘徊で警察の世話が続く）

●虐待　その他低所得世帯　居室が2階以上でエレベータがない　など

特別養護老人ホームは看護師の配置基準があり、主治医もいます。ですが、基本的に主治医は健康管理が中心で、積極的に治療はしません。もし病気が見つかったら、外の専門病院にかかるのが通常です。

即断即決は禁物！　有料老人ホームは親の症状や性格も基準となる

経営母体により個性が出るのが有料老人ホームです。食事、行事、居室の過ごしやすさなど、こだわりの工夫が施されています。食材や調理方法にこだわる、カラオケやヨガ教室などのイベントを毎日のように行うところもあれば、全く行事がないところもあります。居室の過ごし方も本人が望むからと部屋にずっと寝かせているところもあれば、無理にでも団らん室に連れてきては他人との関わりを持たせている施設もあります。価値観をどこに置くかが選択の基準にもなります。医療面も看護師の24時間常駐、夜間の痰の吸引、リハビリ体制、介護に関わる職員体制なども様々です。現状のみでなく数年先も視野に入れて、ここなら自分も入りたいと子も思うような施設を選んでください。居住費は都市部ほど高額なので同じ系列でも東京よりも神奈川が安価な場合もあります。高額な施設なので、各家庭の資産、年金額も大切な基準となります。

医療依存度が高い場合の施設選択の目安

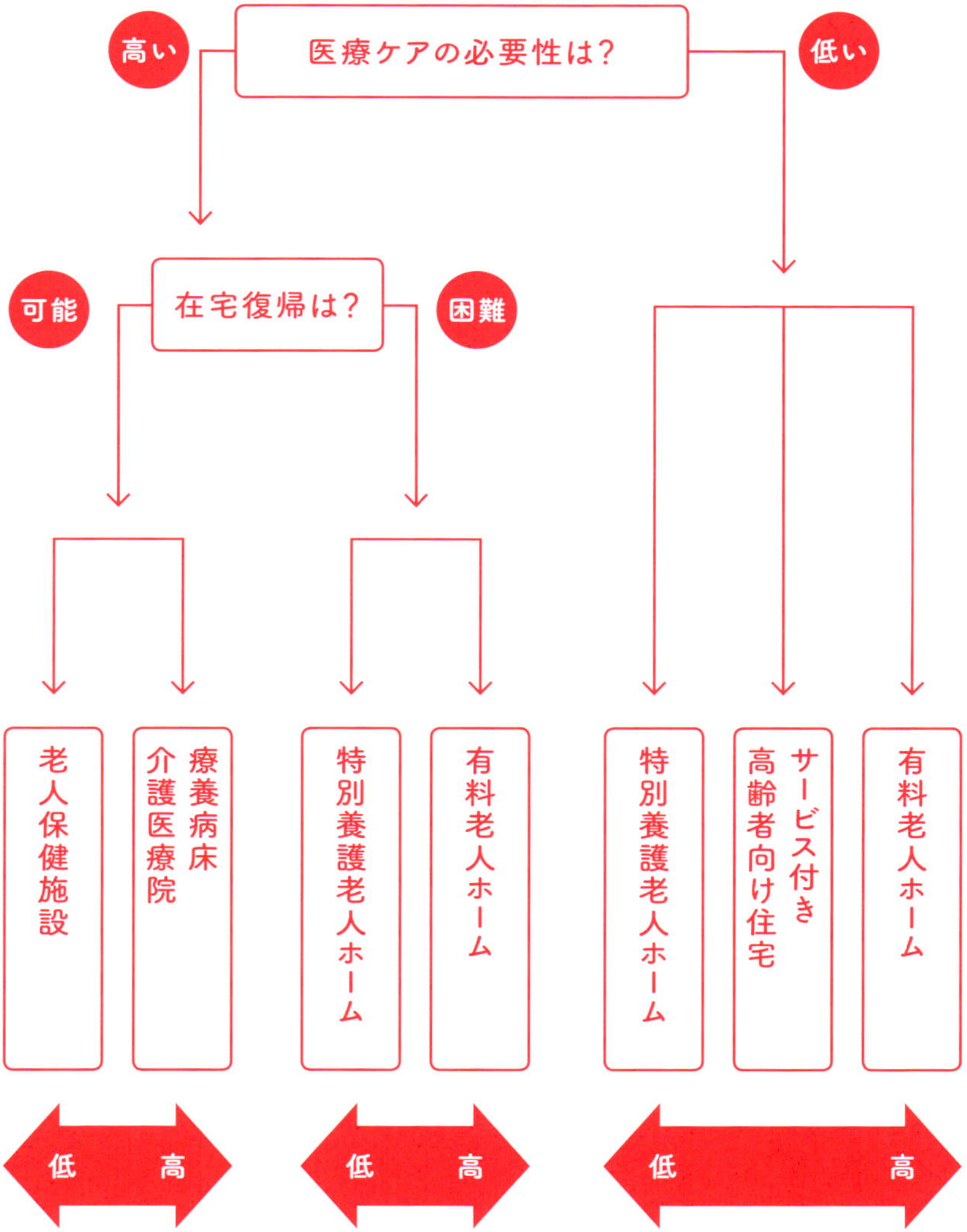

月額料金の参考イメージ

49

そもそも施設は、実家か介護者の自宅、どちらの近くが良いのか

☑施設の立地
☑持病
☑受け入れ条件

介護者の自宅の近くが良い理由

極端な考え方ではありますが、親の施設入居を決めたのなら、介護者である子の家の近くから選ぶことをお薦めします。理由として、面会にはできるだけ通ってほしいこと、通院などの付き添いも頻繁に起こる可能性があることなどがあります。遠方になると交通費も向かう時間も負担になります。知らない土地だと人間関係が変わるといって心配する人も多いかもしれませんが、親が住んでいる地域の施設を選んだからといって、その施設の利用者が地域の人ばかりというわけではないのです。一から関係をつくるのはどこの施設でも一緒です。それなら、家族が通いやすい場所の方が

良いのです。家族が実家に引っ越すことができるのならそれでも良いでしょう。親の家を引き継いで、親は施設という考え方もあります。正直なところ、施設は日常のお世話が精いっぱいで外出はそれほど期待できません。食事の味付けも地域の特色より病状に合わせた形態のものになります。施設の中では、土地による差は心配するほど大きくないというのが私の持論です。多くの施設は面会や家族との外出には好意的ですし、何より本人が喜びます。親と過ごせる残された時間と病気のときのリスクを考えると、すぐに駆けつけられる立地が良いのではないでしょうか。

地域の住民を優先する施設への申し込み

特別養護老人ホームは、複数のホームへの申し込みができますが、一般的にその市区町村に住民票がある人に加点がされます。××市立・区立というのは行政委託で運営しているため地域住民を優先しています。全く縁のない土地よりも現在住んでいる地域の施設の方が入居しやすいのは事実です。また地方にいくほど待機者数が少なく、首都圏より入居の順番が早くなる可能性があります。地域密着型サービスのグループホームや小規模な特別養護老人ホームは、一般的にその地域に住民票があることが条件です。子の住んでいる地域の施設を検討する場合、遠方の親の転入時期の見極めも重要となります。転入後、すぐに申し込めるのか、期間が必要なのかなど、各市区町村の介護保険課に予め確認をしておくとよいでしょう。

持病や心身の状況による受け入れの条件を確認する

親が認知症ですが入居できますか？　と心配さ

れる家族が多いようです。高齢者施設の多くは認知症ケアに力を入れているため、ほぼ受け入れ可能です。認知症よりも他の持病で困難となる場合が多いので注意してください。特別養護老人ホームでは、褥瘡処理、浣腸、摘便、人工肛門（ストーマ）、喀痰吸引、インスリン注射、経管栄養療法（胃ろう・鼻腔カテーテル）、在宅酸素療法が対応可能です（施設により異なるため要確認）。胃瘻、バルーンカテーテルの利用者も多く見られます。自己腹膜灌流、中心静脈栄養（24時間持続点滴　定期的な静注点滴）、悪性腫瘍患者への化学療法、非経口的経口癌性疼痛治療、気管切開下陽圧人工呼吸、鼻・顔マスク間欠陽圧人口呼吸、結核菌排菌者の対応は難しく、この処置が必要になった場合は病院に転院となります。退院時に、この医療行為を必要とすることになったら特別養護老人ホームへ戻ることは難しくなります。特別養護老人ホームだけでなく有料老人ホームを検討する際など、特別な医療行為が必要な場合は、希望する地域にその症状の受け入れが可能な施設があるかも大切な要素です。

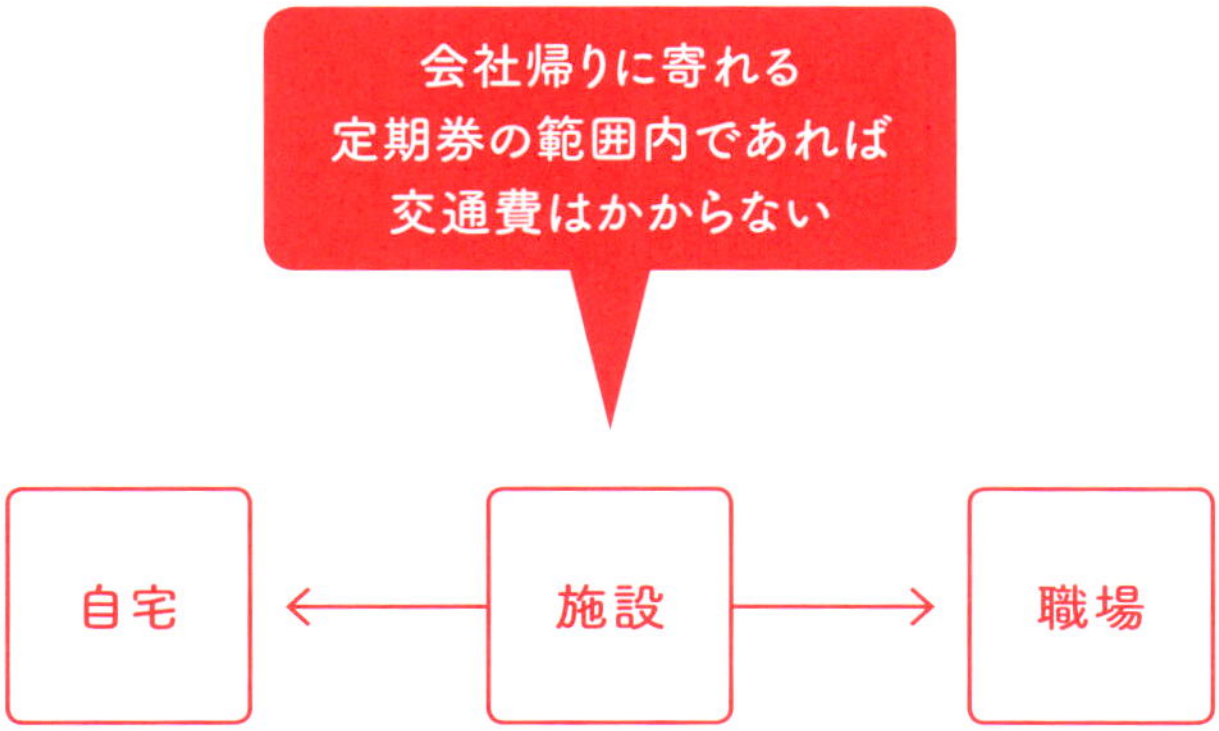

自宅からは在来線で1.5時間以内の距離が好ましい。職場立地によってはその近くの施設も検討の一つになる。（特別養護老人ホームや有料老人ホームなど）ただし、介護は思いのほか長引くことも多々ある。自身の定年までの年月なども考慮する。

エピソード

施設はピンきりなので事前に訪問をして、ここなら任せられる、というところを見つけてほしいと思います。あなたは数週間でも病院に入院したことはありますか？　生死をさまようわけではなく比較的軽度で歩行もできるような状況を思い浮かべてください。談話室に行っても時間つぶしにもならない、面会もいつもくるわけではない。決まった時間に決まった食事、好きなものをいつでも食べられる状況にはない。外出も許可が必要で勝手にはできません。入浴も日が決まっています。不運にもいびきや夜間騒ぐなどうるさい人が同室だと夜も苦痛です。もちろん、医師や看護師は優しく、色々とお世話もしてくれますが、それでも「早く家に帰りたい。自由になりたい」と感じることでしょう。特に、意識のはっきりしている高齢者はきっと最初はそんな気持ちなのです。親が施設に入居したのなら面会に行きましょう。毎日でなくても外出に連れ出してあげましょう。親はとても喜ぶはずです。そもそも外出ができないのなら、言い方は悪いですが、施設はどこでもあまり変わりません。それなら子どもが頻繁に会いにきてくれた方が良いのです。施設から呼び出されることも多くあります。家族会や行事には、なるべく参加してほしいと思います。高齢者は転倒やケガ、病気も多くなるもの、そんなときも子どもが近くに住んでいると安心です。

50 施設を出なければならない時はどんな時？

☑終の棲家
☑看取り
☑治療方針
☑迷惑行為

親の看取りはどこを希望する？

施設の介護報酬に、利用者の看取りを行ったら支払われる「看取り介護加算」ができたことにより、特別養護老人ホームをはじめ、グループホーム、本来ならば在宅復帰を目指すはずの介護老人保健施設でも、看取りまで対応するという施設が増えてきました。これに対応している施設は、入居の際、看取りの方針や施設の体制についての説明があり、本人と家族らは、医療行為及び延命等に関する事前確認書にその時点での希望を記載する流れになっています。その後、気が変わったときは申し出によりいつでも変更はできるようですが、そのときに決めるような軽い気持ちではなく、親の最期をどのように見送るのか、事前にきちんと考えておくと悔いが残りません。

親への治療方針により施設を退所になる?

お世話になった施設の職員とともに親を見送りたいと考えている家族も多いかもしれません。施設の案内には、「看取り対応・終の棲家として最適」などと書かれていても、状況によっては退所の打診を受けることがあります。避けられないのは医療問題です。例えば胃瘻による経管栄養を受けていた方が、逆流による誤嚥性肺炎を起こした場合など。本来なら胃瘻に戻すのですが逆流による肺炎を繰り返すと医学的管理が必要なIVH(中心静脈栄養)に切り替えになることもあります。この状態では特別養護老人ホームに戻ることは難しく療養型医療施設などへの転院が必要となります。最後までこの施設にお世話になりたいと思っていても予期せぬことで退所になることもあるのです。特別養護老人ホームは3か月を超えて入院すると退所となります。このような場合は退所手続きのときに、再度戻りたい場合は優先的に入居が可能かも確認しておきます。施設によっては、待機の順番を一番にしてくれてすぐに戻れるところもあります。有料老人ホームの場合も、病状や治療方針によっては、その施設では対応できなくなることもありますので早めの確認が必要です。

有料老人ホームはダブルで費用が発生する

民間の有料老人ホームは、入院が長引いても退所を迫られるリスクは少ないのですが、入院療養費と施設の家賃と管理費の費用が二重に発生します。支払いの滞りがなければ問題ないのですが、滞納すると退去を迫られます。これは一般的な住居と同じ感覚です。支払いができる余裕があるかなど、資産の状況と今後の医療の方針や生活も含めて検討が必要です。基本的に、有料老人ホームに入れる方は裕福な方が多いので、医療費負担割合も多いかもしれません。ざっくりですが、有料老人ホームで35万、医療費が20万としてもひと月50万円以上の出費になります。

他人への迷惑行為はイエローカード

他の入居者や職員に暴力をふるってケガさせる、壁に穴を開けるなど、行きすぎる行動は退去の原因となります。施設側も病気で怒りっぽいのか、精神科の薬で対処できるのかなど、その行動に至る原因と対処方法を色々検討して、その結果どうなのかと順番を踏んで進めていくので、いきなり退去を突きつけられることはありません。男性が女性の部屋に頻繁に入る、他の人の所有物を持ってきてしまうなどの対処も、施設は本人や家族と相談しながら検討していきます。

せっかく入れた施設から退去となる可能性が高くなる

医学的管理が必要

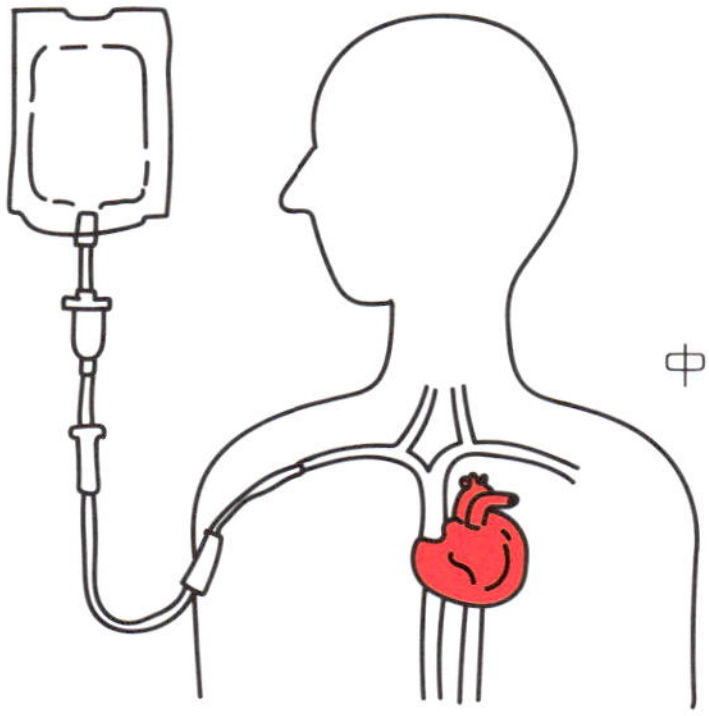

施設内での迷惑行為

51 介護施設に入ったら、いくらかかる？

☑施設利用費
☑居住費
☑食費
☑管理費
☑理美容代
☑オムツ代
☑日用品費

施設の費用は、施設利用費＋α

どの施設も共通してかかる項目は、施設利用費です。要するに入浴や食事を介助してもらっているお世話料みたいなものです。この部分は、介護保険が利用できます。要介護度や施設の分類によって異なりますが、一番高い療養病床のユニット型個室を一番介護度の高い要介護５の人が利用した場合で４万９４０円（１割負担）です。他はこれよりも安いということです。施設によっては第２章でご紹介した利用者負担割合（１割〜３割）によって大きく費用に差が出ます。

＋αの実費で費用に大きな差が出る

実費負担額が個々の施設によって異なるため、月々の費用に大きな差が出ています。影響力が高いのは居住費です。建物の立地や部屋の環境によって異なります。賃貸住宅を思い浮かべてください。大都会の広いワンルームと郊外のバス、トイレ共同のアパートを比較すれば、金額が大きく異なるのが理解できると思います。それと同じです。続いては食費！　無農薬野菜を取り寄せたシェフの料理とスーパーの広告の食材を使った家庭料理ではどうでしょうか。普段の生活と同じ感覚なので、料金の違いのイメージはつかんでいただけたと思います。

●実費負担額の例

①居住費（家賃）…その部屋に住まわせてもらっている費用
②食費（食材料費）…食事の提供を受ける費用（おやつ代は含まれない場合もある）
③管理費（共益費）…有料老人ホームとグループホームはその地域の住民であるため、町内会費などが発生する場合もある
④理美容代…必要に応じて美容院や理髪店の実費（自治体支援もある）
⑤オムツ代…特養、老健、療養病床は介護保険給付費に含まれるため実費請求なしその他の施設では実費負担、現物持参あり
⑥日用品費…歯磨き、ティッシュ、衣類、嗜好品、診察代など

介護も生活困窮者を救う制度が整っている

日本の介護保険制度は身寄りのない人や生活困窮者に手厚くなっています。特別養護老人ホームは比較的低所得者が優先的に入居できますし、食

費の軽減措置もあります。一般的にはわかりにくいのですが、グループホームでも生活保護世帯を積極的に受け入れる施設や東京近辺（栃木、茨城など）には低収入世帯を優先的に受け入れている施設もあります。親の収入や資産が心配な場合は、市区町村の介護保険窓口に相談してみてください。世帯収入で入居施設の種類はある程度、決まってくると言っても過言ではありません。

有料老人ホームの契約は入居金なしを

入居金が数千万円必要なところから、月々の利用料のみの施設もあり千差万別ですが、お薦めは入居金なしでの契約です。緊急時も空室があれば入れますし、入居後、その施設が合わないとなっても退所した際のリスクも少なく、万が一の経営母体の倒産のときでも安心です。先に大きな金額を払ってしまうと１００％使われてしまうので戻ってこないと思います。ここは、月々目安として35万円以上が支払える富裕層の方が検討できる施設です。医療、外出、行事に関しては、費用が高い分、それなりに工夫がされています。医療に関しては、緊急時の対応や指定病院、通院の頻度などを十分確かめて、見合った費用であるかも検討してください。

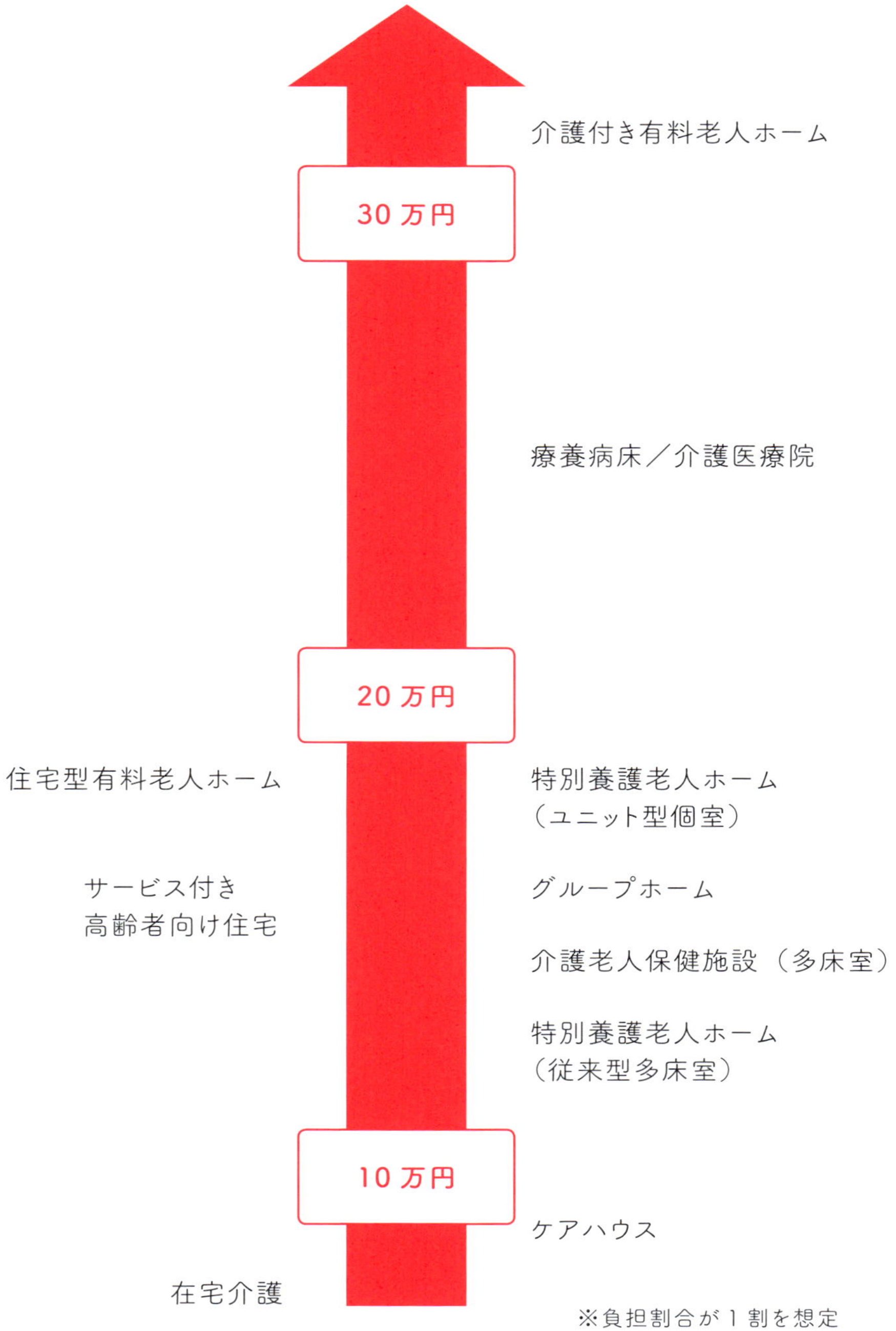
介護付き有料老人ホーム
30万円
療養病床／介護医療院
20万円
住宅型有料老人ホーム
特別養護老人ホーム（ユニット型個室）
サービス付き高齢者向け住宅
グループホーム
介護老人保健施設（多床室）
特別養護老人ホーム（従来型多床室）
10万円
ケアハウス
在宅介護

※負担割合が1割を想定

わが家に合った施設を選ぶチェックポイント

☑施設利用費
☑居住費
☑食費
☑管理費
☑理美容代
☑オムツ代
☑日用品費

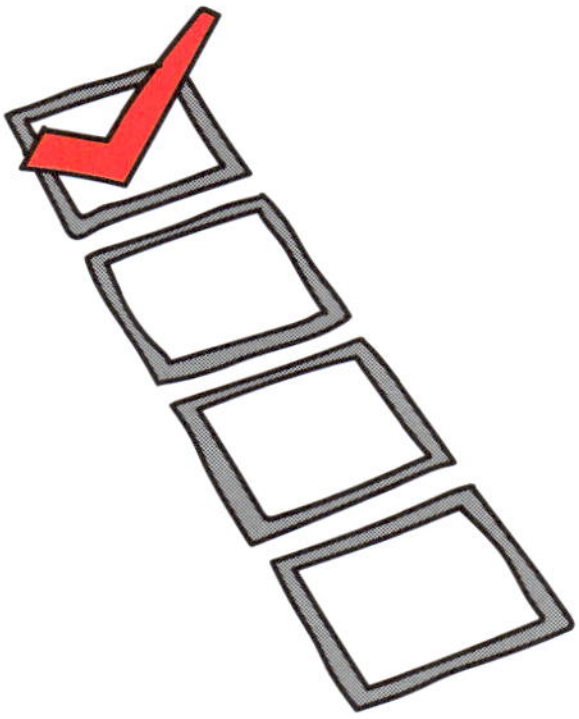

施設契約の前準備として重要事項説明書をチェックする

重要事項説明書には施設のサービス内容をはじめ、経営法人の概要、職員の配置状況などの項目があり、ウェブサイトやパンフレットでは記載されていない事項が確認できます。マイホームを買う際、値段・立地・間取り・日当たり・環境・近隣の様子をチェックしますが、これと同じ感覚です。なぜならば、施設というのは親の日常の生活の場であり終の棲家になる可能性が高いからです。大げさなようですが、今後の人生の幸福度が左右されます。親本人も家族も納得できる施設であるのか、しっかりと確認しましょう。

重要事項説明書はどこで入手できる？

一般的に施設との契約前は、問い合わせ→見学→重要事項説明という流れで進みます。見学のときには是非、重要事項説明書を見せてもらいましょう。施設にはこの内容に関しての説明義務があり、入居希望者から要望があれば提示しなければならないので、依頼を躊躇しなくても大丈夫です。重要事項説明書は、施設に問い合わせる前の検討材料としても利用できます。都道府県が有料老人ホームの重要事項説明項目を一覧表で公開している、経営法人が該当施設をまとめて公開している、特別養護老人ホームが自己施設を独自公開している、など、インターネットで割と手軽に確認することもできます。

● 【都道府県名　重要事項説明書】で検索…その地域の施設が一度に確認できる。
→希望する地域にどんな施設があるのか、比較対象をしたいときなど

● 【経営法人名　重要事項説明書】で検索…その母体法人の施設が一度に確認できる。
→特定の法人（ニチイ、ツクイなど）を推薦された、その法人が気になるときなど

● 【個別の施設名称　重要事項説明書】で検索…個別施設の詳細情報が確認できる。
→この施設（名指し特定）がすごく良いと聞いた、評判が良いので確認したいときなど

施設選びのチェック項目（主な例）

施設運営会社…安心して契約できる経営母体か経営理念など

契約解除と返却金…入居者申し出解除と施設申し出解除の内容、退去時の返還金算定など

サービス内容…認知症や介護度が上がった際の

利用継続有無、事業者変更時の対応など
介護保険サービスの利用範囲…介護サービス費用、食費、室料、日常生活費など
利用料金…月額利用料、一時金の額
施設利用の留意点…外泊、外出、禁煙、飲酒、所持品の持ち込み、身体拘束など

入居でやっていけそうかを契約前に判断する

契約前に体験入居やショートステイを利用して、生活リズム、他利用者との相性、昼夜の環境や食事など、可能な限り日数をかけて宿泊してみましょう。いくら素敵な建物でも日頃の様子はわかりにくいもの。宿泊すると様々な角度からの気づきも多いはずです。また、是非、施設長と話をしてください。目指す施設像などを聞くのも良いでしょう。本当に驚くのですが施設長の考えで取り組みや従業員の行動が違うのです。現実的な話ですが、実はここまでして選んだ施設でも予知できないことがあります。昨今、介護職員による悲しい事件があります。そのときは100%経営母体が変わります。職員も入れ替えになるケースが多く、環境が一気に変わるのです。経営母体や施設長などトップが代わると良くもなるし悪くなることもあるのです。これは一般企業も同じなのですが、やはり生活の場なので影響が大きいものとなります。

重要事項説明書の項目とチェック事項

- エレベーターが車いすやストレッチャーに対応しているか、消防用設備も確認する
- 入居期間が長い人が多ければ健康管理や満足度が高いともいえる

- 利用料金は部屋などで変わる場合もあるから確認する

重要事項説明書

施設経営法人
ご利用施設
居室の概要
職員の配置状況
提供するサービスと利用料金
契約の終了（退所事由）
残置物引き取り人
高齢者虐待防止について
秘密情報、個人情報の保護
身体拘束、行動制限
緊急時、事故発生時の対応
非常災害対策
相談、苦情受付
看取り対応
など

- 協力医療機関の名称、夜間看護の有無、居室移動時にかかる追加費用の有無なども確認する

- 設置の有無を確認する。窓口が適切であるかなども判断する

- 介護福祉士が多ければ介護体制がしっかりしているともいえる
- 採用人数や退職者数で環境が判断できる

介護相談員の目線！　私はここを見ている

作品が展示されているか
レクリエーションで創作した作品を共有する気配りがあるか

～ちゃんと呼びかけている
親しみという名目の高齢者軽視であるこの感覚は個人差がある

入所者の身なりを観察する
衣類の汚れ、爪やヒゲなどの手入れなど清潔を心がけているかがわかる

面会時間はどのくらいか
時間設定に余裕があるか？　家族とのコミュニケーションを大切にしているか

トイレのドアの開閉を観察する
トイレと食堂・談話室が近距離であるとき開きっぱなしは環境上、不衛生

食事介助が早すぎないか
次々と食べさせるなど、入所者のペースを無視すると誤嚥性肺炎の原因となる

廊下の手すりに洗濯もの
自立歩行の入所者の妨げになる、この行動は施設本位である

独特の臭いがする
汚物や医療系のニオイがきつくないか？　生活の場として耐えられるか

歯ブラシの収納方法を観察する
数本のブラシ部分が接触している場合は、感染症に無頓着。個別管理されているか

車いすに汚れはないか
ひじ掛けや隙間にほこりが溜まっている場合もある、普段の気配りが表れる

エピソード

施設を選ぶときは、できればぜひ見学に行ってください。入居したらずっと利用し続ける覚悟も必要です。特別な事情がない限り、施設を変えるのは得策ではありません。新築の施設は設備が良いので心を奪われがちです。建物はきれいだし、職員もやる気があるのではと思えてきます。ですが、ある新施設は開設が延期されていました。理由は、職員が集まらないのです。こういうところは要注意です。食事も可能なら食べてみてください。日本のお米を使っていないところもあります。施設では好きなものを食べられません。別料金ではあってもケーキや、握り寿司を提供する施設などは恵まれています。こんな話があります。ある施設でそばがメニューで提供されていました。入居者Aさんは、そばが大好物なのにすることができないのです。それを見た職員は、食べないの、と下げてしまったといいます。これは、入居者の楽しみを奪っています。施設によっては2階、3階などのフロアによって、掲示物が貼ってあったりなかったりもします。不思議に感じたら理由を遠慮なく聞いてみてください。認知症の方が多いフロアで食べてしまうため、紙や花を置いていない場合があります。施設も人手不足が現実で、食事介助も数人を相手にしています。もっとゆっくり食べさせられないのかと思うこともあるかもしれません。ですが、ときには割り切りと寄り添いも大切です。「問題があると何回も話し合ってきたがもうくたびれ果てた。長くいると生きていてくれれば良いと思うようになった」というご家族もいました。家族の意識次第で、施設の評価は決まるものなのかもしれません。

53 施設での面会はマナーに気をつける

☑利用者への配慮
☑お裾分け
☑金品持ち込み

他の利用者との距離感を保つ

施設には多くの利用者が暮らしていますが、家族がいる方ばかりではありません。独身で身寄りがない、家族がいても絶縁状態など、特に特別養護老人ホームには孤独な老後を送っている方の比率が高く感じます。面会も家族が頻繁にくる人、全くこない人に二極化されているようです。施設では、食事の席など定位置が決まっていることがあり、何回か出向くうちに親の隣にいつも座っている人などと顔見知りになることがあります。その方と会話が成立する場合、好意的に話しかけるのは良いのですが、度がすぎないようにしましょう。例えば、その方の家族のことを必要以上に聞く必要はないのです。施設に入っている間に配偶者が亡くなっていたとしても、家族の意向で意図的に伝えていないこともあります。会話がきっかけで思い出し、家族に必要以上に「夫は元気か」と問いはじめたという実話もあります。たわいもない天気や食べ物の話にとどめ、人の生活歴には踏み込まないのが賢明です。

他の利用者へのお裾分け

施設によっては、家族からのおやつの差し入れが許されています。同室でいつもお世話になっているからと、お裾分けを安易にしてはいけません。これは病院と一緒です。利用者は見た目では判断がつきにくいのですが、個人ごとに食事や飲料の形状も細かく分かれています。糖質を制限している人もいれば、水分もとろみをつけないと飲み込めない人もいます。施設によっては持ち込みに関するルールもあるので、飲食物を持ち込んだ際は、必ず職員に確認するようにしましょう。また、日頃介護をしていないきょうだいが、たまたま、面会に訪れたときに持参したお土産が事故につながったこともあります。たかがおやつ、されどおやつなのです。

金品の持ち込みは最低限にとどめる

高齢者はお金に敏感ですが、完璧な貴重品管理はできていません。施設にお札を持ち込む必要があるのなら、事務所に預かってもらえるかの確認をしてください。私は介護相談員として定期的に施設訪問をしていますが、お金がなくなった、時計をとられた、ダイヤモンドの指輪がなくなったなど、個別に苦情がらみの相談を受けます。その話は本当かもしれないし、勘違いかもしれない。実際のところわからないのです。金品は必要な金額以外は持ち込まないのが正解です。多床室はもちろんですが、個室もいつ誰が入ってきてもおかしくない状況です。施設はホテルや病院ではないので、部屋の中に貴重品入れはないと思ってください。

施設内で開催される臨時のお店屋さん

施設によっては、定期的に洋服や食べ物などが購入できる臨時ショップが開催されることがあります。女性は特に楽しみにしている方が多いと聞きます。ですが、嬉しくてあれもこれもほしくなり予定外に多くの買い物をしてしまうことがあります。この催しに家族が同席できない場合、洋服は何枚まで購入しても良いのか、予算はいくらまでなのかなど、予め職員に伝えておくと良いでしょう。入居をすると買い物とはほぼ無縁になります。自分でモノを選ぶのは楽しいものです。このような機会があれば、負担にならない範囲で、上手に利用してください。

カーディガンとブラウスが欲しい
ご家族から、お買い物は3000円までと聞いています。その範囲で選びましょう

54

施設職員に感謝の気持ちを忘れずに

☑イベント参加
☑面会
☑コミュニケーション
☑情報提供
☑日頃の感謝

施設のイベントには可能な限り参加を心がける

特別養護老人ホームや有料老人ホームなどの入居施設ばかりではなく、デイサービスや小規模多機能型居宅介護など在宅支援の事業所でも、夏まつり、クリスマス会などのイベントが計画されています。このような大々的なイベントには家族を招待するので、土日に開催されることも少なくありません。お知らせがきたら、是非とも時間をやりくりして参加を検討してみてください。自分がそのイベントの企画運営担当者だったら、と考えてみてください。まずは参加してくれたことに感謝！　楽しいと言ってもらえたら更に嬉しいのではないでしょうか。欠席した人より出席してくれた人に好意を持ちませんか？　そして、何より家族と過ごせることを親が喜びます。認知症であっても、特別に自分に接してくれる家族はわかるように思います。要介護状態になり、施設にお世話になると、一緒に外出する機会も減ってきます。年に数回、イベントに参加することは、親、自分、施設職員にとってもメリットが沢山あります。イベントは、３者のコミュニケーションの場となるのです。

親が入居施設にお世話になるのなら定期的な面会を心がける

施設職員による高齢者虐待のニュースを目にすることがあります。私は、家族の面会は直接虐待防止に結びつかなくても、虐待予防くらいにはなると信じています。何人かの介護職の知人に聞いてみました。「よく面会にくる家族と全くこない家族、それによって、その親である入居者に対して感情が変わることはある？」。ほとんどの人が「その違いで虐待になることはないけれど、ご家族とその親に対して親近感が出てくる」と話していました。人間は自分たちに協力的かつ好意的な人にいじわるはしにくいものです。家族が面会や施設のイベントに出向くだけで信頼関係ができるのなら、楽ではありませんか。介護家族側から、どれだけ歩み寄れるのかが大事だと思うのです。

日常会話から情報提供する

施設の職員は利用者と接するとき、その人の生い立ちや性格を考慮しています。〝この話をすると喜ぶ〟などの情報は、思いのほか役に立ちます。すごく機嫌が悪いときに、楽しい思い出の話をすると暴力などのトラブルを事前に抑えることもできるのです。生徒会長だった話、社交ダンスが上手とか、親が自慢できる情報を職員に伝えておくと気にかけてくれます。時間があるときは、面会だけで帰らず、現在の状況確認や必要に応じて施設職員に情報提供もしてみてください。施設によっては親に担当職員がついているので、誰であるのかを確認し、挨拶をしておくと良いかもしれません。

日頃のお世話を感謝する

私は平日の日中、小規模多機能型居宅介護の事業所に母のお世話を依頼しています。お金を払っているのだから自分がお客様という意識は全くなく、自分が対応できない部分をお願いしていることを忘れないようにしています。お陰様でずっと仕事も続けながら、それなりに母も家族も幸せな生活ができています。介護施設というのは、仕事とはいえ高齢者はわがままで大変なことも多くあります。夜勤もあるし体力も気力も使います。介護に関しては、親というひとりの人間に関わるパートナーだと感じています。

年に数回のイベントでは、
送迎を担当していない職員や
他の介護家族とも交流ができる

55 親の最期に備えて準備できること

☑終活
☑エンディングノート
☑リビング・ウィル（尊厳死宣言書）
☑お墓

親と一緒にエンディングノートを準備する

近年、終活《しゅうかつ》が脚光を浴びています。子への迷惑も最小限に抑えるため、自分でも生前に準備を進めようというものです。代表的なものにエンディングノートがあります。自分の人生の歴史や人間関係、財産の状況や介護、葬儀に関する要望などが記せます。最近の葬儀は、弔問や香典の辞退、会社や町内会との関係の希薄化や施設入居による孤立などを理由に、表立った葬儀が減り、親族のみで行う家族葬が増えています。親の立場によってはそれでも立派な葬儀を行わなければならないこともあるかもしれませんが、希望を記しておくのは後々の参考になります。エンディングノートは、必要な項目がすでに記載されていて安心な市販品も多くあります。自分に合うものを購入してみましょう。人生の終わりを意識し、そのときに備える活動ですが自分の人生を振り返る良い機会でもあります。介護をしている子世代も、いつ何が起こるかはわかりません。親だけに勧めると、「死ぬのを待っているのか」などと険悪になる場合もあるので、私も一緒にやるよ、くらいの気軽さでトライするのも良いかもしれません。これは、遺言書ではないので、法的な拘束力はありませんので注意してください。

リビング・ウィル（尊厳死などの事例宣言書）

リビング・ウィルとは、自分の意思で延命治療を拒み、それを文章にして表明しておくことです。父の最期は中心静脈栄養を私の意思で選択しましたが、果たして父にとって良かったのか今でも答えがありません。100％希望がかなうとは言い切ませんが、親が希望するのであれば、医療情報キットの中に用紙を一緒に入れて冷蔵庫に保管しておくと突然の様態悪化のとき、第三者に伝わりやすくなります。

核家族では墓守も大問題

悩ましい問題にお墓があります。私の実家は私の祖父の死をきっかけに、静岡のお寺にお墓を建てました。今の墓守は母ですが、実質私が墓守代行をしています。いつか子孫が途絶えた場合の墓守の悩みは、多くの家庭が抱えているかもしれません。永代供養や海に散骨を希望する人が年々増えているのも、お寺との付き合いやお布施などの負担が原因かもしれません。現在、墓石の代わりに樹木を墓標とする樹木葬というものがあります。

現在、先祖代々の墓地がないのであれば、先のことも考えて調べておくのもよいでしょう。

親の介護で感じること

親の介護は思いのほか、長引くことがあります。早く終わらないかなと思う反面、終わりが死を意味するのだと考えるとせつなくなります。ただ、生まれてきた以上、誰にも寿命はあります。「あのとき、こうしていれば」など悔いをあげればきりがありません。私は、親の介護があまりにもつらく、他の人の状態はどうなのだろうと知りたくて、介護相談員のボランティアを始めました。認知症の人を受け入れてほしくて、認知症サポーター養成講座の講師も始めました。自分自身も介護を通じて、苦労や工夫をたくさん経験しました。未熟な私が、社会貢献を意識したのは親の介護がきっかけです。親にありがとう、とやっと思えたのは

10年たった頃です。私を産んでくれて、育ててくれてありがとう。

項目だけでなく、
レイアウトや挿絵など、
工夫がされています。
実物を確認して選びましょう
エンディング
ノート

おわりに（介護日記より）

遠距離介護　父…要支援1　母…要介護1

実家は駅からは近かったが、スーパーマーケットが遠かった。徒歩3分以内のコンビニと精米店店頭で販売されている、おにぎりが両親の主食だった。父は歩行が徐々に困難になり杖を使用するようになった。杖では荷物が持てないからと、シルバーカーをプレゼントした。家から徒歩20分くらいのスーパーに、よりによって強風の日にふたりでこのシルバーカーを使って買い物に出かけたという。父は筋肉がやせ細り体重もかなり減っていたので、強風にあおられ、母にもぶつかりふたりで転倒。顔にあざ、肘をすりむくなどの大ケガをした。父に判断能力があったため、タクシーを呼んで、かかりつけ病院に行くことができ、手当てを受けることができた。運良く、骨折はなかったが痛々しい外傷と包帯が今後を不安にさせた。

人から勧められると断ることができない父は、ある意味、業者のターゲットだった。一時期、自分から車を手放したのに、定期預金が満期になりその金額で購入できるからと軽自動車をまた購入していた。しかし、そこは高齢者の運転。大通りに出るときに、右折のタイミングを失いバックした際、バックミラーの確認を怠ったのだ。自宅近くの狭い道で油断したのか、たまたま居合わせた後続車にぶつけてしまった。人ではなかったのが幸いでもある。この事故をきっかけに免許証は返上することになった。運転免許を返納すると、「運転経歴証明書」を申請することができる。「運転経歴証明書」を提示することにより、高齢者運転免許自主返納サポート協議会の加盟店や美術館などで、様々な特典を受けることができるらしい。高齢者が、ブレーキとアクセルを間違えて児童や店舗に突っ込むニュースをよく目にするようになった。これらは家族が、危ないから免許証を返上してほしい、運転は卒業するようにと説得した矢先のことも多いと聞く。地域によっては車がないと生活できないところもある。ボランティアや地域での支えが期待されるが、やはり高齢者の運転は難しい問題に変わりはない。

母の認知症は進行していたが本人は気づいていない。そのため母にとって父は、昔の元気な頃の父なのだ。父の体力が弱ってこようと、そんなことは思っても感じてもいないようだ。あるとき、母が父へ買い物を依頼した。父も自分の体力を自覚できておらず、ノコノコと出かけていった。一度転倒すると自分では起き上がる体力がないのにだ。1度目は、近所の人に見つけられ支えられて自宅に戻った。2度目は倒れているところを見知らぬ車の親切な人に助けられ家まで送ってもらったという。この話は後日、父本人から聞いた。遠距離介護と在宅で生活させることに限界を感じた事件でもあった。

デイサービスに行っていた頃、母には被害妄想があった気もする。鍵を保管しておく場所を決めておいたが朝になると、その場所にないことが続いた。その都度、探すことになるため、デイサービス事業所から鍵を預けてほしいと催促された。ホームヘルパーも家に入るようになり、認知症だからこそ、知らない人が家に入ってきて何か自分のテリトリーを侵食していると感じたのかもしれない。夜になると大切なものを隠すのも正当防衛だったのかもしれない。

配食サービスは、ケアマネージャーからの紹介で夕食だけ週3回から始めた。栄養も考えられ食べやすい柔らかさにもしてある。だが、動かないからお腹もすかず、食も細くなり白飯に手を付けず冷蔵庫に保管されることが増えてきた。昔の家庭なので認知症とはいえ母が食事を準備するが、お弁当なのに中身をお皿にわざわざ移して出すのだ。ある日、業者から苦情の電話があった。返却の容器に穴が開いていた、容器のまま火にかけたのではないかという。だけど、容器代はもらっていないというものだ。火にかける？　最初は疑心暗鬼だったが、知人の親がヤカンと間違え魔法瓶を火にかけていたという話を聞いた。他の家庭でも同じような事件は起こっているのだ。

配食業者は、初めの頃は好印象だったが、この事件をきっかけに声が3トーン低くなった。迷惑な客だと思っているのだろう。解約の際、請求書とともに〝お代金が振り込まれておりません〟と大きな字で書かれたものがFAXで送られてきた。確実に振り込んである。証拠としてATM振込用紙に大きく丸をつけ、FAXを送り返した。私は、誰にもこのお金しか興味がないような配食業者を紹介する気にはならなかった。逆に最後まで感じが良かったのは新聞店だ。ずっとお付き合いをさせてもらっていた。ここには最終月の支払いの電話をしたら、ご主人から、これまで長い間ありがとうございました。最後のお代金はいただけませんと丁寧にお礼を言われた。無料にしてくれたからではなく、気持ちよく幕引きができたことが、なぜか嬉しかった。

真夏に実家を訪ねたとき、雨戸を閉め切り、冬物のパジャマを着せられ厚手の布団をかけて寝かされている父の横に、平然と母が座っていた。父は体力がなくなり、言葉も思うように話せなくなっていた上、暑さや寒さの感覚もなくなってきていたようだ。認知症の母にされるがまま生活をしていた。このままではいつか熱中症や脱水症状を起こしかねないが、どちらも悪気なく大真面目なのだ。これは、父が熱を出し、川崎に連れ帰る日の出来事だ。私はかかりつけ医からの忠告もあり、静岡での両親だけの在宅生活を終わらせる決断をした。

実家から引き揚げることになった際、多くの品物を廃棄した。今思うと高く売れるものもあったかもしれないが、この時は余裕がなく早く片付けたくて仕方がなかった。この頃、実家の地域の清掃局は持ち込み廃棄が許可されていた。持ち込み指定日に何回も車で往復し、雑貨や洋服、ほとんどのものを捨ててしまった。ただ、仏壇、写真、ペルシャ絨毯だけは両親の思い出がつまっているので、今の川崎の家で現在も愛用している。母がこの部屋で安心して暮らせている理由のひとつかもしれない。

同居介護　父…要支援2　母…要介護1

父は、夜中に連れてきて翌朝、病院を受診し入院。そのまま帰らぬ人になった。元気だった父が先に逝くとは考えてもいなかった。父が入院をしていたとき、母はひとりでお見舞いに出かけてしまった。中学生の息子は認知症のことを理解しておらず母が外出するのを見送ってい た。徒歩5分で病院には着くものの病室が理解できずウロウロしていた。父の名前は言えたので毎回、病室まで連れていってもらったという。その話を後に受付の人から聞いた。だが、病院までは踏切も信号も渡るので、今となっては何もなくて良かったというしかない。きちんと家族に母のことを説明しなかった自分が悪いのだ。本当に運良く家に戻れたり、私が見つけたりして家に連れ戻すことができたが、見つからなかったら行方不明になってしまう。徘徊は行くあてが本人にはあり、わからないから進むうちに余計わからなくなってしまうのだろう。

父が亡くなる3日前から、私は母とともに病院の個室に寝泊まりしていた。個室に移るというのは死期が近いということ。職場には理由を話し有給休暇をとっていた。母は、病室が家だと勘違いをしていた。どこでも自分の家と思えるのはすごいし、幸せかもしれない。病室に入ってくる看護師さんに「いらっしゃい」などと対応をしている。ただ、混乱はしている。父の死期が近づいていることは理解していない。この頃、家では私のことをまだわかっていた。「かずちゃん」と呼んでくれていた。ところが病院では「よしこちゃん」と、いとこの名前で呼ばれた。入院したとき「母を残して先に逝けないね」と聞いたら「そうだな、逝けないな」と話していた父。母はよしこちゃんを繰り返す。よしこちゃんじゃないから！　そのやりとりを見ていた父がお迎え間際というのに困った表情を見せた。心拍停止の直前「おばあちゃんのことは任せて。私が面倒を見るから」。その瞬間、ものすごい力で手を握り返してきた。同時に父は旅立った。頼んだぞという意味か。この出来事が母と在宅で一緒に暮らすという選択のきっかけになった。私は兄を10年以上前に亡くしている。完全にひとりっ子だ。兄には嫁や子どもがいたが、母のことで迷惑はかけられない。なにより義姉には子どもたちを守ってほしかったからだ。それに今は嫁が介護をする時代ではない。実子がする時代だ。義姉も自分の親を娘として支えていた。男、女ではない、実子が親の介護をするのだ、私しかいない。

同居介護　母…要介護1

父が亡くなり、そのまま母と同居するようになった最初の頃、リビングにある書類や、キッチン用品を自分の部屋に持っていき、棚や仏壇や、洋服入れに隠すという事件が頻繁に起こった。紛失物は必ずといって良いほど母の部屋から見つかった。欲が出てくるのか、本当に自分のものと思っているのかは不明だ。また、あるときは、リビングにいる犬にお菓子やパンを全部あげてしまうという事件もあった。高かったパンも全て犬の胃袋だ。犬は嬉しいかもしれないが身体には決して良くはない。また、あるときは息子がシャツに大便がついていて学校で洗ったと怒りながら言う。一緒に母のものと洗わないでくれと。いつも洗濯機に入れる前に一通り確認しているので、その時点で大便がついたまま洗濯機に入れることはまずない。息子の勘違いかと思ったが、ある日、リビングに干してある洗濯物に大便がついていることを自分でも確認した。何時、誰が？　でも母以外には考えられない。母が自分の大便をさわった手でこすりつけたのか……結局、どうしてついていたのかはわからなかった。きっと息子の話も真実だろう。後にも先に、この洗濯物大便事件は2回だった。真剣にリビングに鍵をつけることを考えた。

半年間、私が仕事の平日、母はひとり留守番をしていた。昔から洗濯が好きで1日何回も洗濯機をまわしては、しわもなく干すことが自慢だった。ワイシャツなどアイロン不要なくらい叩いて伸ばして干していた。もちろん畳むのも大好き。待っている1日というのは長い。何か集中できる仕事をさせたい。そこで閃いたのは、朝、故意に洗濯済みの畳んである洋服を部屋一面にばらまくことだ。それを全て畳むのには結構な時間がかかる。何でも良い、本人が得意なもの、好きなものはないだろうか考えてみよう。本人が集中できることを任せてみると良い。わが家は飽きもせず、毎回この方法を実行した。出かけるとき、「洗濯物、畳んでおいてね、助かるから」と声をかけていった。母もわかったと喜んでいた。高齢者施設でも、タオルやおしぼりを畳んだり巻いたりする仕事を利用者が率先して取り合っている。みんな、仕事が大好きのようだ。人間って人の役に立ちたいものなのだ。

平日ひとりでいるのに一番心配なのは、火事だ。以前お弁当容器を火にかけた事件は忘れられない。朝、キッチンに入ってお湯を沸かしていたことがある。このときはちゃんとヤカンを使っていたが、毎回使う保証はない。それから、毎日元栓を閉めることが習慣になった。昼間にリビングに入ってきて電話をとることもあった。昼間はセールス電話が多いと思うが後日、「前に出られたお母様が、私にはわかりません、と言われていたので改めてかけさせていただきました」という電話が入った。この対応はナイスだが、いつもこの対応ができる保証はない。火事対策でいうと、仏壇のお線香、ろうそく、マッチなども全て他の部屋に移動させた。毎日、ご先祖様にお線香をあげていた母だが、今はもうこの日課を忘れているようだ。

かなり長い間続いたのが、施設からティッシュペーパーをポケットに入れて持ち帰ること。いつも洗濯の際は気にかけていたのだが、うっかり何回も入れたまま洗濯してしまったことがある。洗濯を干す時間がいつもの倍以上かかり、自分の確認ミスなのにティッシュもほしがる母も疎ましく思うこともあった。

同居介護　母…要介護3

この頃の悩みに弄便《ろうべん》行為がある。これは、オムツ中の大便を手で触ること。触った手で他の衣類を触るし、時々、襖に便をこすり付けることもあった。舐めないことが不幸中の幸いだった。だが爪の中に入るのが不衛生なのでいつも短くしていた。大便の介助でおしりを拭いているときに限り、わざわざ手で陰部を隠すように触りにくるのにも苛立った。手を胸にあてておいてと頼んでも当然、その通りにはしてくれない。介護者としては悩ましいが、人前で陰部をさらけ出し平然としている方が異常だ。隠しにくるのは当然なのだ。ただ軟便のときなどは本当につらかった。この時期から、手洗いのほかに、丸石製薬のウェルピュア、健栄製薬の手ピカジェルなどゼリー状の殺菌剤を使用することにした。これらは病院や大型施設ホールなどに置いてあることが多い。病院に置いてある製品やメーカーは信頼できると思う。食事前後、帰宅時、感染症予防、うまく手が洗えないときなどにとても重宝する。

要介護3になった年の2012年5月。認知症の母を旅行に連れて行こうと思い立った。歩ける間に旅行をと思ったこと、家族とも少し距離をとりたい、自分も母を理由に海外旅行をしたかったからだ。外国船で税金やその他で10万くらいだった。徘徊しても所詮は船の中、そんな都合の良いことを考えていた。横浜を出発し、プサン、済州島、鹿児島のクルージングだ。船を選んだのは荷物が宅配便で送れること、乗船と下船が家から近いこと。もちろん、船の中で過ごすことが多いがイベントが沢山ある。フォーマルディナーではドレスアップも楽しめる。観光は全てオプショナルツアーを申し込んだのは母の世話に労力を使いたかったからだ。船中はショッピングもできタイムセールでは母も自分の時計を選んでいた。980円くらいの安物だが選ぶというのは楽しい。母とともに美容室も予約した。太平洋の水平線を見ながら親子でシャンプーカットとブロー。なんという贅沢な時間だろう。担当美容師が日本人なので母も安心していたようだ。鹿児島では指宿で砂風呂も経験した。要介護3で認知症でも自立歩行ができればシャワーも使えて清拭も問題はない。トイレも頻繁に誘導すれば大きな問題は起こらない。このときに行ってよかった。

認知症というのは都合の良い病気だ。私は父と兄を亡くしているが、母はあまりそのことを思い出さなくなった。特に兄を若くして亡くしたときの落胆はすさまじかった。そのつらい出来事を思い出さなくてすむのなら、その方が良いに決まっている。この頃も、母の心の中にはいつも兄がいて、「まーちゃん」と声を出して呼んでいる。反面、ものすごく悪口に敏感だ。この頃、食欲旺盛な母は甘いデザートも大好きで体重は増加気味。「おばあちゃん、重いな、太っているよね」と家族で話していると「誰が太っているって」と怒っている。悪口で脳を活性化できるのかもしれないねと笑い話になった。

この時期、伯母が亡くなった。100歳超えという大往生だった。生前、母はこの伯母が大好きだった。父の姉であるが、ひとりっ子の母は本当のお姉さんのように感じていたらしい。告別式には一緒に連れて行った。「えっ、ねえちゃん?」と泣き崩れたかと思えば、火葬の間はお葬式で来ていることを忘れている。挙句の果てに隣に座った別の伯母に「みんなが集まって楽しいね」と、とんでもない言葉をかけてしまった。当然だが「何を言っているの、お姉さんのお葬式でしょ」と唖然とされた。一部の親戚にしか母が認知症であることを伝えていなかった。親戚とはいえ、この年になると会うのはお葬式くらいだ。どこまで個人の問題をオープンにするのか悩ましい。

できないことは確実に増えてきているのに口は達者に動いている。全く私に対して感謝というものがないらしい。他人には丁寧だから家族としての意識が少しはあるようだ。この頃、母と私はとにかく言い争った。「こんなところに好きでいるわけじゃない、帰らせてもらうよ」と母、「どこに帰るの、誰も面倒を見てくれないからここにいるんでしょ、ひとりじゃ何もできないのに」と私。入浴、食事、失禁、こちらは生活と介護に疲弊しているのに何とも偉そうに文句を言うのだ。「このばばぁ」と言いながら頬を叩いてしまったこともある。そのあと、自分で自分の頬を思い切り叩いた。手の跡が残るほど叩いた。後悔と懺悔の繰り返し。近所にはきっと怒鳴り声が聞こえていただろう、限界かも。これなら施設に入った方が幸せかもしれないな。どうして良いかわからなくなった。私には仕事もあったし、小規模多機能のスタッフもいる。離れる時間と援助者がいることが私を正常に戻してくれた。本気で手をかけてはいけない。事件を起こしてはいけない。それだけは頭にあった。

親世代は介護という言葉自体に馴染みがないのかもしれない。父は6男で婿になったし、母はひとりっ子だけど、両親とも脳溢血と食道癌で数か月の入院を経て旅立ってしまった。しかも、介護というのは寝たきりになり、何もかも100%お世話になる状態だと思っている。母は、失敗はあるがトイレには行けるし、自分で歩くし、手づかみでも食べ物がとれている。自分が介護をされているという認識がそもそもないのだ。私の方は、同居した頃から自分は在宅介護をしていると思っていた。この感じ方の違いがケンカの原因になるのかもしれない。

同居介護　母…要介護5

母は要介護5でも、圧迫骨折をするまで歩いていた。すり足なので多少の段差でも、つまずくことへの心配は尽きなかった。そんなときに起こった事件だ。リビングで娘が勉強をしていたので、母を頼んで私は犬の散歩に出かけた。30分弱で戻るし母が外に出るなんて考えもしなかったので鍵を閉めなかった。家に着くと、口の中を切って血だらけになった母が寝かされていた。娘の話はこうだった。「出ていく音がしなかったから全く気が付かなかったが、外を見たらおばあちゃんが走っていた」と。外に出たのは良いが混乱し走り回って転倒したようだ。転倒した場所が悪く砂利道だったため口にケガもした。本来なら、かかりつけ医に行きたいのだが、電話をしたところ技師不在でレントゲンがとれないという。診療時間外でレントゲンと外科を診察してくれる病院を救急医療情報センターで確認し、すぐに向かった。とにかく転倒が続いた。小規模多機能でも椅子から立ち上がろうとして足をひっかけ転倒する。そのたびに病院に行ってレントゲンをとった。気が休まらない日々が続く。自分よりも自分以外の家族のことになると心配しすぎで、私にはとてつもなく大きなストレスとなった。介護でのストレスの大半は病院がらみだった。母は両足とも大腿骨頸部骨折をしているため金具が入っている。ずれていないか、複雑骨折をしていないかをその都度確かめた。金具があると簡単には折れにくいのは確かだが、変な方向に曲がったら後がない、そんな心配が続いている。

朝、小規模多機能のお迎え時間が早くなり、私の出社前に来てもらえることになった。母は這いずりながら玄関まできていたので、今日もそうするだろうと気が緩んでいた。歯を磨きながら「おばあちゃん、もうすぐお迎え来るよ」と声をかけた。次の瞬間ドーンという音がした。駆けつけると母が押し入れの扉に頭を突っ込み倒れていた。足元には車いすが倒れていた。どうやら私がかけた声に反応して、車いすにつかまって立とうとしたらしい。いつもはそんなことしないのに、ケガをするときとはそういうものだ。私は遠くから声をかけたことを後悔した。その日は施設にそのまま行き、翌日にかかりつけ医を受診した。何と脊椎圧迫骨折で即入院となってしまった。手術はしないが安静ということで、その後コルセットを8か月間使用した。この骨折と入院で急激に認知症が進行し言葉が少なくなった。歩く気力もなくなった。このときに、もう歩くことは諦めても良いのではないか、無理に歩かせてまた転倒するより車いすの方が安全ではないか、と考えるようになった。ただ主治医にはリハビリを希望した。歩くまで回復はしなくても良いけれど車いすに移乗するときは、支えながらも自分の足で踏ん張れるようになってほしいから。また依頼には別の理由もある。車いすになると母との外出の機会が減ってしまうだろう。自分も外に連れて行くのが面倒になるかもしれない。リハビリを外出のきっかけにしたい。この義務を自分に課すためでもあった。毎週、土曜日はリハビリの日としている。でも、雨の日は休憩だ。そんなとき、朝、雨が降っていると喜んでしまう自分もいる。

母が圧迫骨折や肺炎で入院したときは、夕食の時間に間に合うように定時で帰宅をしていた。

食事はひとりの看護師や介護士が車いすの2～3人を前に座らせ同時に順番に食べさせている。まるで親鳥がひなに餌を与えているようだ。だが、職員人数は限られているし、食べさせてもらえるだけありがたいと思わなければならない。だが、時間には限度があるのか食べないと食欲ないの？ と片付けられてしまうことも多いようだ。もともと、もったいないと思ってしまう性分なのと、やはり人間は口から食べるというのが大切だと思っているのでなるべく完食を目指し、自分が食事介助を行うことにしたのだ。困ったのは、続けることによって病院から夕食の介助は家族がやってくれると期待されすぎてしまったことだ。もちろん、定時を心がけるが帰れないときもある。30分遅れても、そのままの状態で食事が置かれている。時間がたつと細菌も増えるし何よりも母もお腹がすいてしまう。一言、「来られないときは食事の介助をよろしくお願いします」と伝えた方が良いことを痛感した。

圧迫骨折をしてから、右手を曲げようとすると痛がるようになった。ケアマネージャーからマッサージを勧められたので利用してみることにした。月、水、金の週3回で施設にいるときに対応してもらえる。母は小規模多機能の中でも手がかかる方だと思う。家族としても多少は申し訳ないという気持ちがある。本来なら施設入居するレベルなのに私の希望で在宅を続けているからだ。そんなことを考える必要はないのかもしれないが、介護相談員で入居施設を見ているが故に、絶対にうちの母のお世話の方が大変だと感じた。私は毎日のことで麻痺しているが、外出先では必ず大変ねと言われ、病院でもこの状態で在宅介護なの？ と驚かれることが多い。そんなこともあり、職員さんが一時でも母と離れる方が良いのではと思ったのも事実だ。そんな理由で始めたマッサージであったが、小さな変化があった。独語が復活し、寝かせながらのズボンの着替えの際、おしりを上げて無意識にも手伝ってくれるようになったのだ。血色が良いですねと言われることも増えた。医療保険で月４０００円ほど。使って良かったサービスだ。※リハビリ（介護保険）と訪問マッサージ（医療保険）は保険適用で併用できます。介護保険の点数を使わずに利用できます。リハビリの利用回数が足りないと思ったときも検討してみてください。

デンマークやスウェーデンなどの福祉先進国に寝たきりはいないという。日本は安全を優先し（というかその方が楽だから）、寝かせきりにしているのだという。それが寝たきりという言葉の本当の意味だと思う。母は圧迫骨折以来、寝かせきりにしておけば寝たきりになるが、平日は小規模多機能で車いすでも起きているし、土曜はリハビリで外出。日曜日は寝ているときもあるが、ごくたまに外出することもある。ある日、主人が車を買い替えたいと言い出した。今までエスティマだったがどうしても乗り換えたいらしい。まさか母が圧迫骨折をするとは思わなかったので運悪くというか、ランドクルーザーを選んでしまっていた。歩けるときなら少し高い位置に座席シートがある車だが問題なく乗れたはず、だが圧迫骨折後は違う。だからと言って高いお金（予定以上）を出して買った車を更に買い替える選択肢はゼロである。それならば、何とかして母を乗せなければならない。まず母をドア付近まで車いすで連れて行き、下から足を私が支え、上から主人が引き上げる。周りから見るとまるで人さらいのようだ。女性だから持ち上がるのだが、何とかなるものだ。車いすであっても福祉車両など特別な車を準備しなくても十分にドライブや外出が楽しめる。

いつの日か、ふと思った。そういえば耳掃除ってずっとしていないよね。母は耳かきを使いよく掃除をしていたが、いつの日からか自分ではしなくなっていた。耳垢がつまると聴力が低下するが、それが原因で会話が難しくなることもあるらしい。会話が減ると刺激がなくなり認知機能も低下する。本来なら耳鼻咽喉科に定期的に行って掃除をしてもらえば良いのかもしれないが、赤ちゃんと一緒で耳垢を柔らかくする薬を注入して、数日後に再度外来というように受診が一度ではすまない。以前、咳で耳鼻咽喉科にかかったついでに耳を診てもらったが、「鼓膜が見えるから大丈夫」と言われ、掃除はしてくれなかった。自宅で寝かせながら耳に蛍光灯の光が入るよう、見やすくして掃除するのだが見えにくいときもある。たまたま、リハビリに向かう途中、信号で待っていると太陽の方向とタイミングが合い、耳の中が奥まで非常によく見えた。今なら確実にとれると思ったが綿棒がない。それ以降、病院に行くときは必ず綿棒をバッグにいれている。というか診察ケースに一緒に入っている。

福祉用具のレンタルは1割負担だから高くはない。でも本当に必要か？　ケアマネージャーや業者から勧められても必要と感じていなければ契約は先送りで良い。「夜の寝返りを2時間に

1回してください」と言われたとき無理だと思った。それなら母の残存能力を使おうとベッドのレンタルを先送りにした。理由は、母はまだ自分で動くことができたからだ。ベッドだと落ちると危険と察しているのか動かないが、布団だと180度回転していることがある。転倒リスクもないし、頑なにベッドは借りなかった。そしてついにベッドを入れたのだが、理由は私個人の身体への影響だ。布団から車いすに移乗させるとき、母は全身の体重を委ねてくるため持ち上げるときに自分の膝を酷使していた。長年の無理がたたったのか痛くて仕方がない。このままだと自分が介護されるときに迷惑をかけてしまう。やはり自分の健康を一番に考えた方が良いことに今さらながら気づいた。

薬学部の娘が、研究テーマを〝コーヒーと認知症について〟に選んでいた。なんでもコーヒーの成分であるトリゴネリンが脳に良いらしい。毎日飲むとアルツハイマーの予防になるという。また、コーヒーのフェルラ酸は神経細胞によく転倒防止になるらしい。建築学部の息子が、都市づくりに興味を持った。高齢になっても障害があっても暮らしやすい街は需要がある。母が認知症であることが子どもたちの大学での学びに影響しているのは間違いない。きっかけは何であれ、子どもが世の中の役に立つ働きをしてくれれば、母が認知症になった甲斐があるというものだ。

うつ病の人に頑張ってね、との声掛けは良くないと聞いた。けれども話をしっかり聞いた上での頑張ってね、は意味が違うと思う。介護者も一緒、特に在宅同居介護をしていると気持ちに浮き沈みがある。私も介護を経験していない人から、お母さんを大切にしてあげてね、とメールをいただいたときには心が折れた。直前に母に対し怒っていたからだ。送った人に悪意はなく最後の締めの一文にすぎない。また職場では「医者に連れて行かなかったの、冷たいな」と言われたこともある。介護家族にも色々と事情はある。そんなの知ったことかと思うかもしれないが起伏があることはわかってほしい。必要以上に家の介護に踏み込んでくる人を避けたくなったときもある。

若い頃は社交的で人気者だった頑張り屋の母が、眉間にしわを寄せ鬼のような形相で暴言を吐く。認知症は症状がどう出てくるのかわからない。人格が変わる場合もある。戸惑い、混乱、悲しみ、やるせなさ、恨み、怒り……認知症の母がいることで、生活は介護優先に変わっていく。介護生活は恩と恨が渦をまく。アルツハイマー型認知症と診断され、要介護1から5まで経験した。要介護3までは精神的に、それ以降は肉体的に疲労が増した。現在、ほぼ寝たきりの末期の状態。ここにきてやっと、認知症という病気になっても、私の顔を忘れてしまっても親は親であること。私自身も子としての役割はやり遂げつつあることに誇りと達成感を感じるまでになった。介護も含めて全てが私の人生なのだと受け入れられるようになりつつある。12年かかっている。気持ちを変えようとしても簡単にできるものではない。自然と時間が解決してくれたように感じる。

家族だからこそ、日々一緒に暮らすだけで十分だ。腹立つもよし、喧嘩も良し、一緒に喜ぶのも良し。危害なければ何でも良し。親の介護と仕事を天秤にかけなくても良いし、どちらかを選ぶ必要もない。中間思考が一番、結果が良ければ良いと私は思っている。介護のために仕事を辞めないと決めて、自分ではできないことをどうするのかを考えれば良い。認知症ケアに正しい答えはない。本人中心で介護者は怒ったりせず……は絶対に無理。認知症介護の本にはそう書いてあるが並大抵ではない。母は自分が大好きでいつも自分が一番でないと気がすまなかった人。わがままは認知症だからではなく、本人の性格がそのまま出ているだけかもしれない。家族だから優しくできないこともあることを認める方が楽になる。介護職員も人手不足。長期の入院も難しくなるのなら、これからは益々、在宅での介護を余儀なくされる時代になる。自分の介護に自信を持とう、母は12年も生きてくれている。

父は施設に入居はしないまま最期を迎えたけど、母は施設ということもある。もちろん、その逆も考えられる。子からすると父母は平等に介護したいが、できないことに悩むこともある。この平等というのは、ふたりとも在宅とか施設とか、施設といっても特養だとか有料だとか、必ずしも父母を同じようにと考えなくても良いと思うようになった。それぞれ性格や個性があるから、家にいながら訪問介護を希望する人もいれば、他の人と一緒の方が楽しいという人もいる。植物も日陰を好むもの、日当たりを好むものとで育て方に差がある。これと同じで、それぞれの特性に合わせる介護が良い。この性格に応じた対応ができることが一番良いのだと思う。

介護中だからいつ辞めても良い準備をしようと思った。介護はつらいことも多いけれど、転んでもタダでは起きないようにしておきたい。私は介護に生かせる資格に挑戦している。取得したからとすぐに会社を辞めるわけではないが、学びにより知識が増え、合格によって得られる自信と評価は確実に上がると思う。在宅介護をしていると、付き合いが悪くなる。私も平日の夜は母の帰宅に間に合うように残業もコントロールしているし食事会も制限している。家にいる時間が増えるのならば、就寝までや土日を有効に使って、いずれ社会貢献できることにお金と時間を投資している。

介護に直面したからこそ目指した資格が私にはある。旧ホームヘルパー2級（現介護職員初任者研修）は、母を呼び寄せて同居をした初期に取得をした。在宅介護で役に立つと思ったからだ。宅地建物取引士は、近隣に空き家が増えていること、高齢者世帯だった一軒家が売買され新築住宅に変化している現実を多数目にしたことが影響している。ファイナンシャルプランナーは、お金や相続を自分事と感じたからだ。そして社会福祉士は相談援助をいつか必ず自分の仕事とするんだと固く決意したから取得した。いずれも介護をしていなかったら目指していた可能性は低かったと言い切れる。

母は認知症と診断されてから10年以上たつので、どう考えても末期だ。子育ては、明日できることが増えていく。介護は、明日できないことが増えていく。心がけているのは、一杯のコーヒーをおいしく飲む。キレイな花に触れる。季節のものやその土地のおいしい物を食べる。そのとき生きている喜びを感じて、ゆとりを持つことを心がける。介護に、特別なことはいらない。

病院介護　母：介護保険を卒業か

高齢者の1年は重みがある。母は2018年の暮れから、肺炎で入退院を4回繰り返した。症状が回復して退院できても家庭に戻るとなぜか、どんなに食事に気を使ってもむせる、食べないが続き、1週間で再入院、2日で再入院ということがあった。2日で肺炎になるのだ。一歩一歩、老衰が進む。肺炎や骨折などで一気に進む。まるで階段から転げ落ちるように。

退院して小規模多機能の通いを利用するが、何度となく現在の症状を電話で伝えられた。酸素量や血圧を伝えられ、病院に連れて行くことができるかの判断を迫られる。急に電話がきてもすぐに駆けつけることはできないし、数値での判断も難しい。電話が怖くなった。医師に病院に連れて行く目安を確認しておくと良い。痰や咳や食事をとらないなど、いつもと様子が変わったとき、酸素量が90以下になったとき、熱が38度以上になったときなど。

在宅医療と訪問看護を利用して在宅に戻るか、医療療養型病院に転院するか。私の選択はどちらか。もちろん、有料老人ホームという選択もあるが、家で難しいのであれば病院が安心という気持ちが優先する。小規模多機能には大変お世話になったが、やはり医療的な判断で迷惑をかけてしまった。医師、看護師がいつでも対応してくれる病院にいた方が私も安心できる。

医療療養型病院にお世話になることを考え始めている。この本が出版される頃には、答えがでているだろう。小規模多機能型居宅介護を解約すると介護保険は一先ず終了。これからは医療保険のお世話になる。医療療養型病院に入院しても在宅に戻れる可能性もゼロではない。いつの日か介護保険を新たに申請する日がくるのか。さぁ、できることをやろう。自滅せず親も家族も幸せになる方法で。

本書の刊行にあたっては多くの方にご協力をいただきました。この場を借りてお礼を申し上げます。プレジデント社の岡本秀一様には出版という素晴らしい機会をいただきました。ネクストサービス株式会社の皆様からは、企画の段階から多くの助言をいただきました。ウイットの向山勇様には妥協をしない原稿にむけて最後までご支援いただきました。

私が家庭と介護と仕事を両立できているのは、家族をはじめ、介護事業所の皆様、病院関係者の皆様、介護の悩みをともに語り合った友人、仕事やボランティアをしていく中で関わった知人たちに支えられたからに他なりません。執筆を通じて多くの皆様との思い出にも触れることができました。本書の内容は、私がこれまでに出会った多くの方の悩みや助言がヒントになっています。本書を通じて、介護に悩まれる多くの皆様の役に立つことを願ってやみません。

渋澤和世

【著者略歴】
渋澤和世（しぶさわ・かずよ）

1964年、静岡市生まれ、川崎市育ち。NEC関連会社（現職）でフルタイム勤務の中、10年以上に渡り遠距離・在宅介護を担う。両親の介護をきっかけに社会福祉士、宅地建物取引士、ファイナンシャルプランナーなど福祉に直接的・間接的に関係する資格を取得。その経験や知識を多くの方に役立てていただけるよう「在宅介護エキスパート協会」を設立、代表を務める。

2人の子どもに恵まれるも、両親が同時期に脳血管障害、認知症、骨折、肺炎で入退院を繰り返す。長年にわたり仕事、子育て、介護（遠距離介護4年・在宅介護8年）の「トリプルワーク」を経験。仕事をしながらの育児、介護にストレスが極限にまで達し、介護疲れを起こす。書籍や情報サイトなどを頼るも、「介護の常識」は、仕事や育児との両立をしている人にとっては、全てこなすことなど到底できない理想論であることを痛感する。

その後、「自分でもできる介護」を自力で確立することを決意。アイデア発想講師としての知識を生かし、それまでの「完璧な介護」から「自滅せず親も家族も幸せになる介護」へと発想の視点を変え、現代人のための介護思考法を独自に研究する。

政令指定都市・川崎市では、介護相談員として高齢者施設での相談援助や改善提案を行うとともに、生命保険会社、鉄道会社、金融機関など大手企業にて認知症の在宅介護講座の講師として登壇、認知症の理解と家族や被介護者の心労が改善する方法を伝授している。また、「高齢者や障害者がもっと快適に暮らせる世の中を作る」というミッションのもと、高齢者・障害者を支援する団体を取材し、地方新聞では20回以上にわたりその記事が掲載されるなどメディアでの実績も多数。介護する者、支援する者、専門家としての3つの顔と、行政、企業、家庭の3つの軸から介護問題を解決する唯一無二の存在として活躍している。座右の銘は「なんとかなるさ」。

● 在宅介護エキスパート協会　https://kaigoexpert.com/

入院・介護・認知症…
親が倒れたら、まず読む本

2019年8月5日 第1刷発行

著　　者　渋澤和世
発 行 者　長坂嘉昭
発 行 所　株式会社プレジデント社
〒102-8641 東京都千代田区平河町2-16-1
電話　（編集）03-3237-3732
（販売）03-3237-3731
URL　https://www.president.co.jp/
装丁・造本　仲光寛城
編　　集　向山 勇　岡本秀一
制　　作　関 結香
販　　売　桂木栄一　高橋 徹　川井田美景　森田 巌　末吉秀樹
企画協力　ネクストサービス株式会社　松尾昭仁
印刷・製本　凸版印刷株式会社

ISBN978-4-8334-2329-8